AF524822

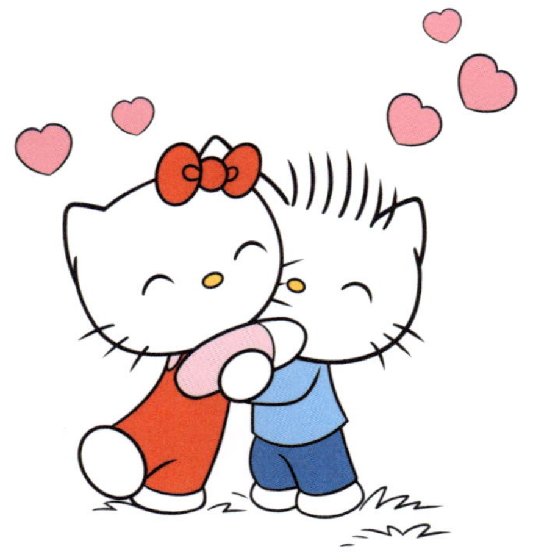

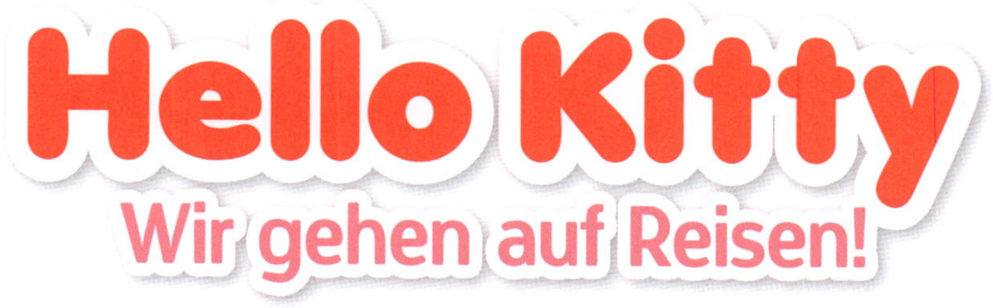

Hello Kitty
Wir gehen auf Reisen!

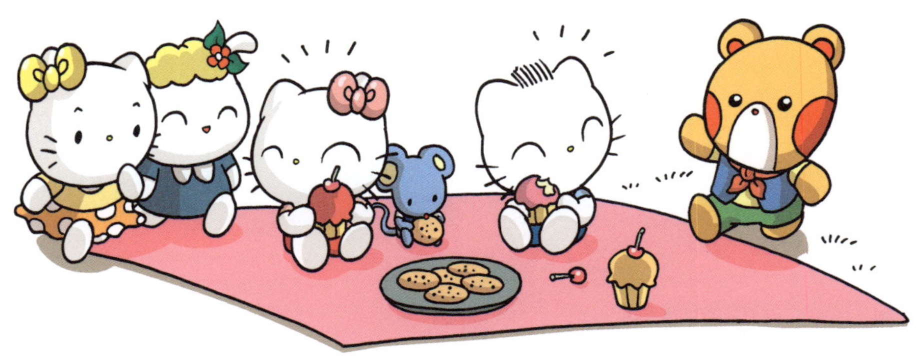

Texte und Zeichnungen

Giovanni Castro, Jacob Chabot, Ian McGinty und Jorge Monlogo

Hello Kitty Kurzgeschichten

Susie Ghahremani und Erica Salcedo

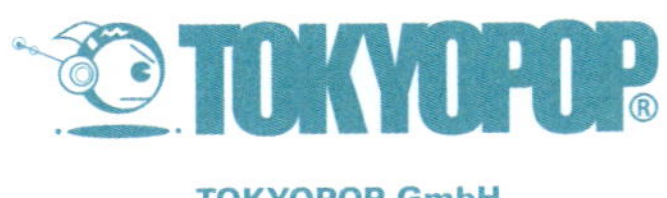

TOKYOPOP GmbH
Hamburg

TOKYOPOP
1. Auflage, 2019
Deutsche Ausgabe/German Edition

Aus dem Englischen von Hartmut Klotzbücher

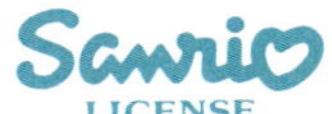

Redaktion: Lisa Duty
Handlettering: Hartmut Klotzbücher
Retusche: Vibrant Publishing Studio
Lettering: Mathias Neumeyer
Herstellung: Mathias Neumeyer
Druck und buchbinderische Verarbeitung:
CPI – Clausen & Bosse GmbH, Leck
Printed in Germany

ISBN 978-3-8420-4758-7

www.tokyopop.de

Inhalt

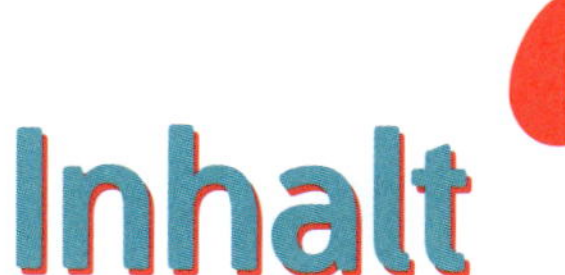

Familie und Freunde 6

Erster! 9

Mondspaziergang 14

Die Reise ins Erdreich 15

Superspion 23

Steife Brise! 37

Unterwegs 41

Mittagessen 42

Wo ist das Vögelchen? 44

Die Zeitreise 49

Bitte umblättern 55

Ü-Bär-raschung 61

Strandparty 63

Auf die Plätze … 68

Spielspaß ohne Ende 73

Hausmusik 78

Auf zum Tanz! 79

Vorgespult! 84

Mittwoch 94

Süße Ernte 95

Die Kuckucksuhr 100

Den lieben langen Tag 110

Geburtstagsüberraschung 111

Die Autoren 117

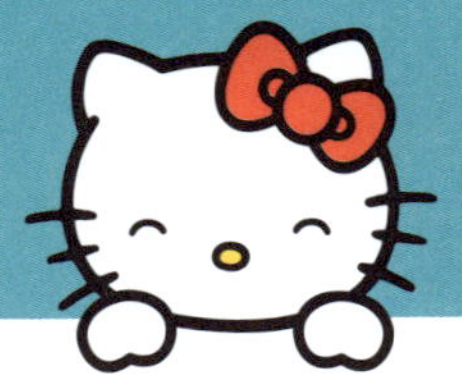

Familie

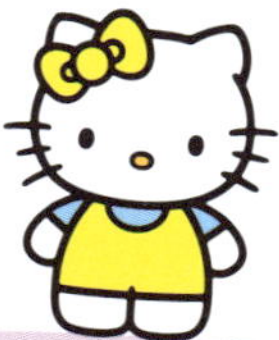

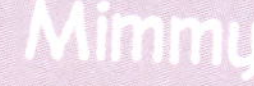

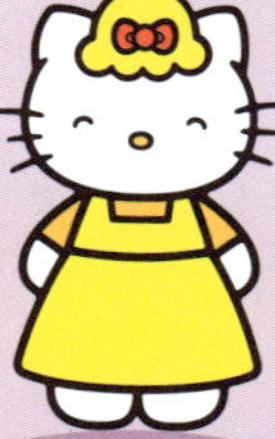

Mama

Papa

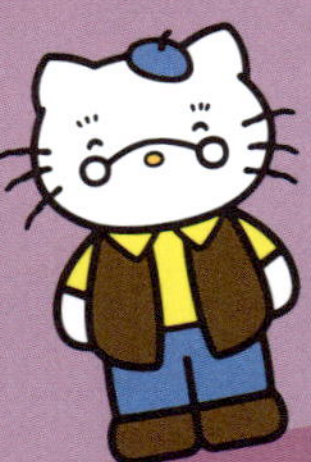

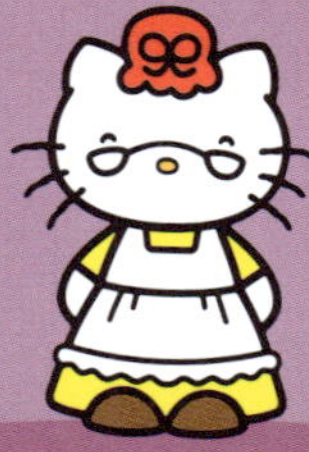

Opa

Oma

und Freunde

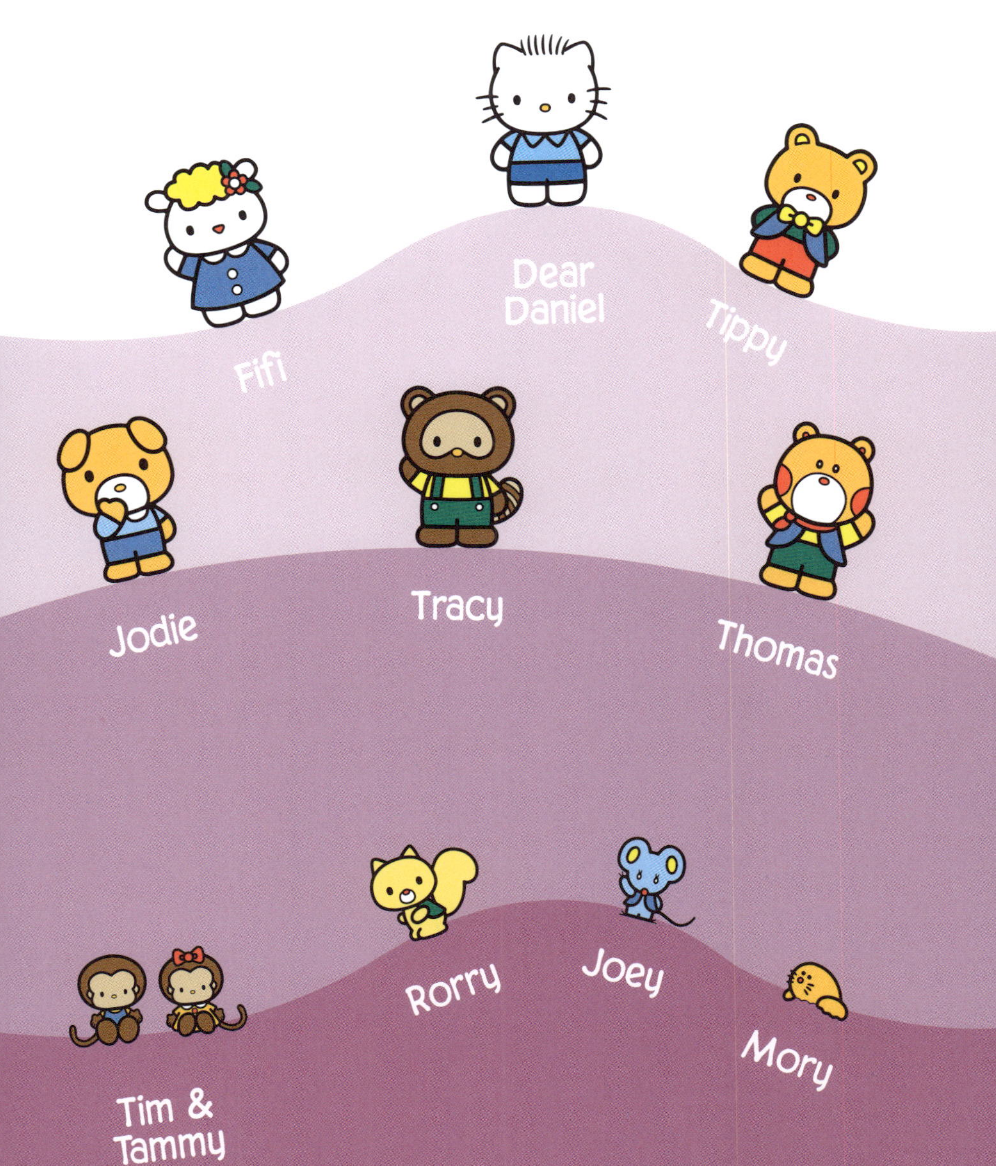
Dear Daniel
Fifi
Tippy
Tracy
Jodie
Thomas
Rorry
Joey
Mory
Tim & Tammy

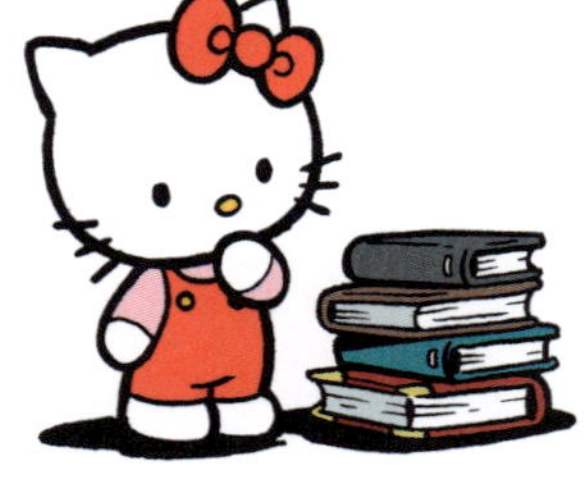

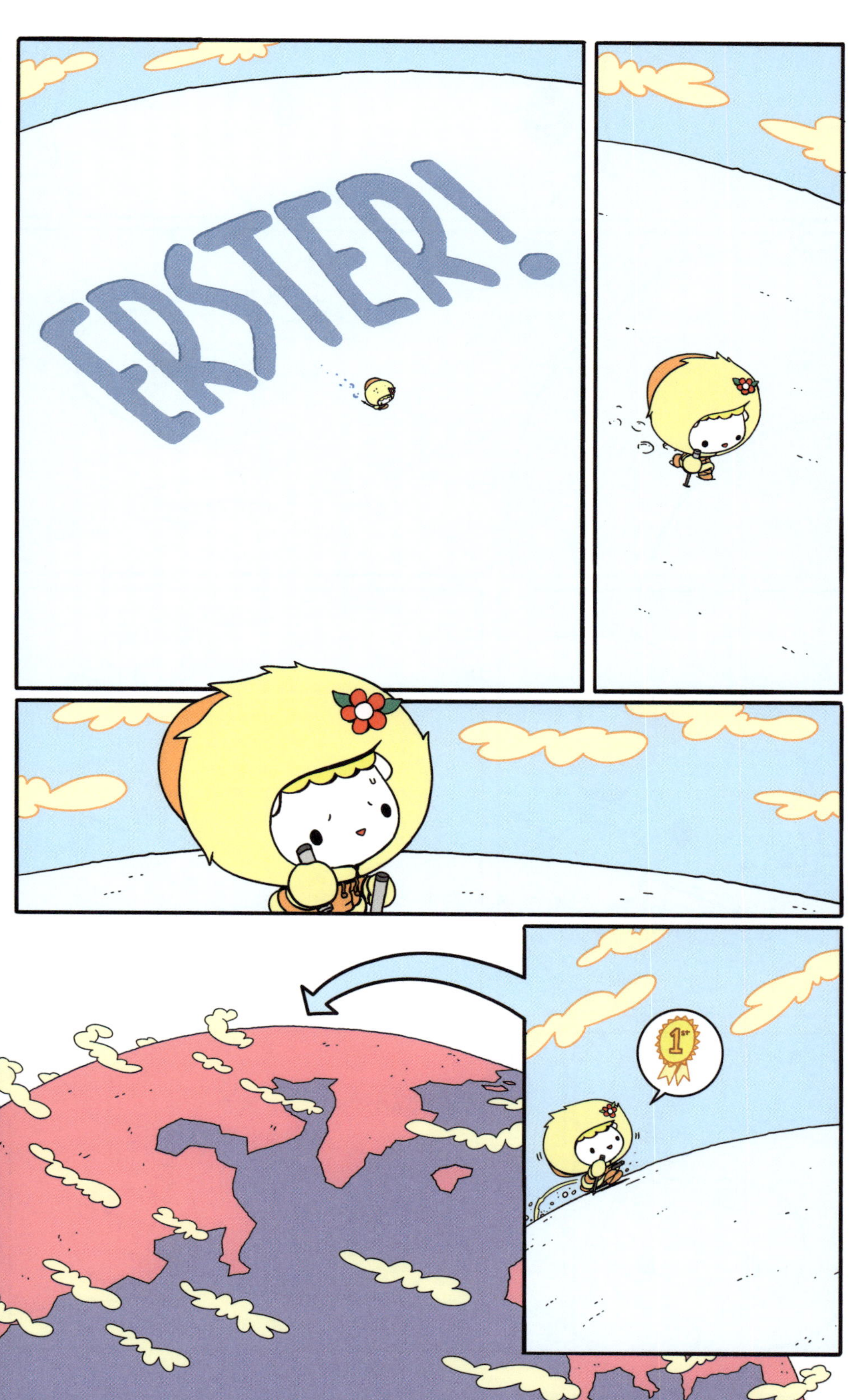

ERSTER!
1st

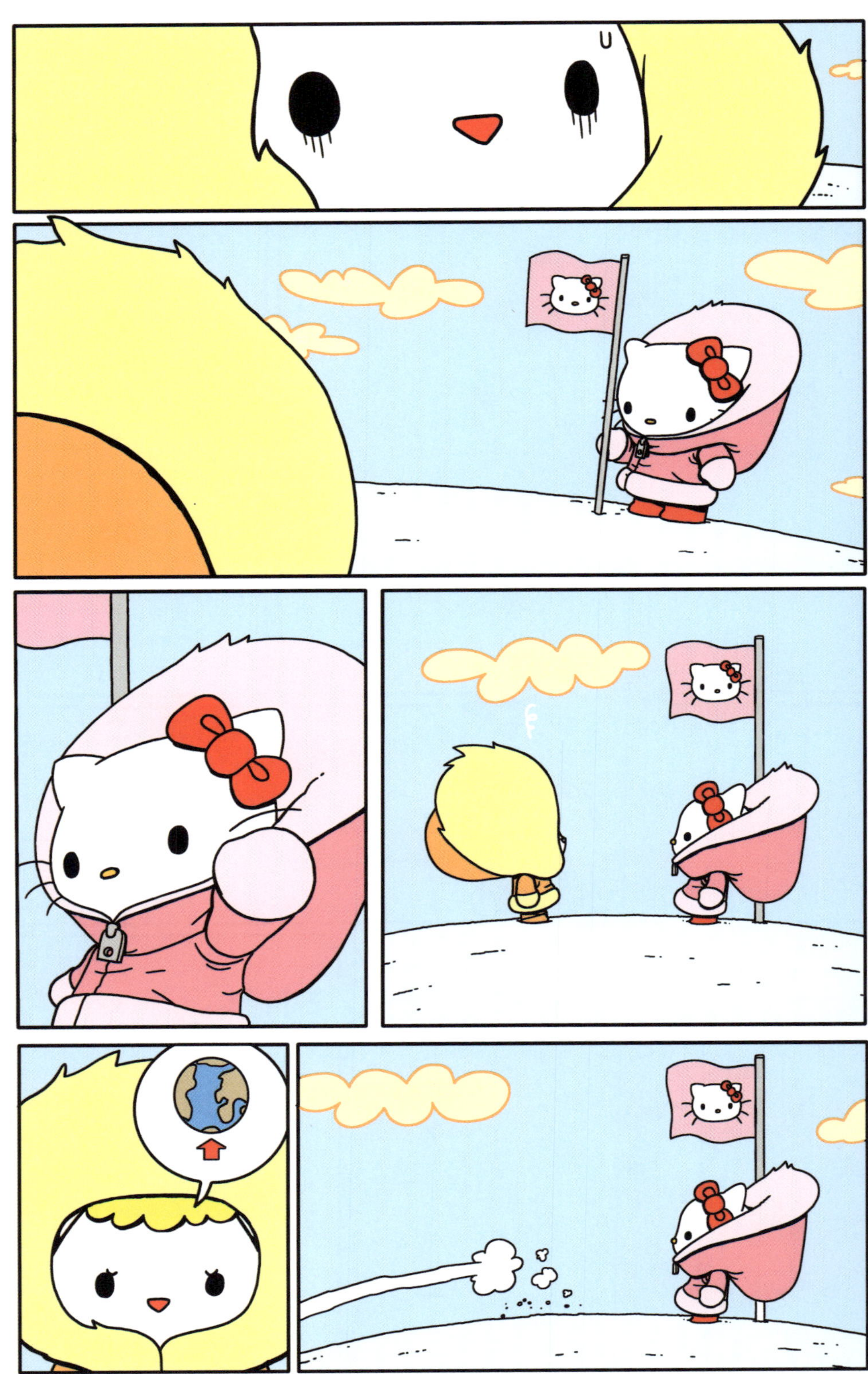

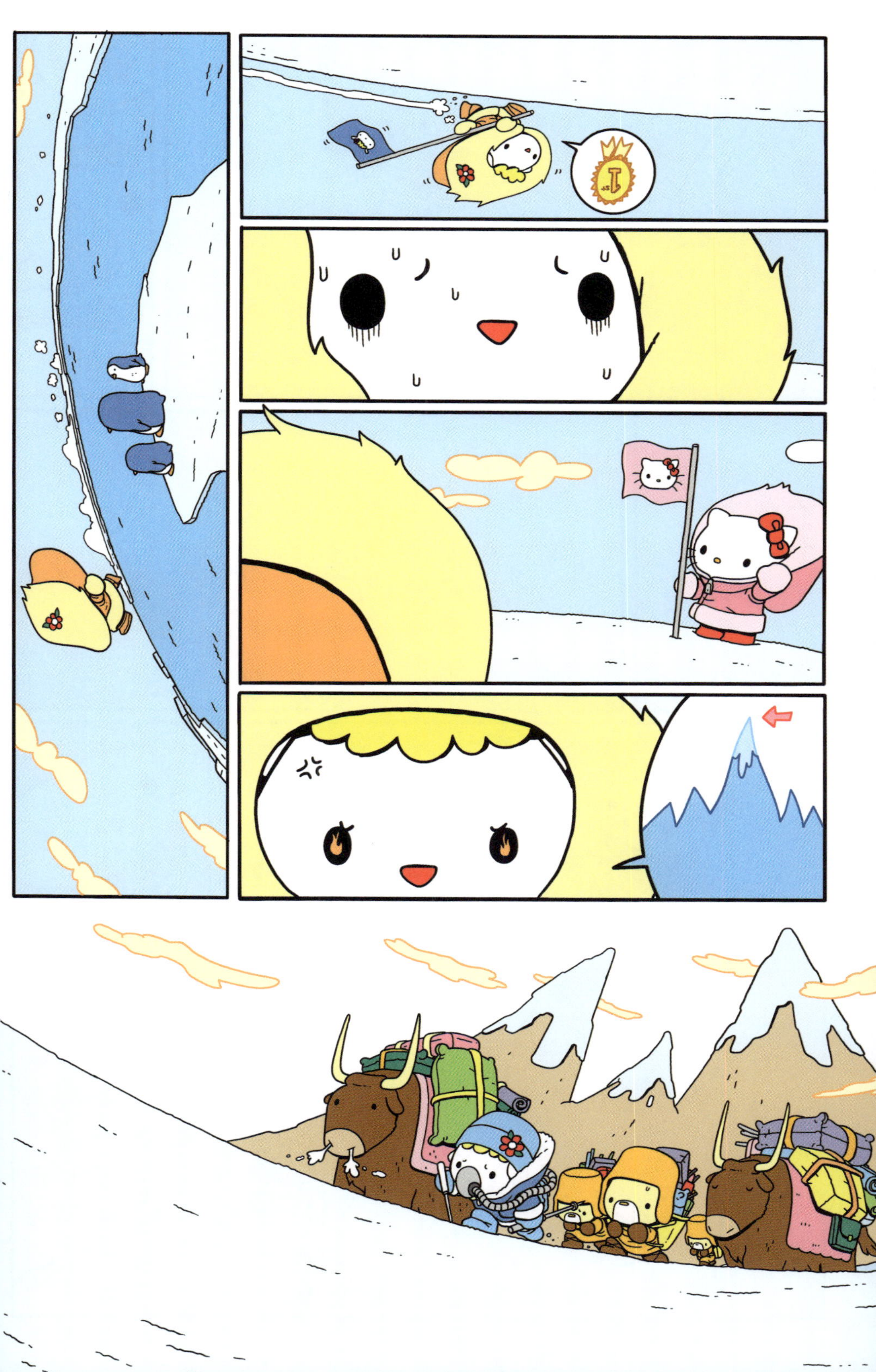

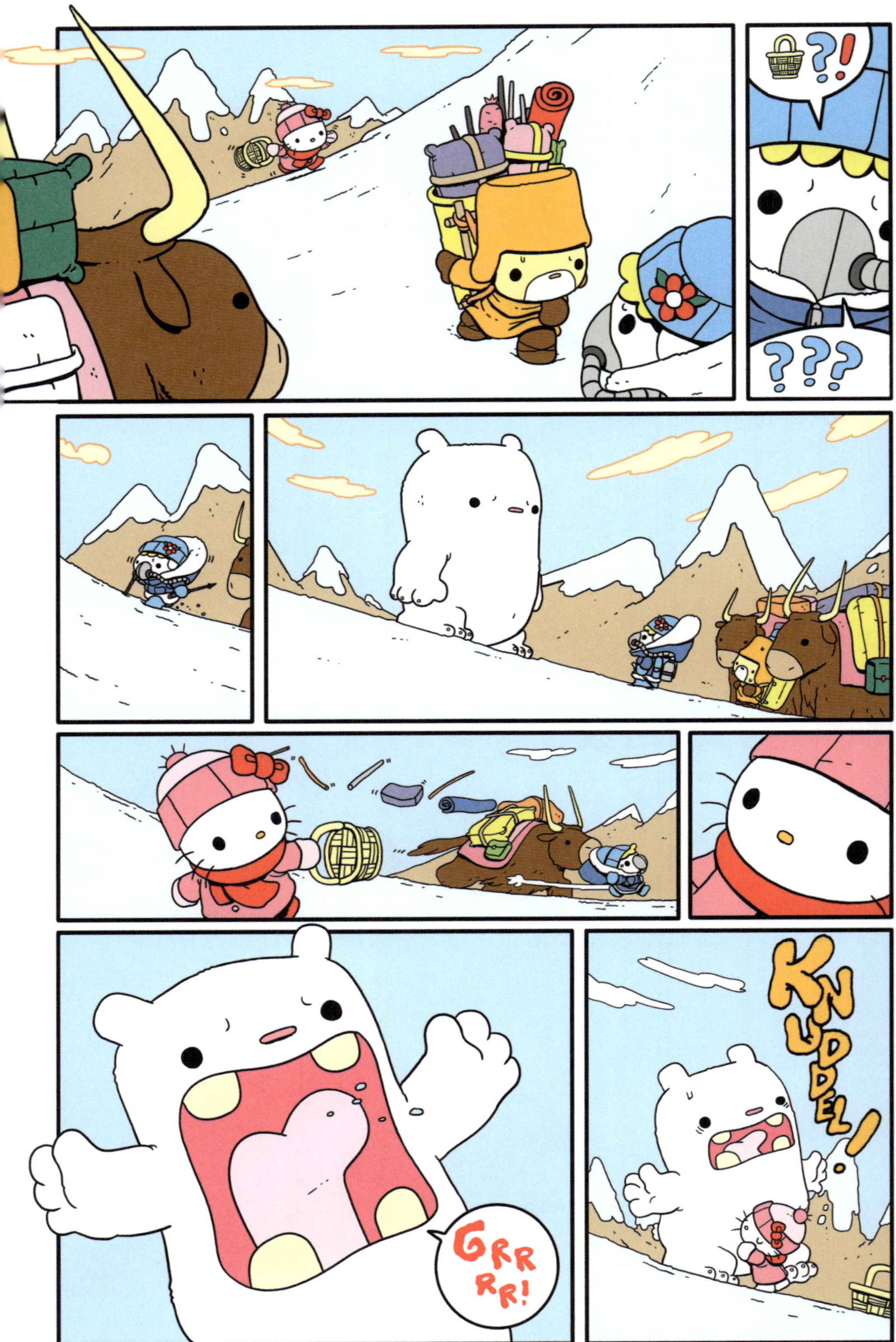
?!
???
GRRRR!
KNUDDEL!

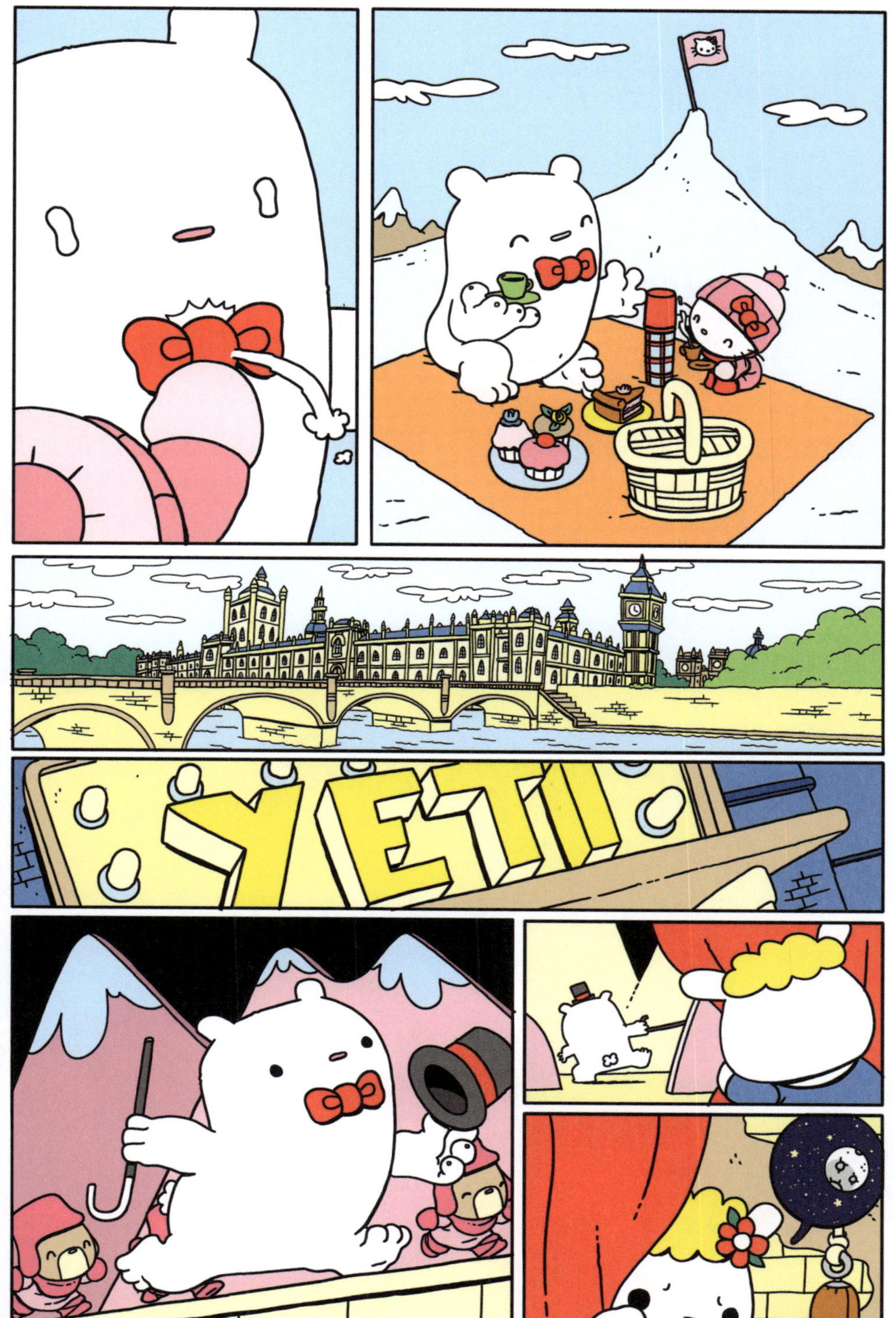

Ende

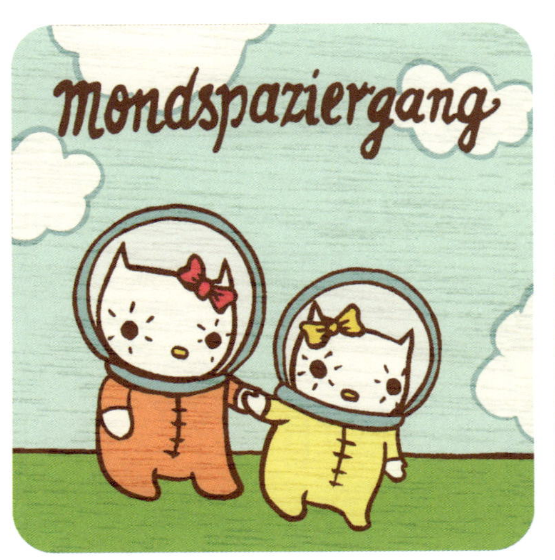
Mondspaziergang

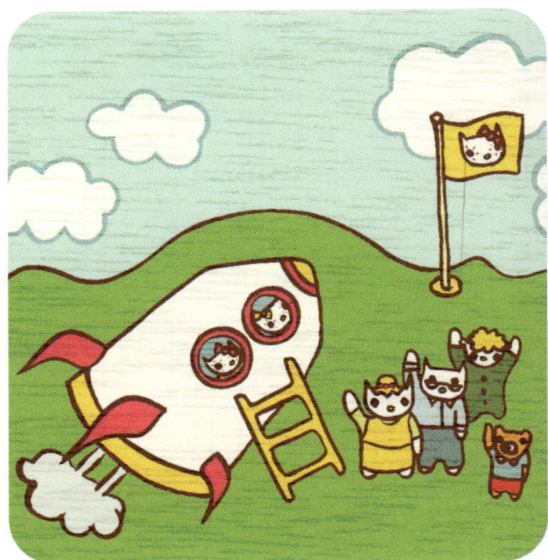

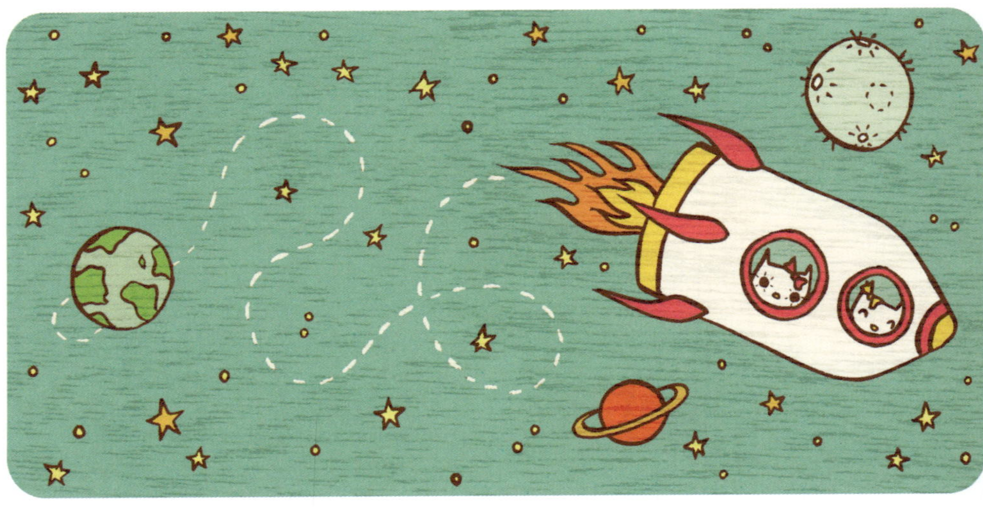

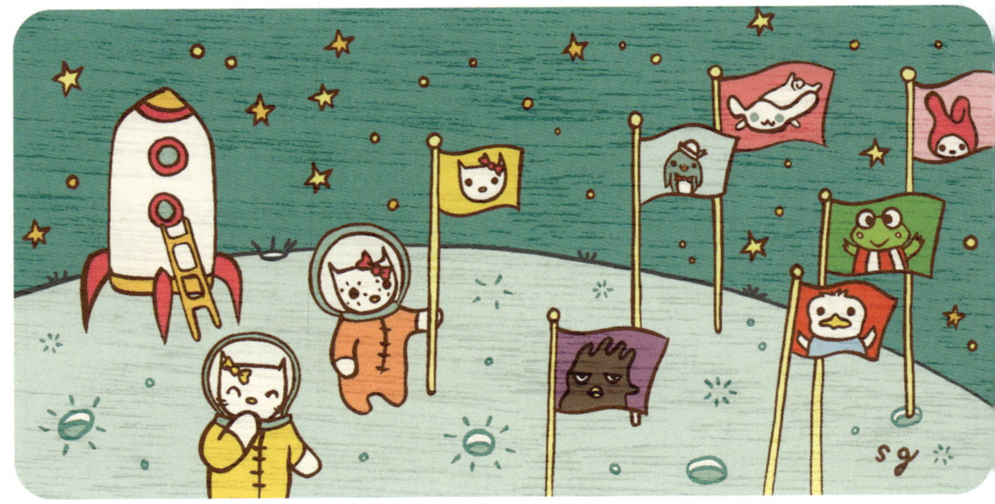
sg

DIE REISE INS ERDREICH

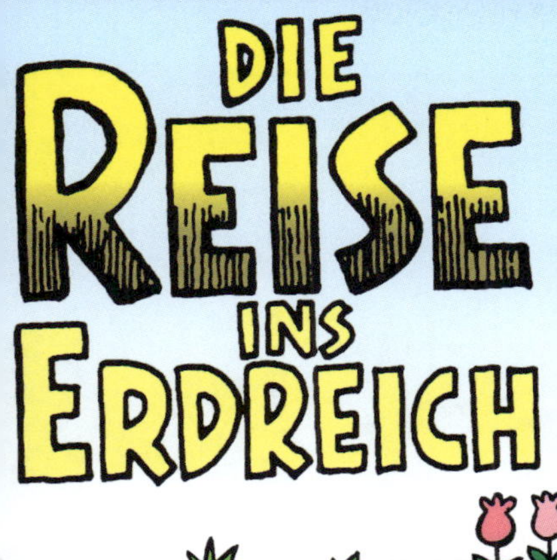

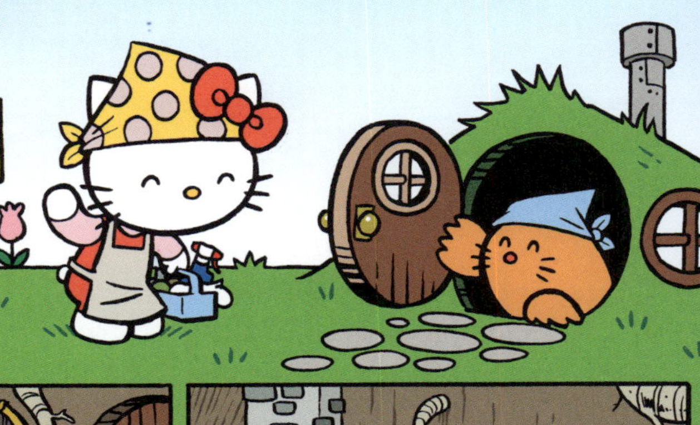

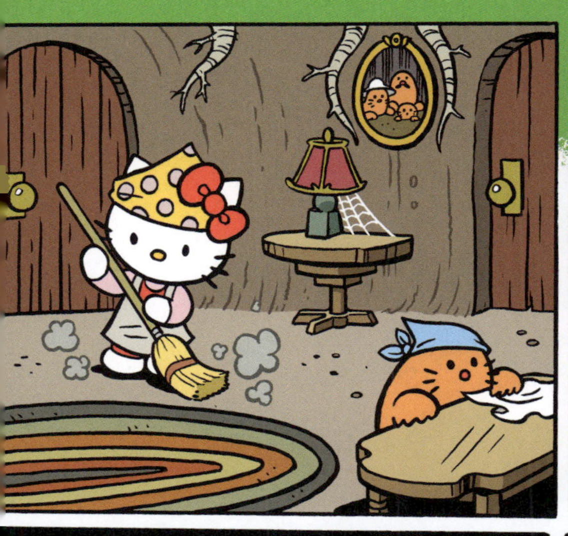

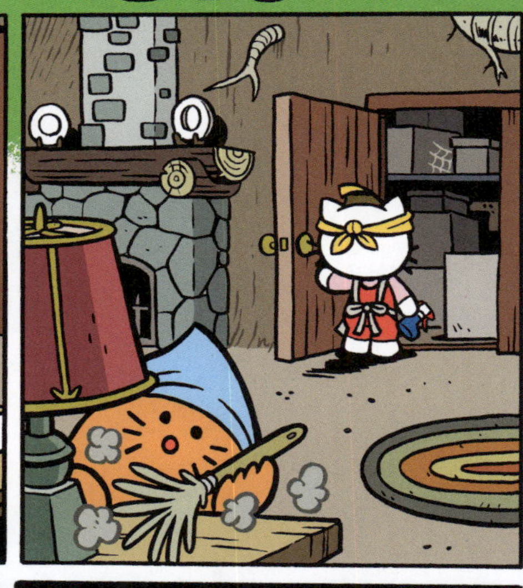

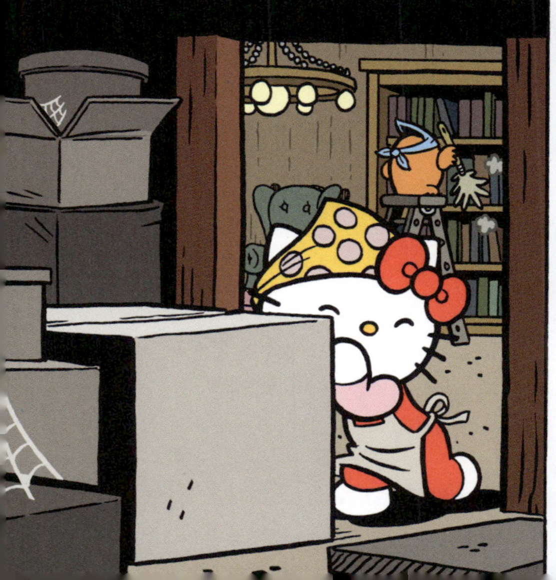

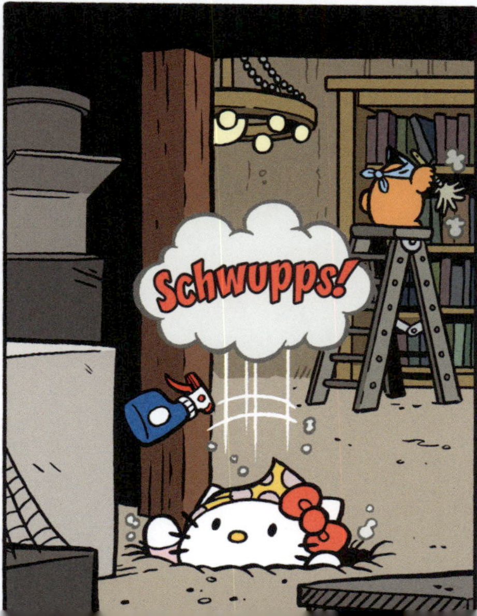

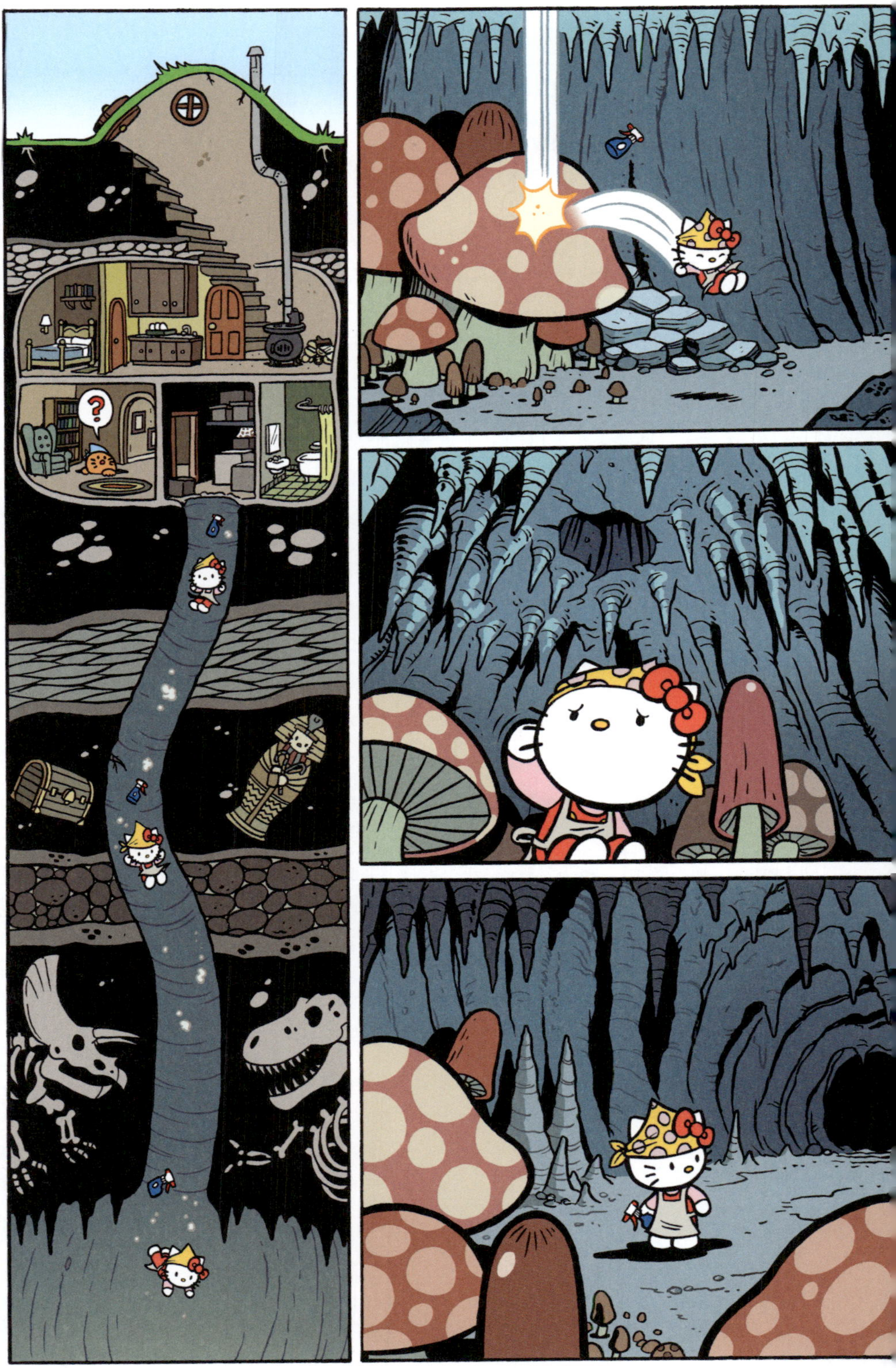

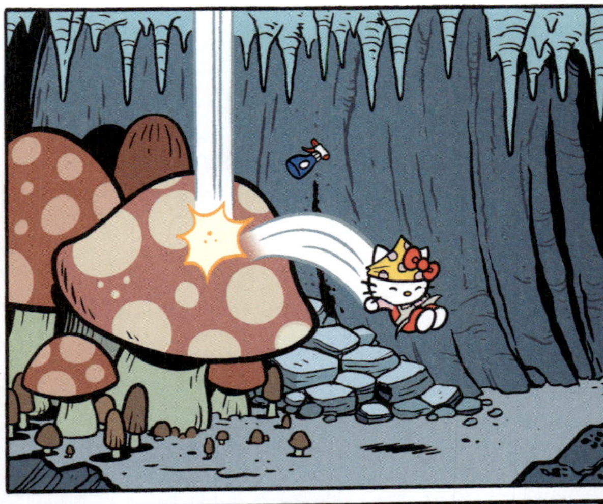

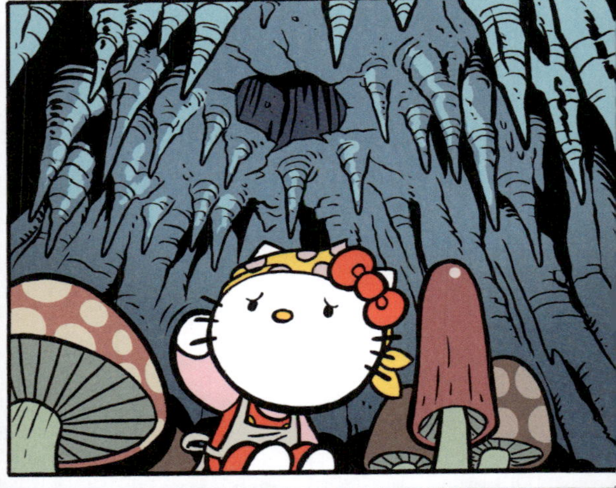

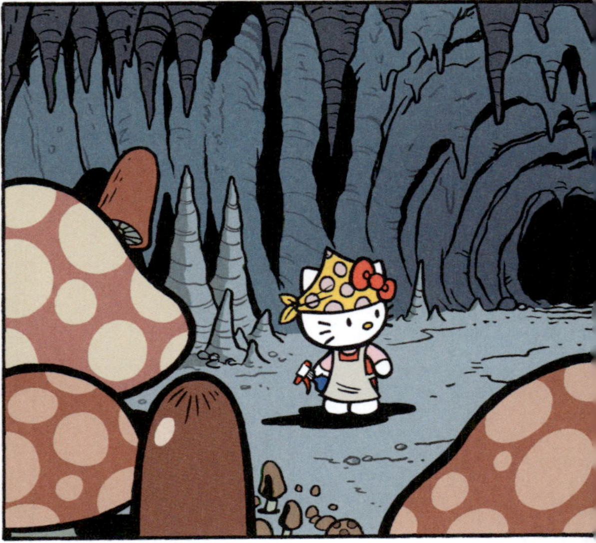

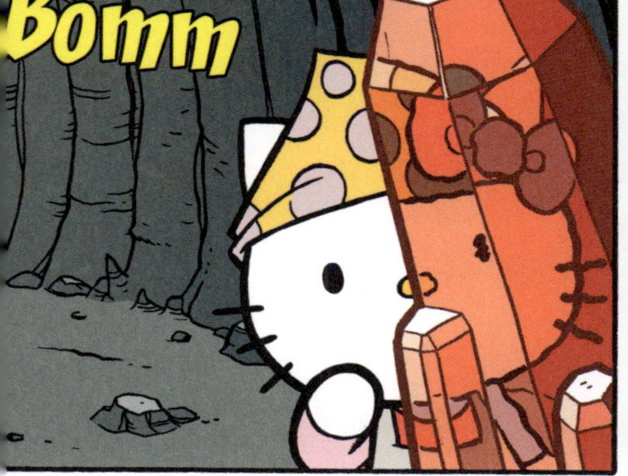
Bomm

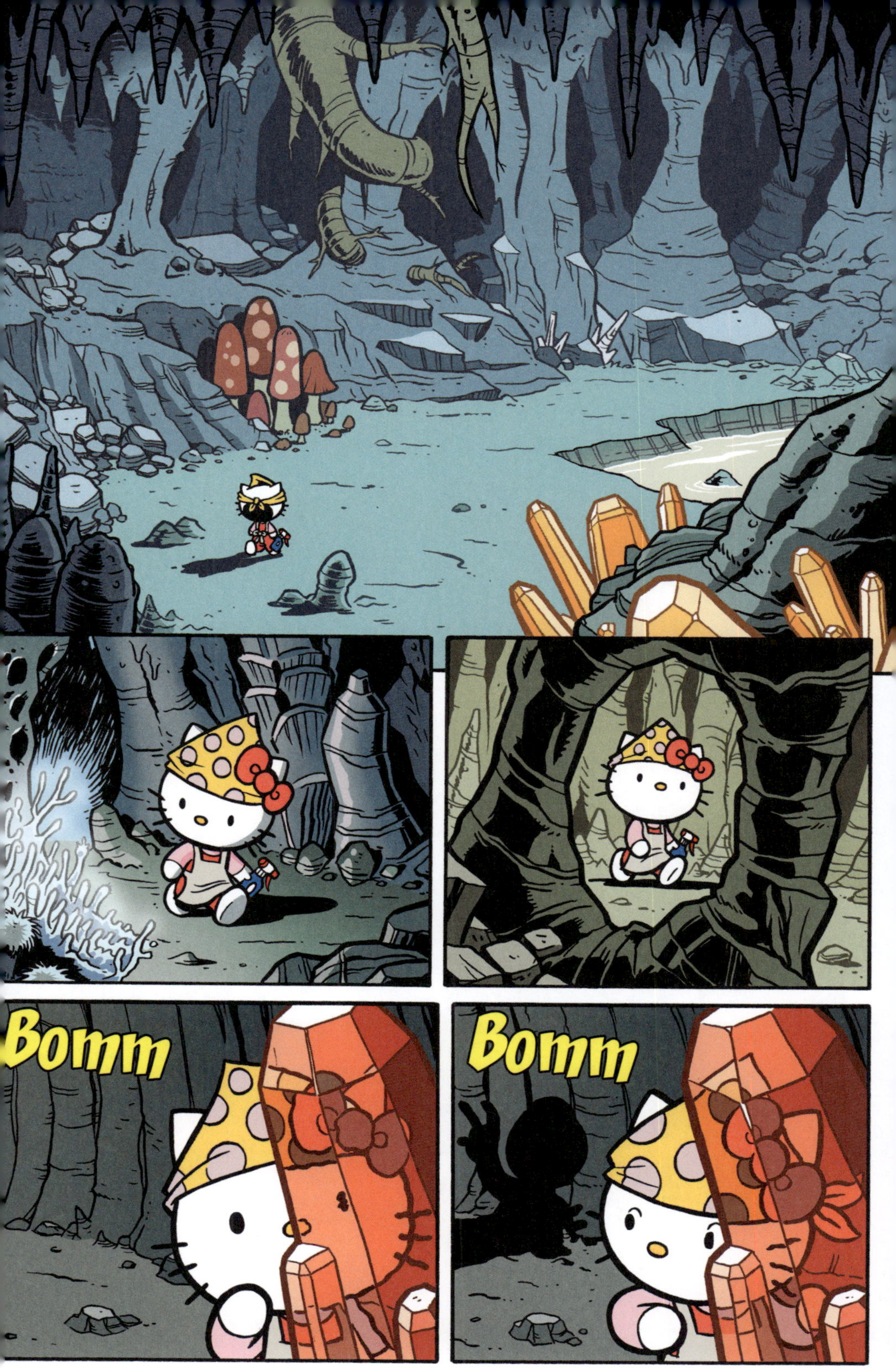

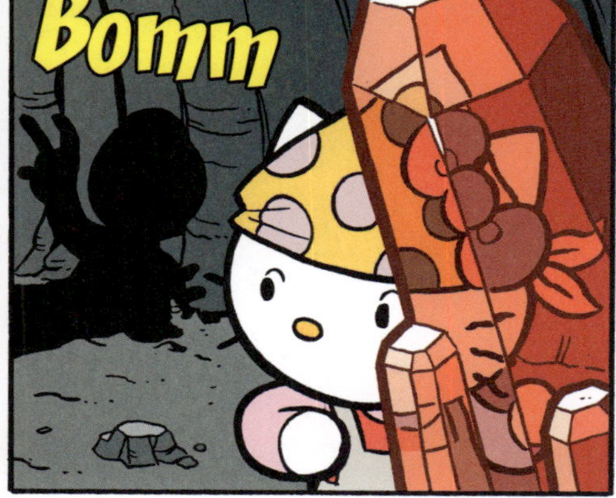
Bomm

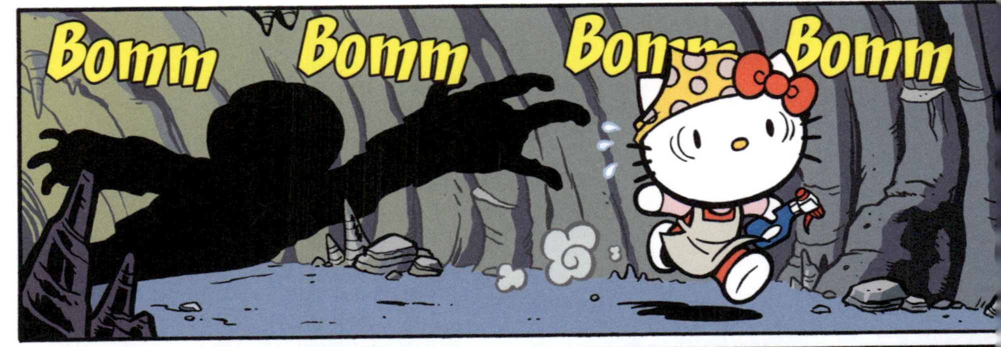
Bomm
Bomm
Bom
Bomm

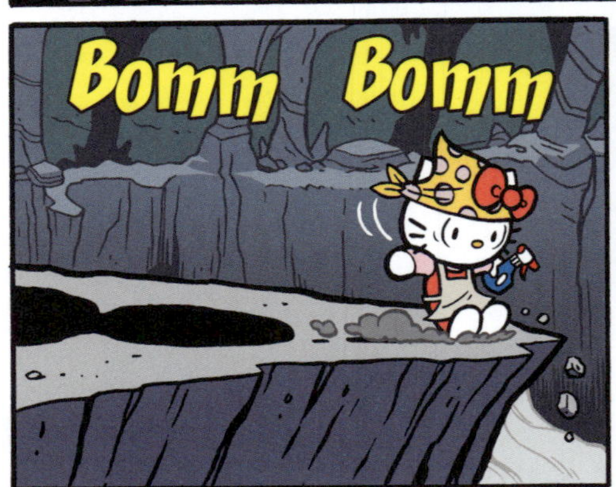
Bomm
Bomm

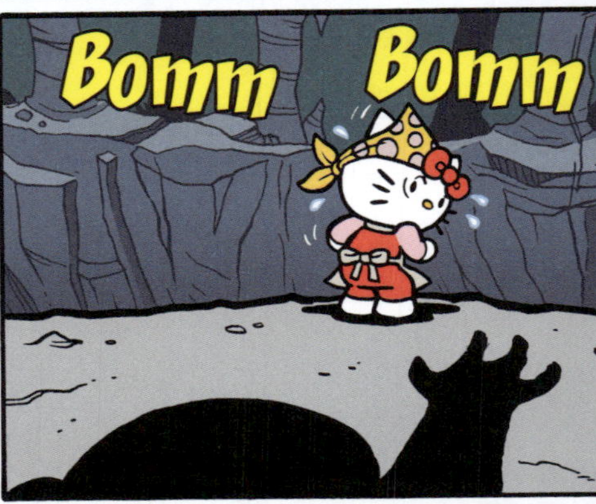
Bomm
Bomm

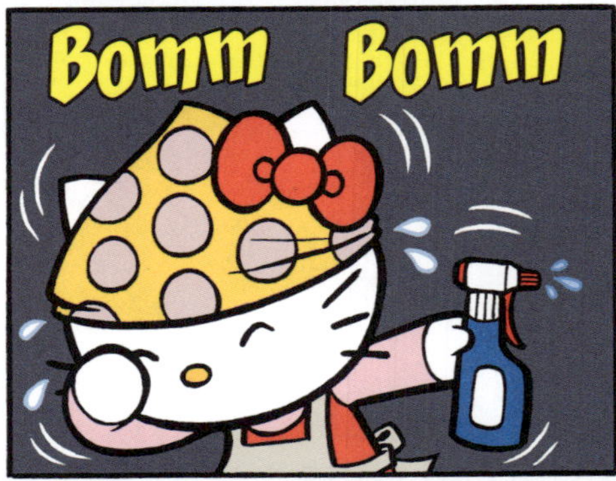
Bomm
Bomm

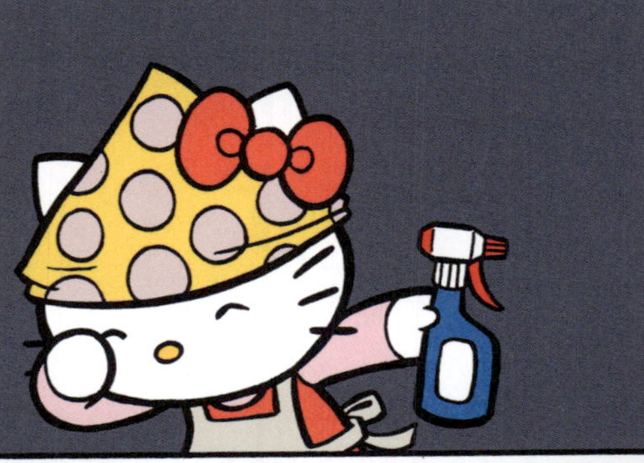

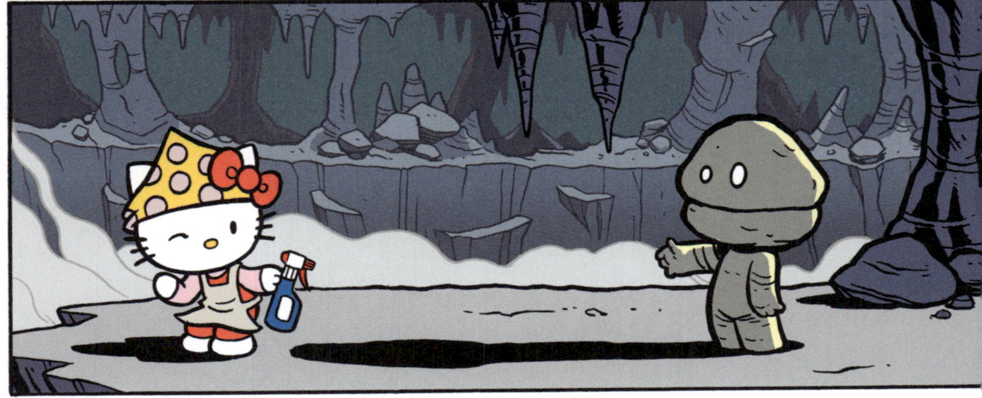

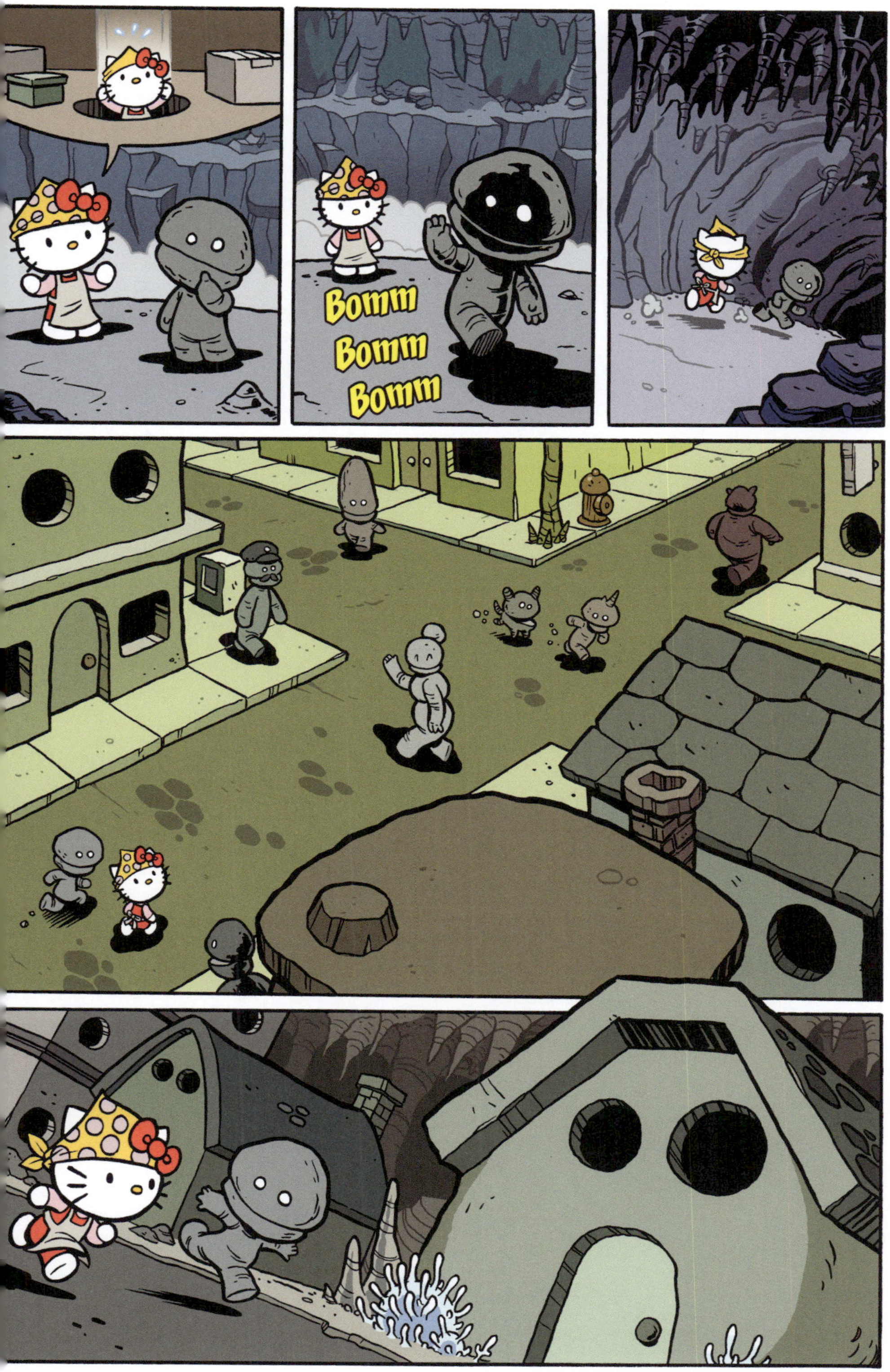

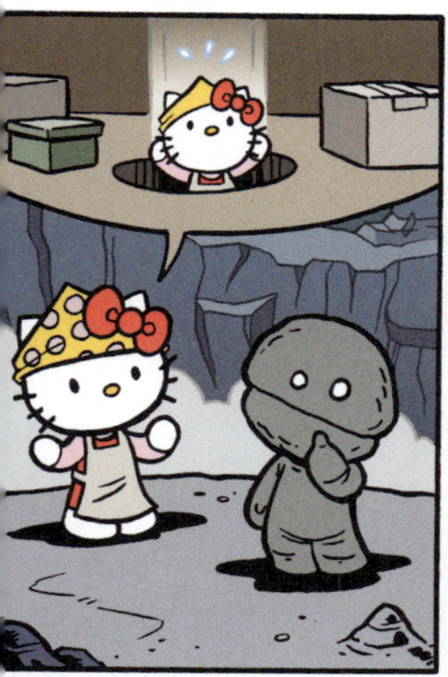

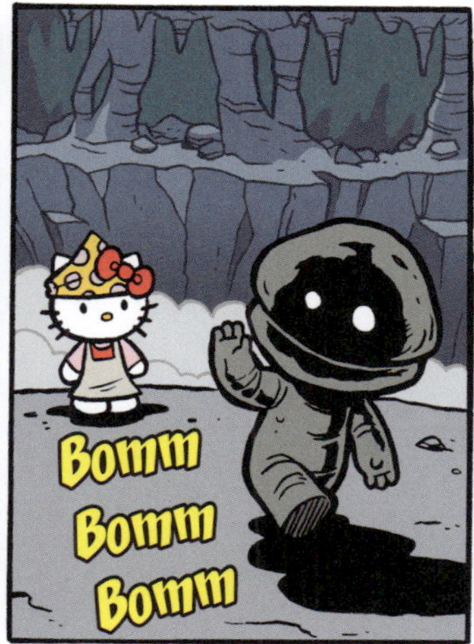
Bomm
Bomm
Bomm

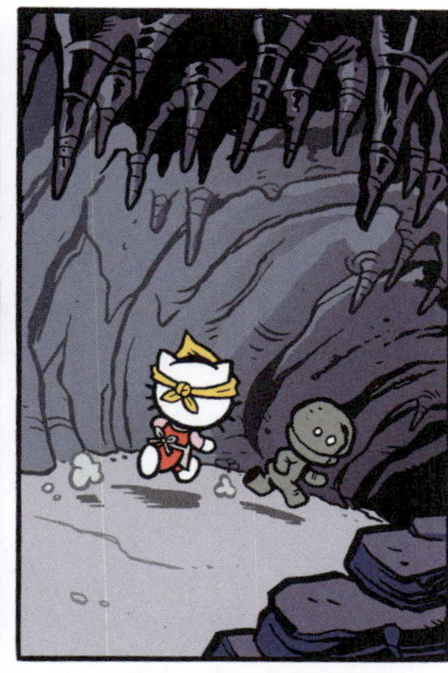

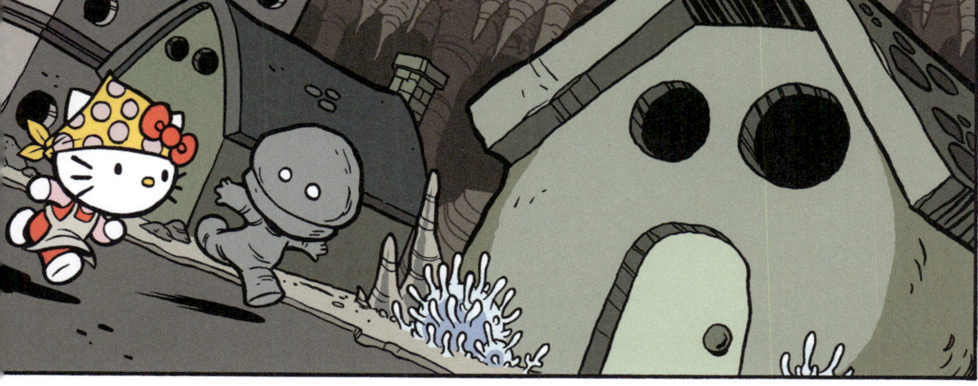

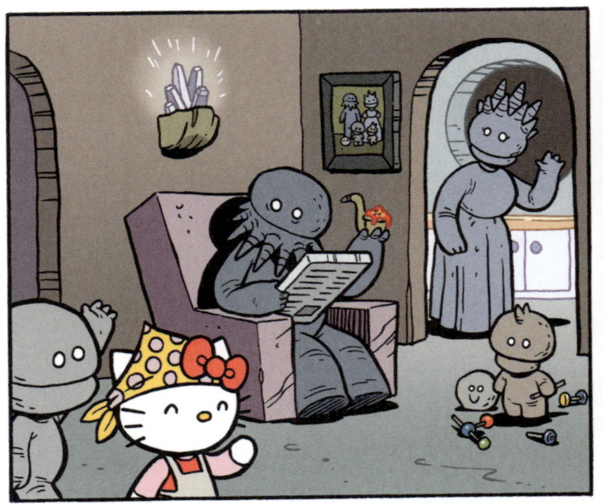
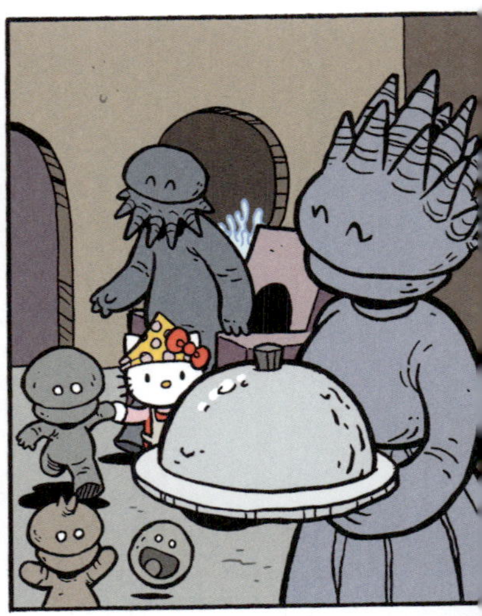
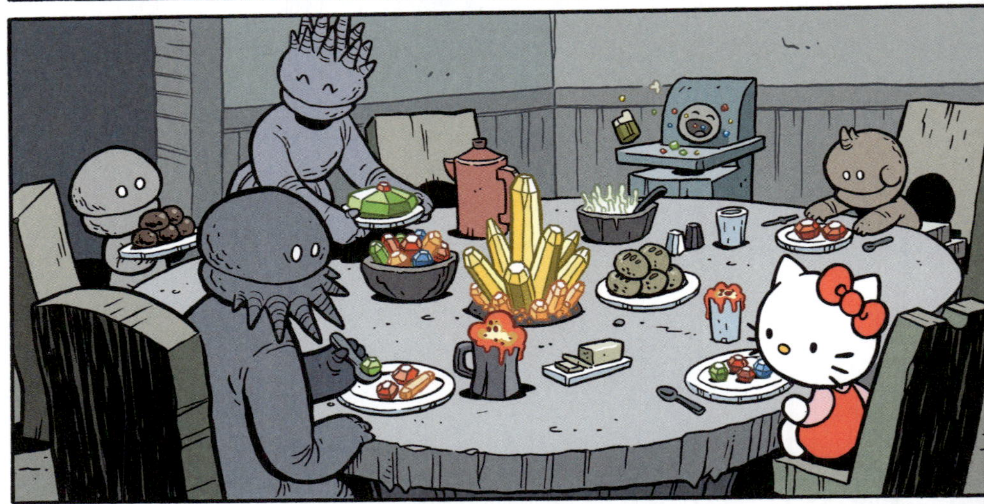
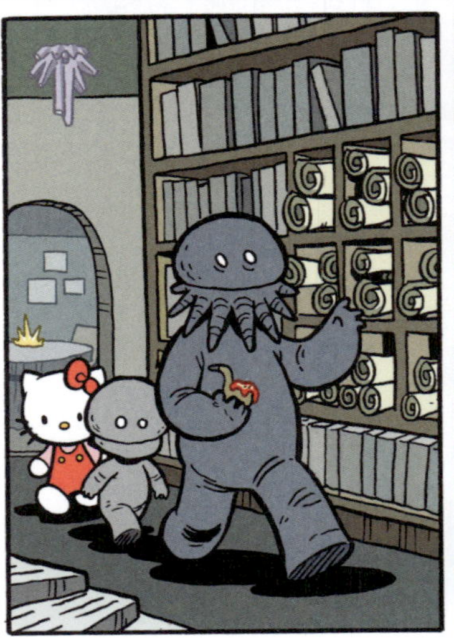
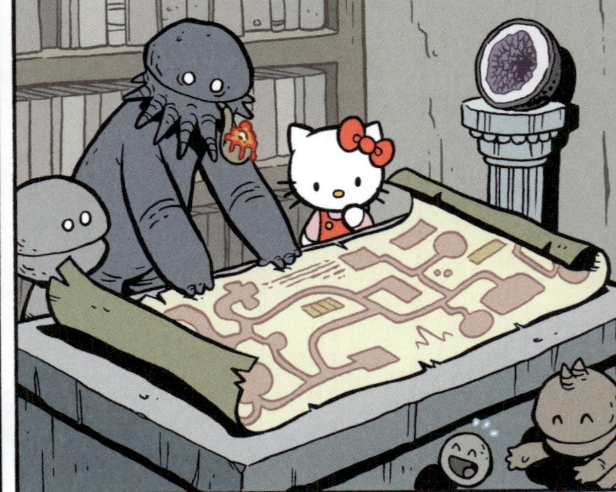

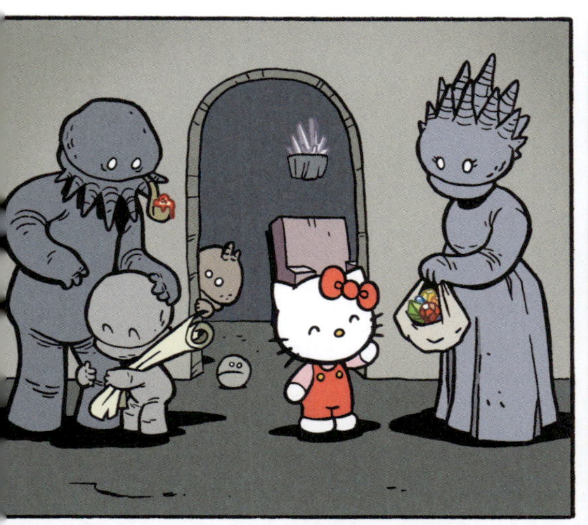
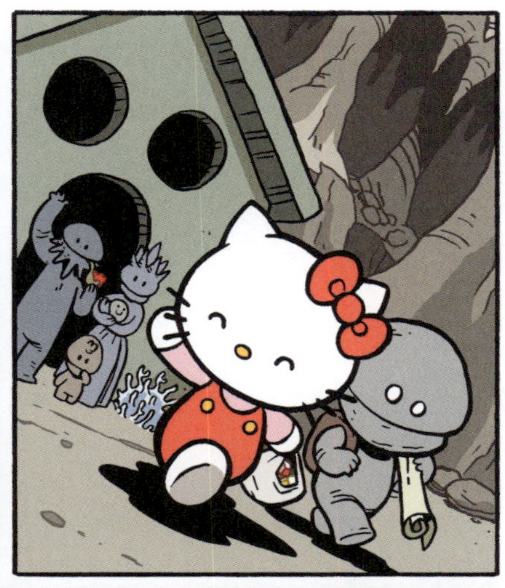
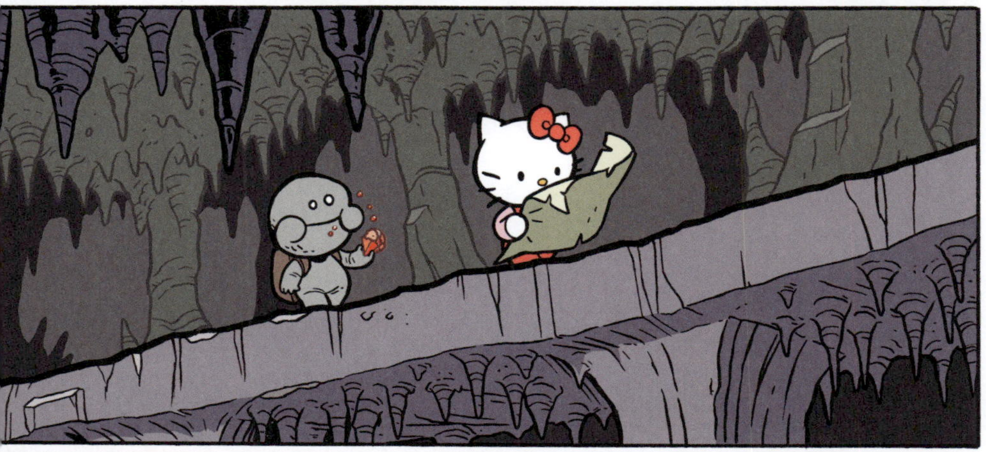
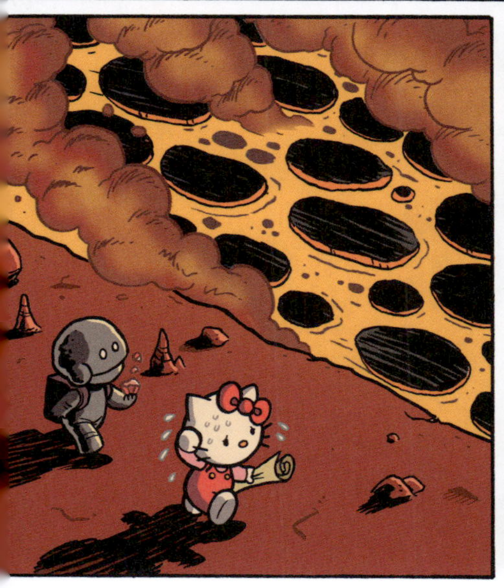
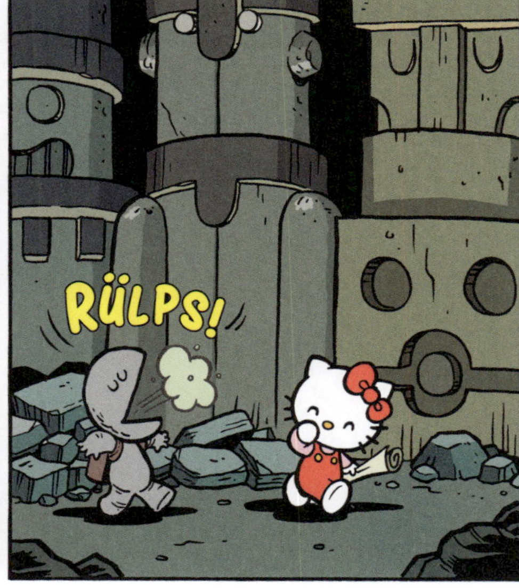
RÜLPS!

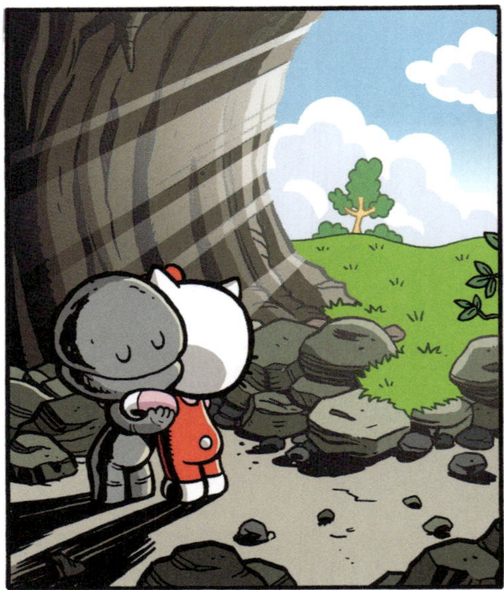
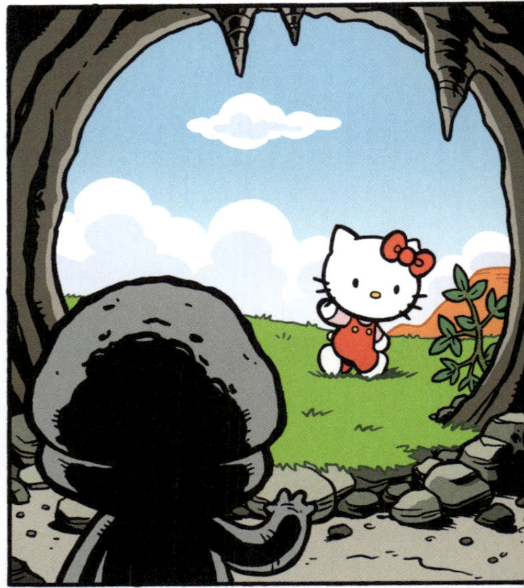
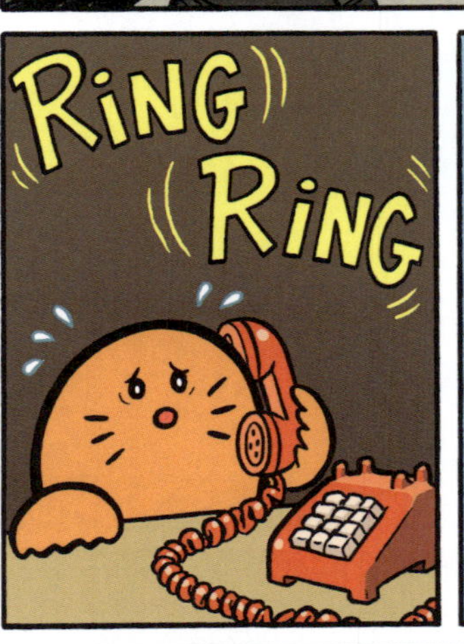
RING
RING
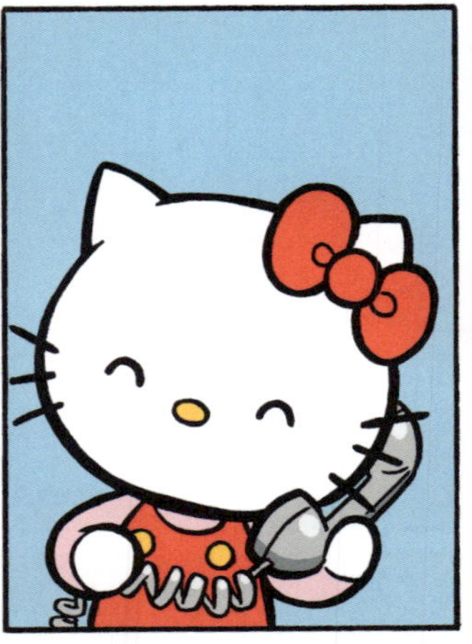
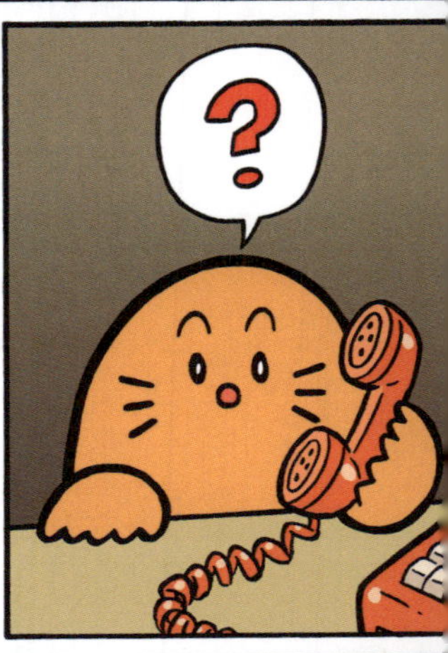
?
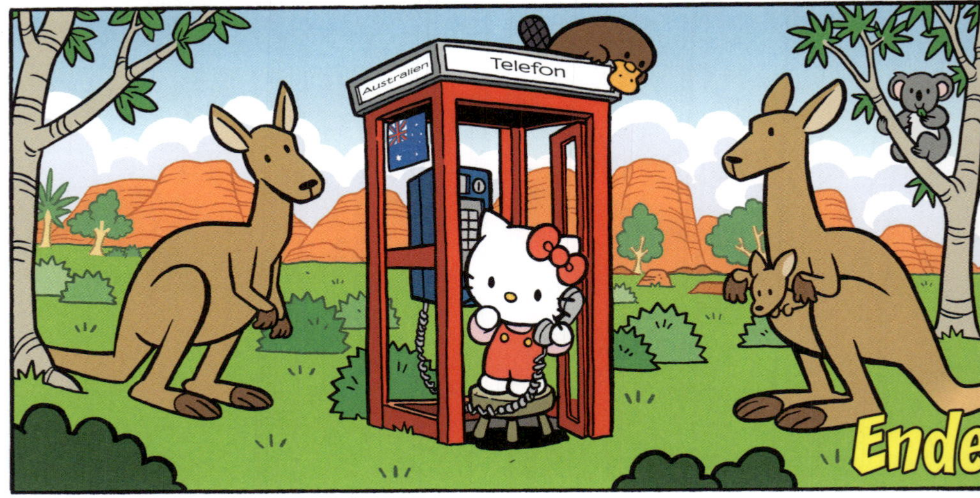
Australien
Telefon
Ende

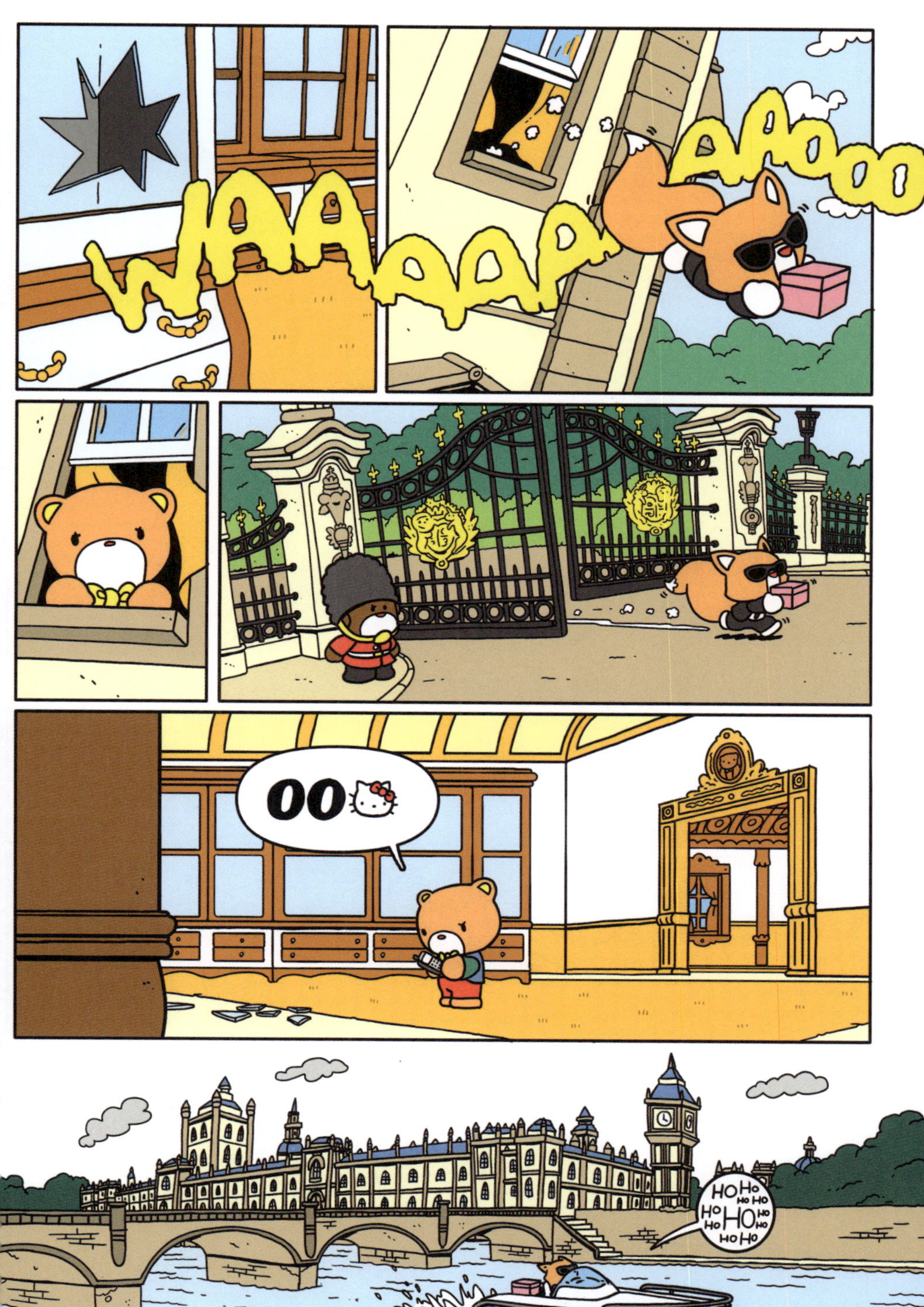
WAAAAAAAAOOOO
OO
HO HO HO HO HO HO HO HO HO HO HO HO

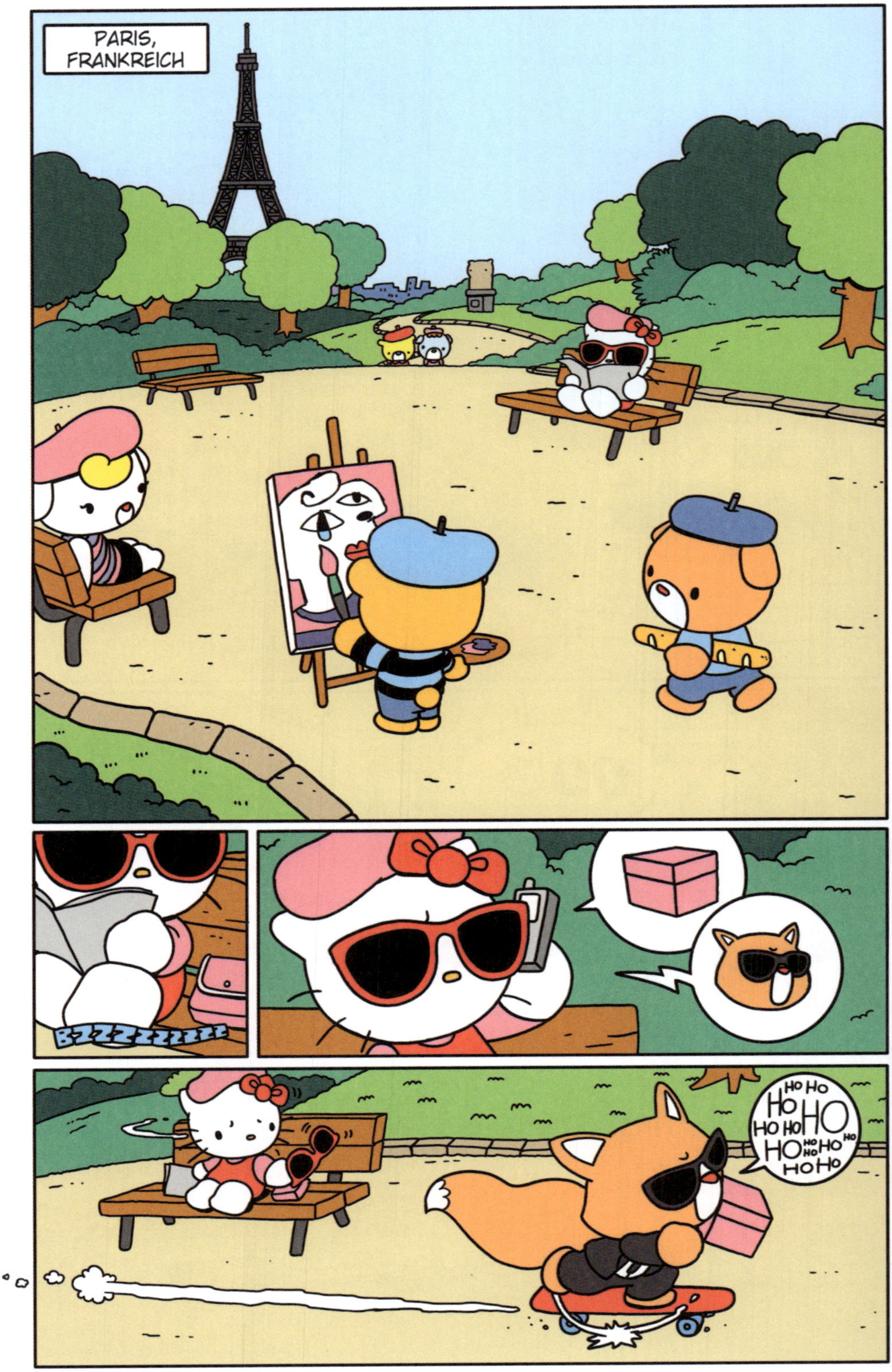

PARIS, FRANKREICH

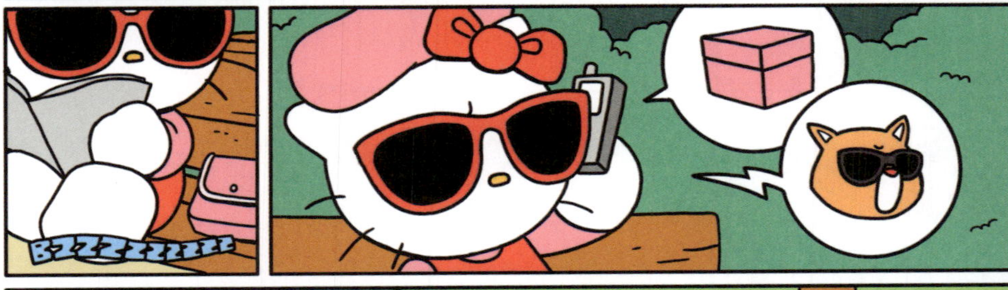

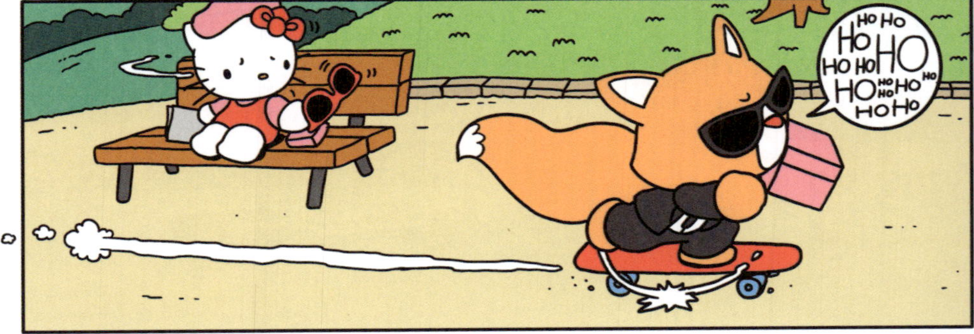

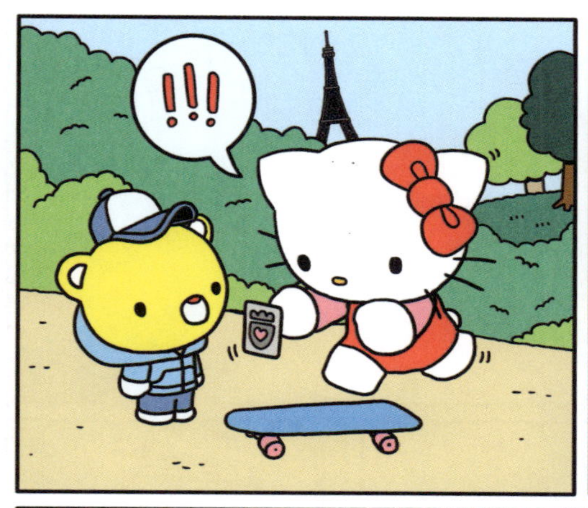

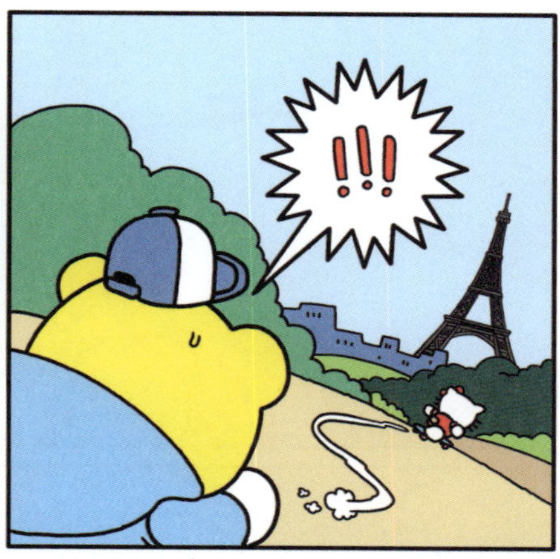

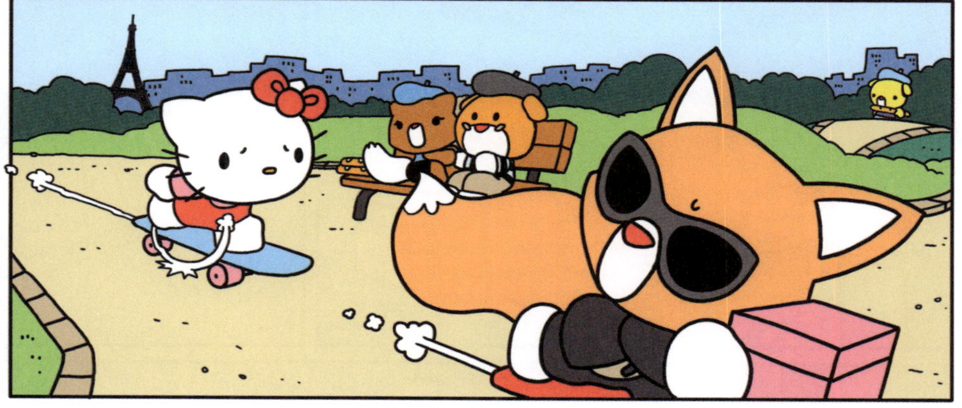

SUPERSPION

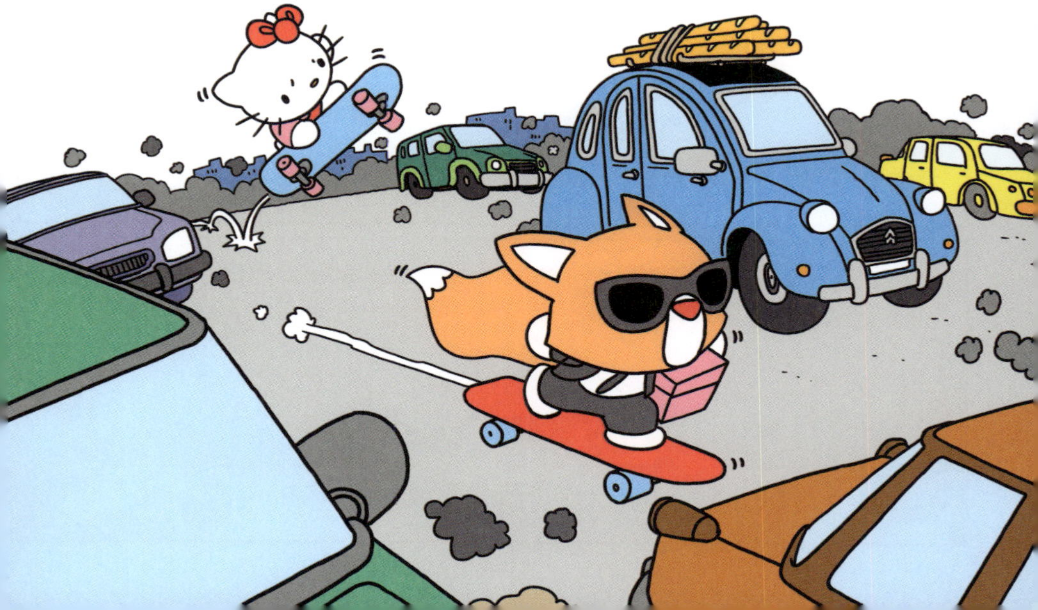

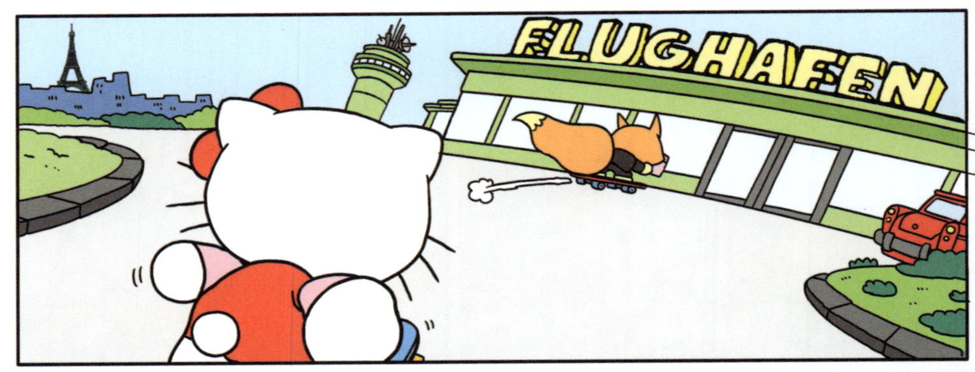
FLUGHAFEN

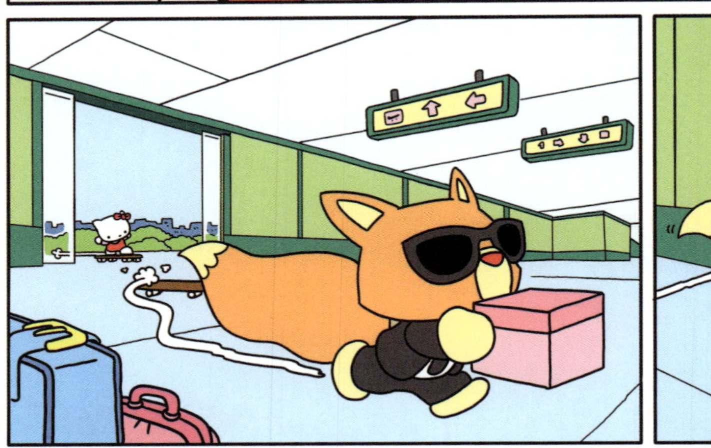

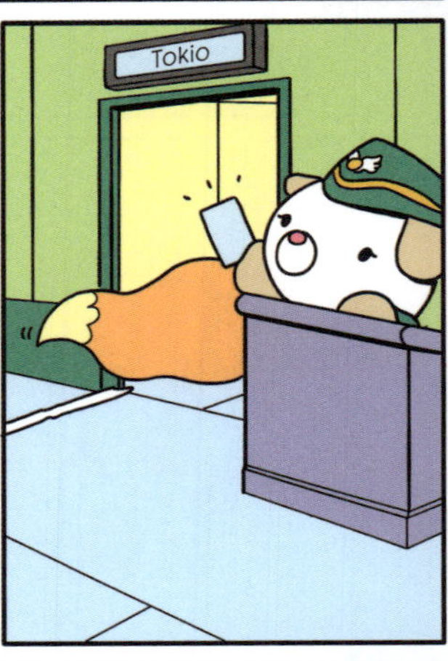
Tokio

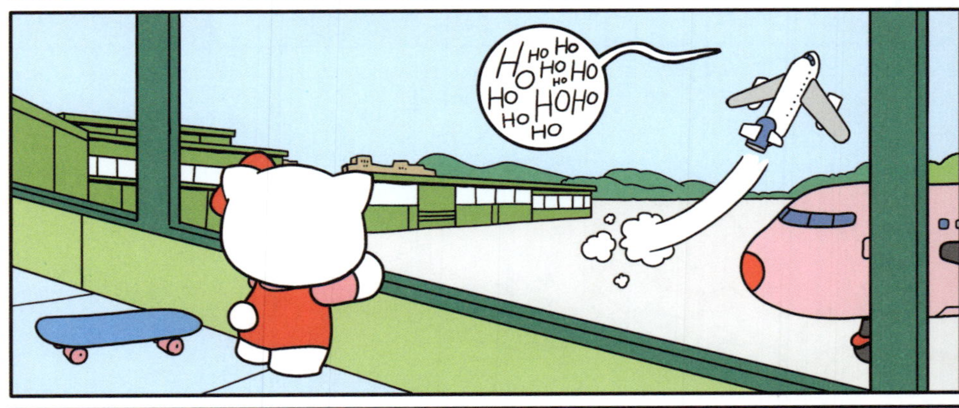
Ho Ho Ho Ho Ho Ho Ho Ho HoHo Ho Ho

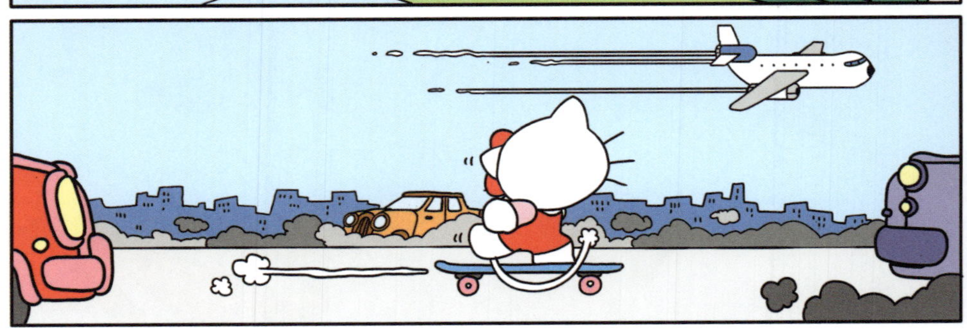

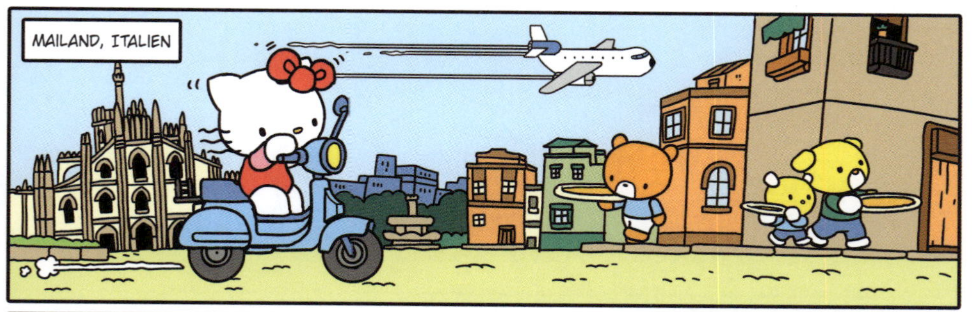
MAILAND, ITALIEN

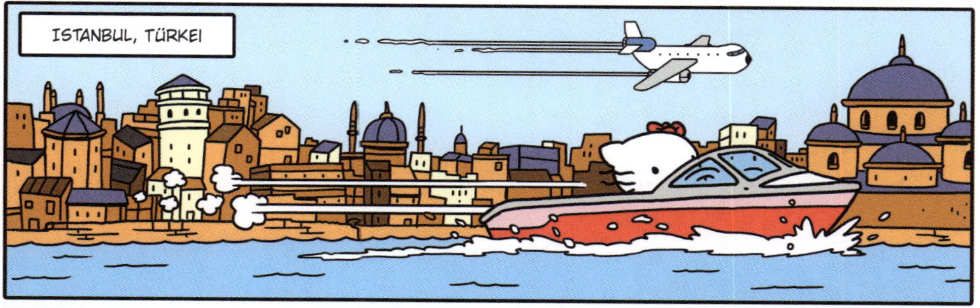
ISTANBUL, TÜRKEI

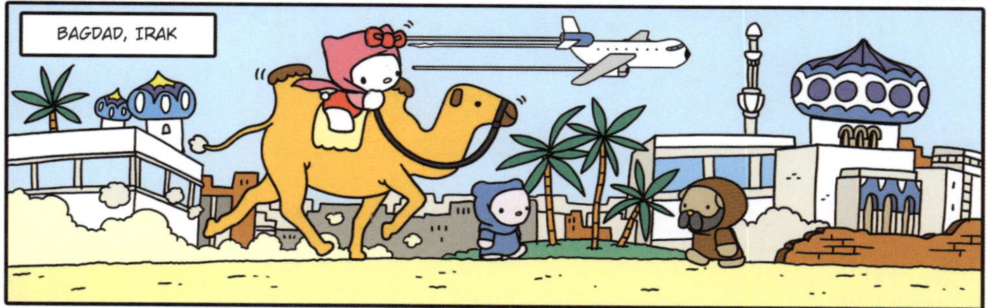
BAGDAD, IRAK

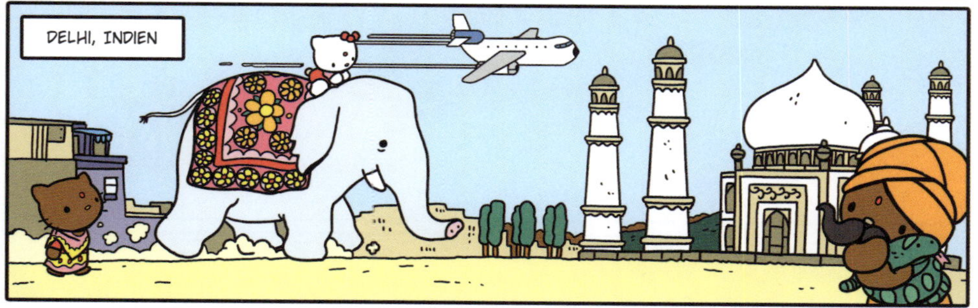
DELHI, INDIEN

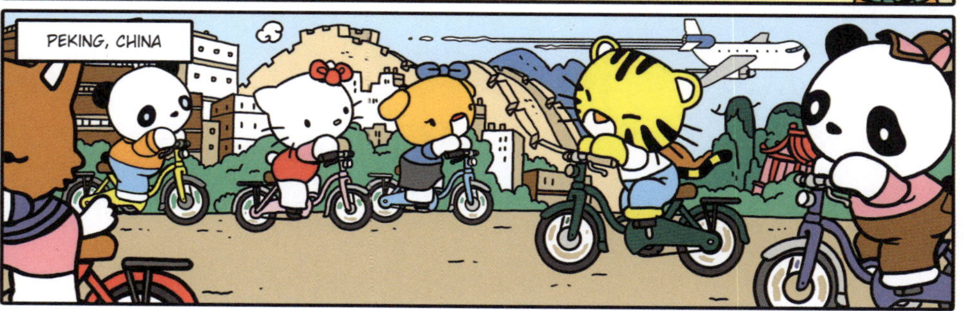
PEKING, CHINA

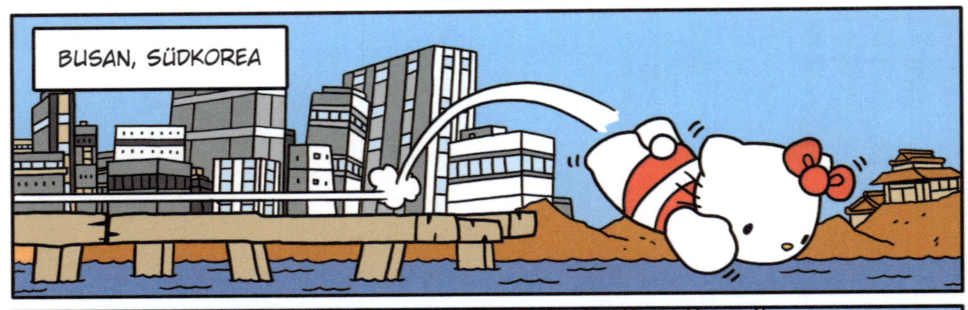
BUSAN, SÜDKOREA

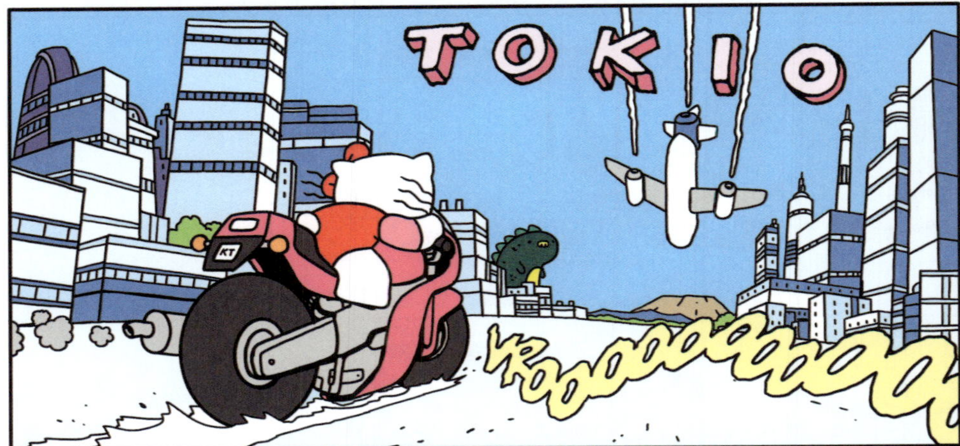
TOKIO
VROOOOOOOOOOOOO

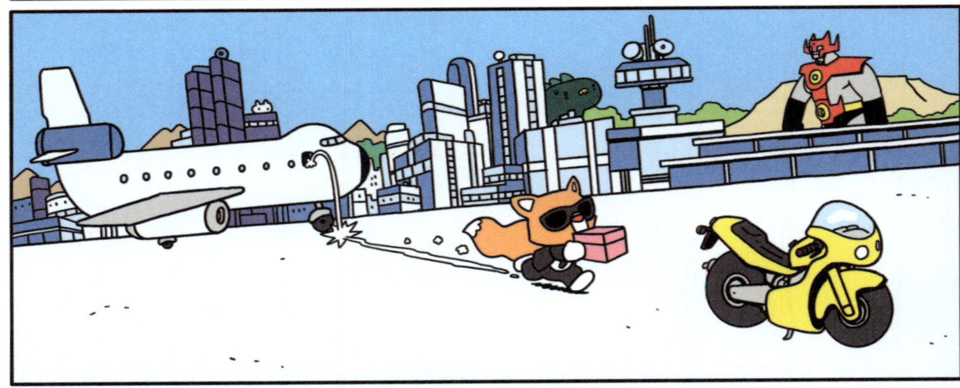

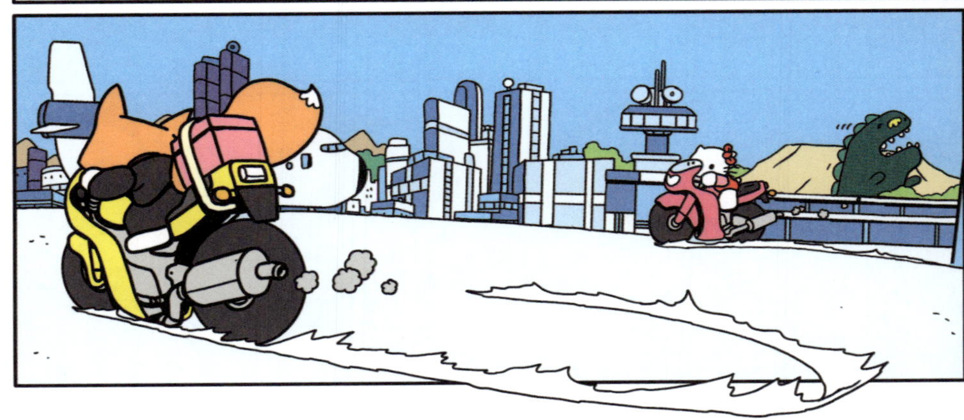

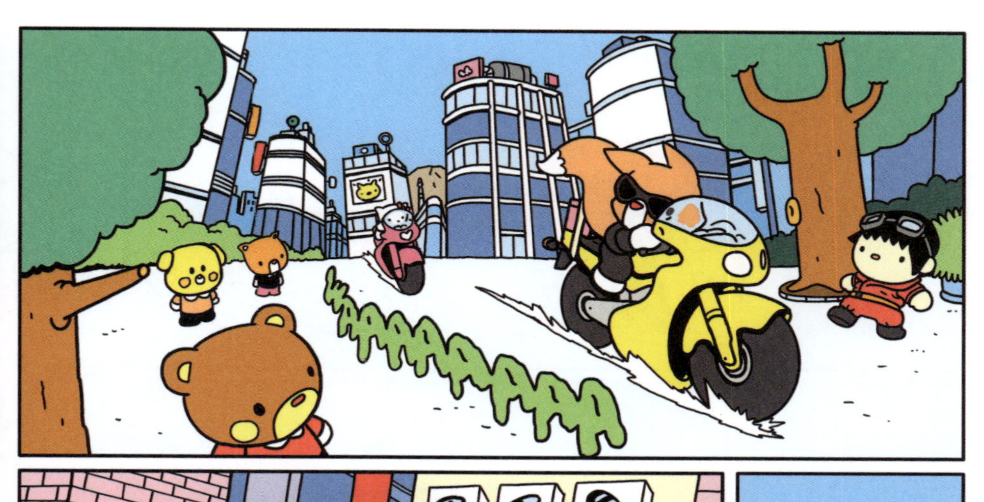
WAAAAAAAAAA
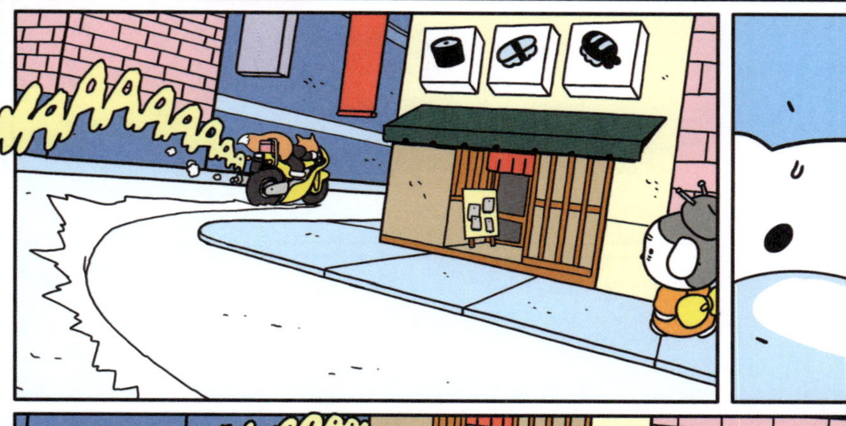
WAAAAAAAaaa
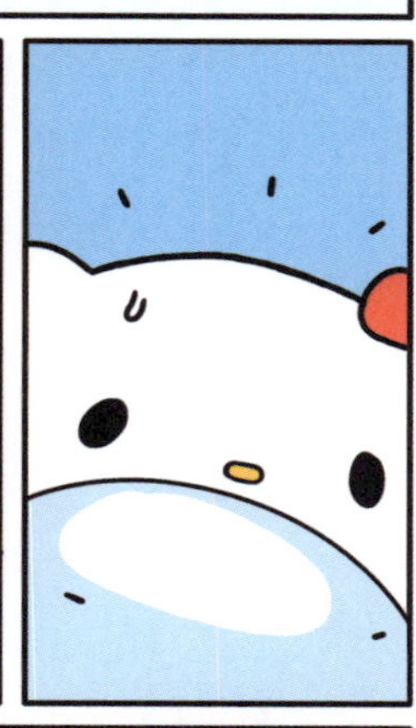
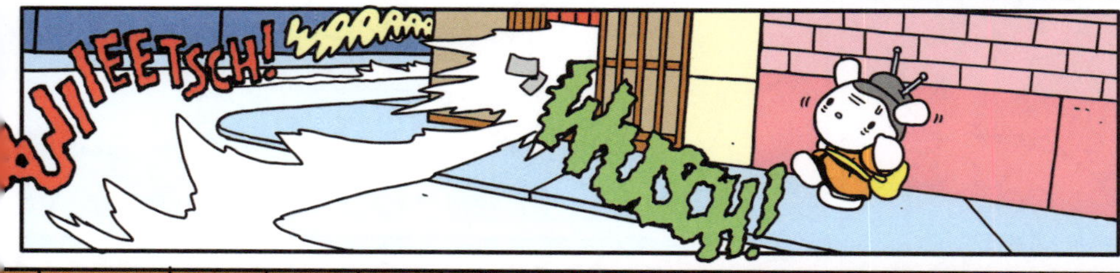
UIIEETSCH!
WAAAAaaa
WUSCH!!
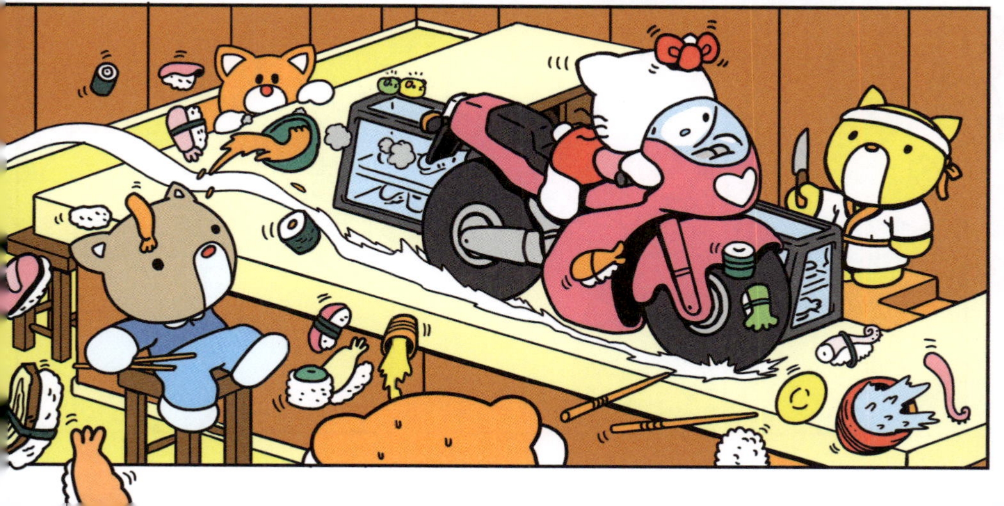

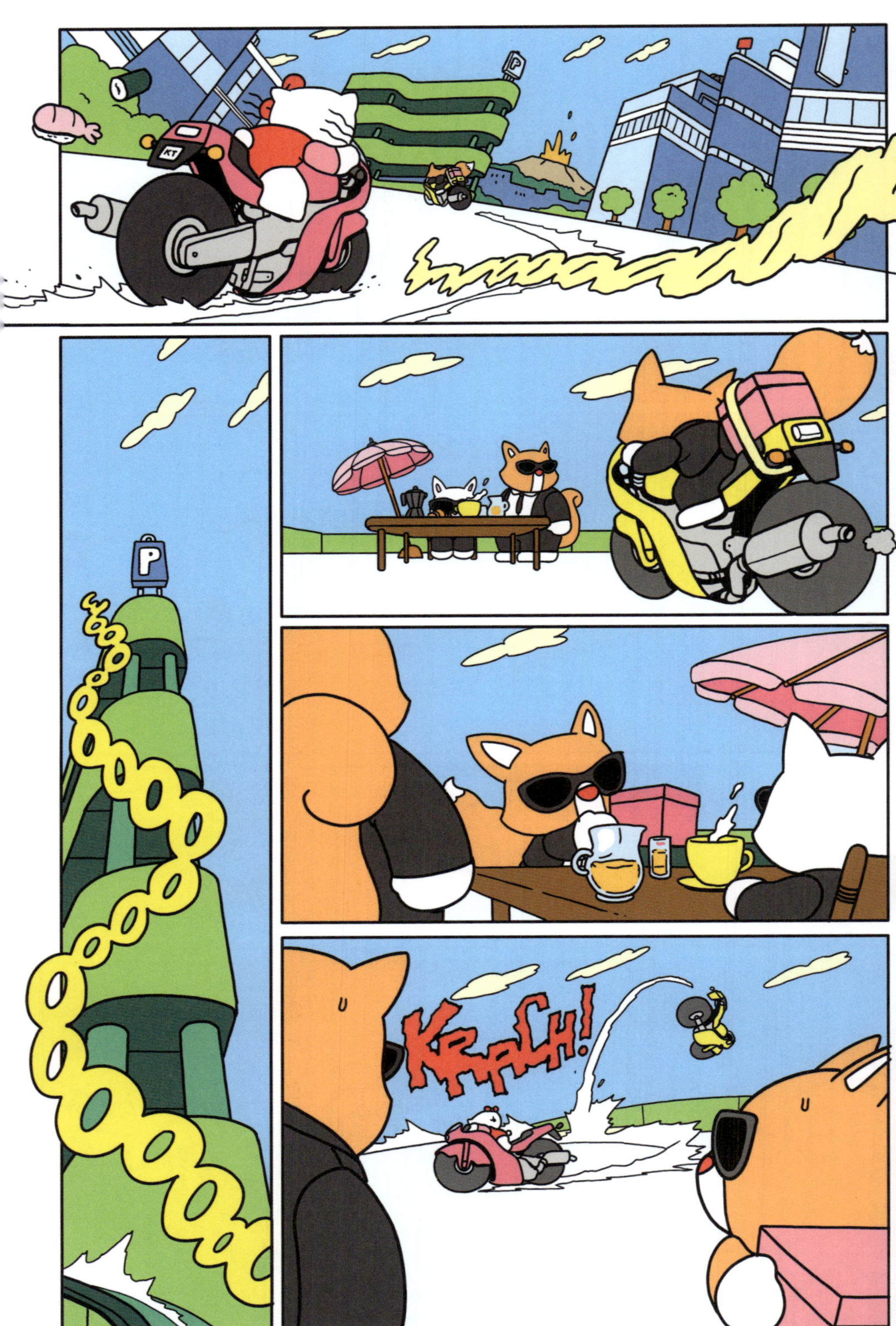
KT
P
KRACH!

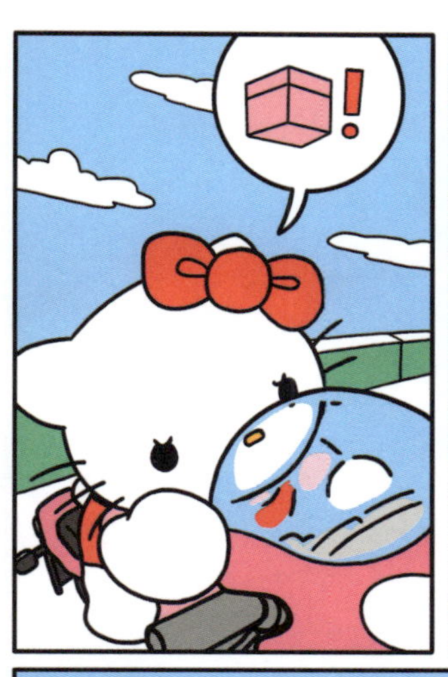
!

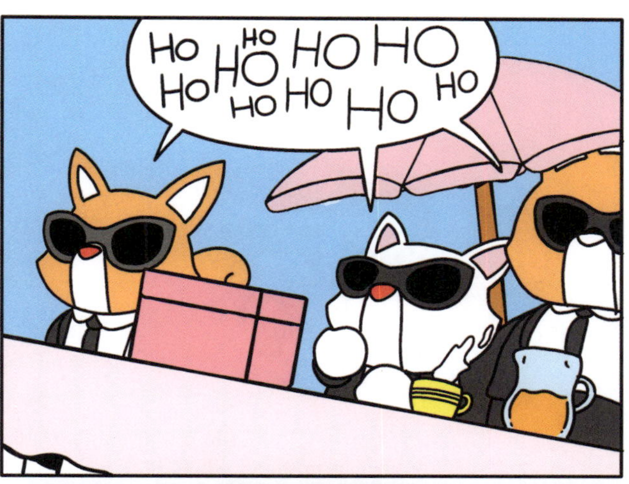
HO HO HO HO HO
HO HO HO HO HO HO

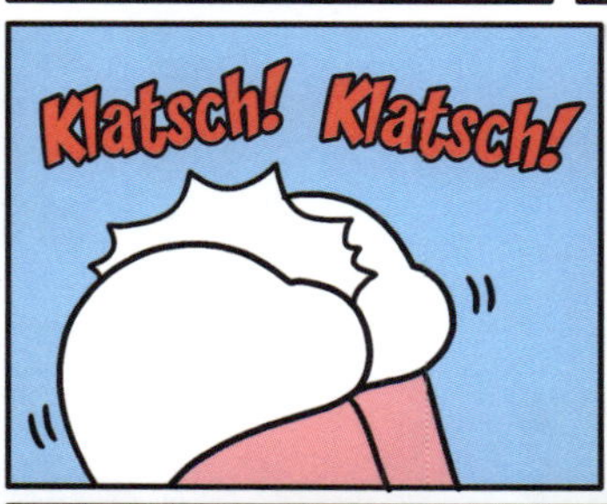
Klatsch! Klatsch!

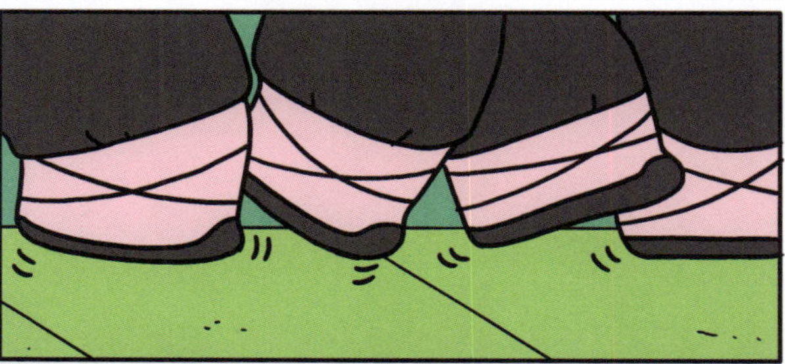

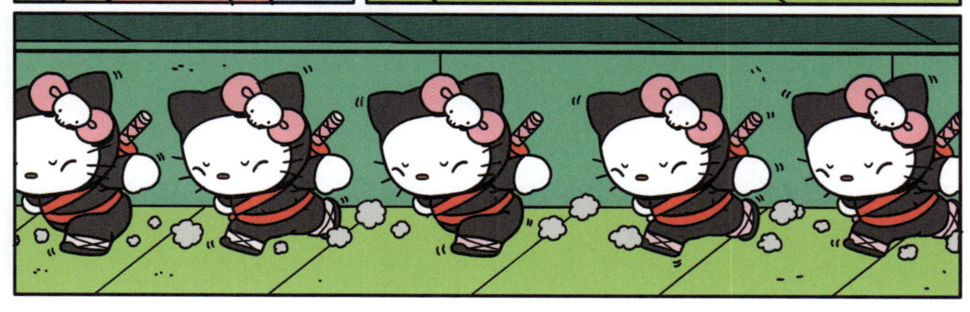

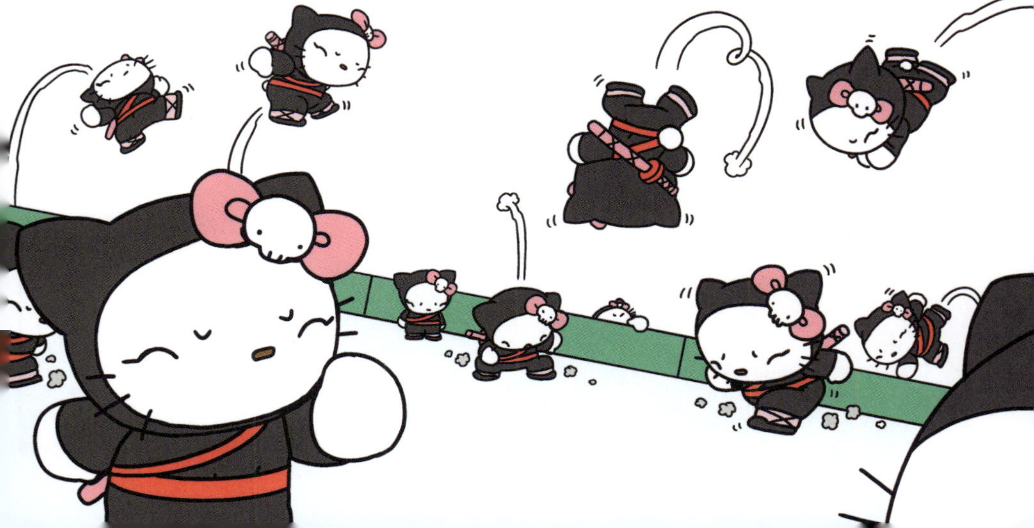

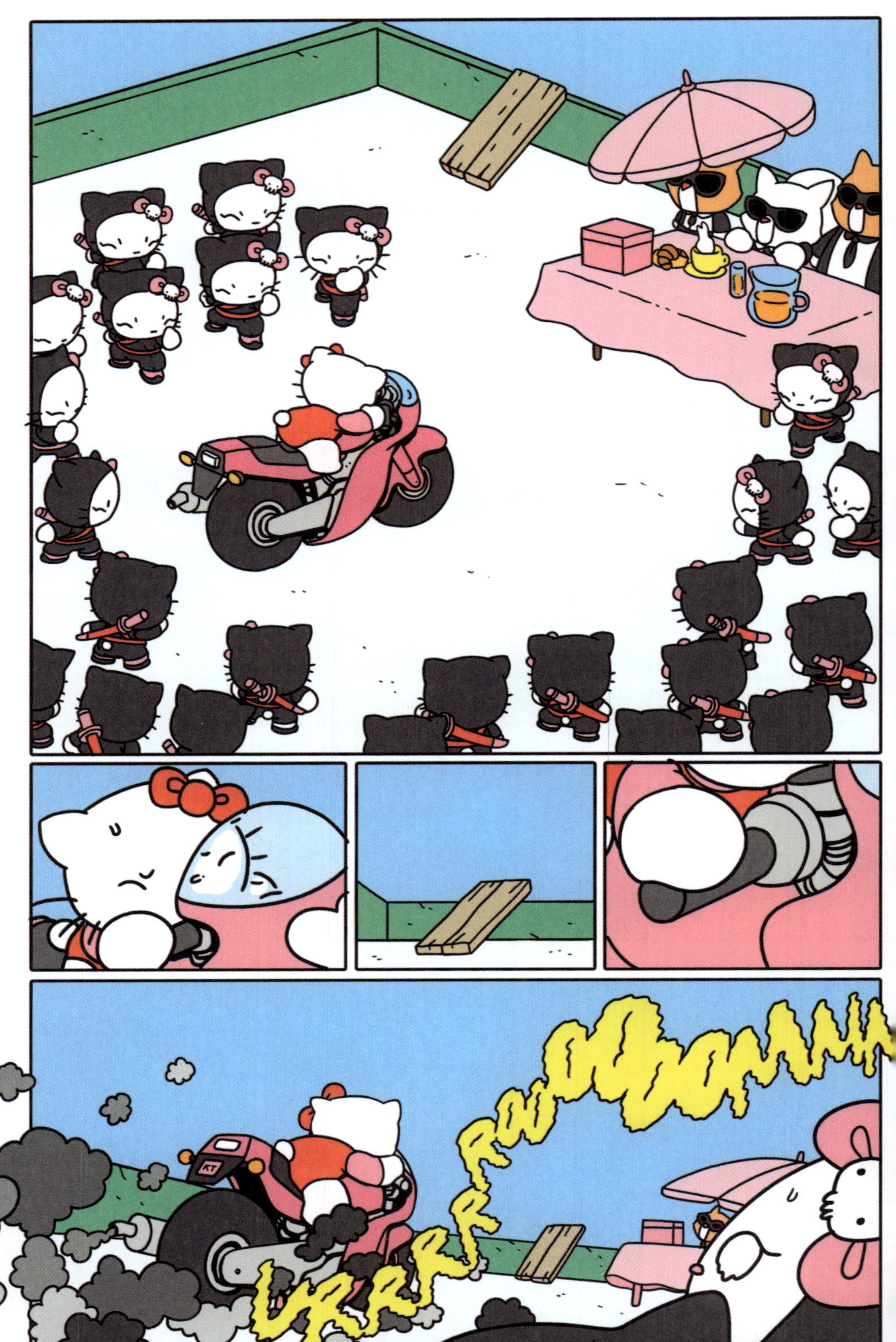
VRAARRROOOOOMMMM

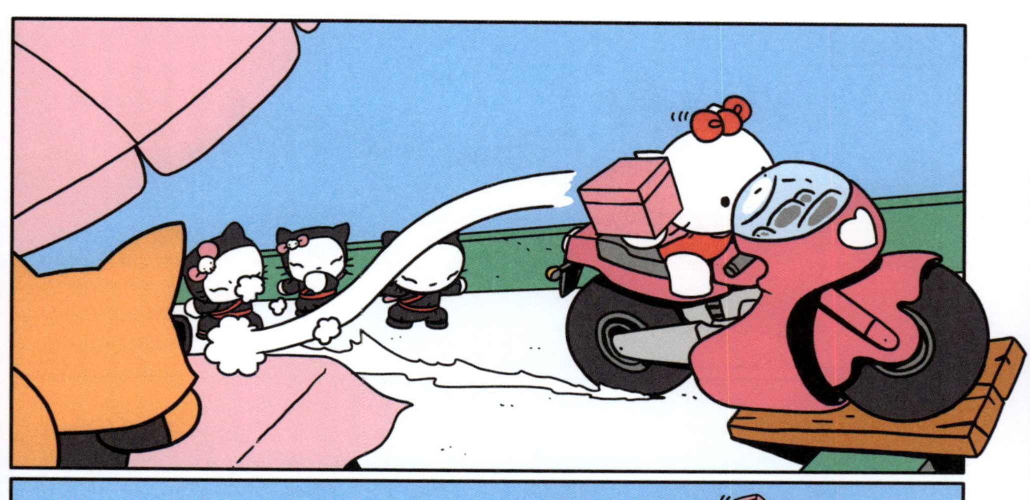

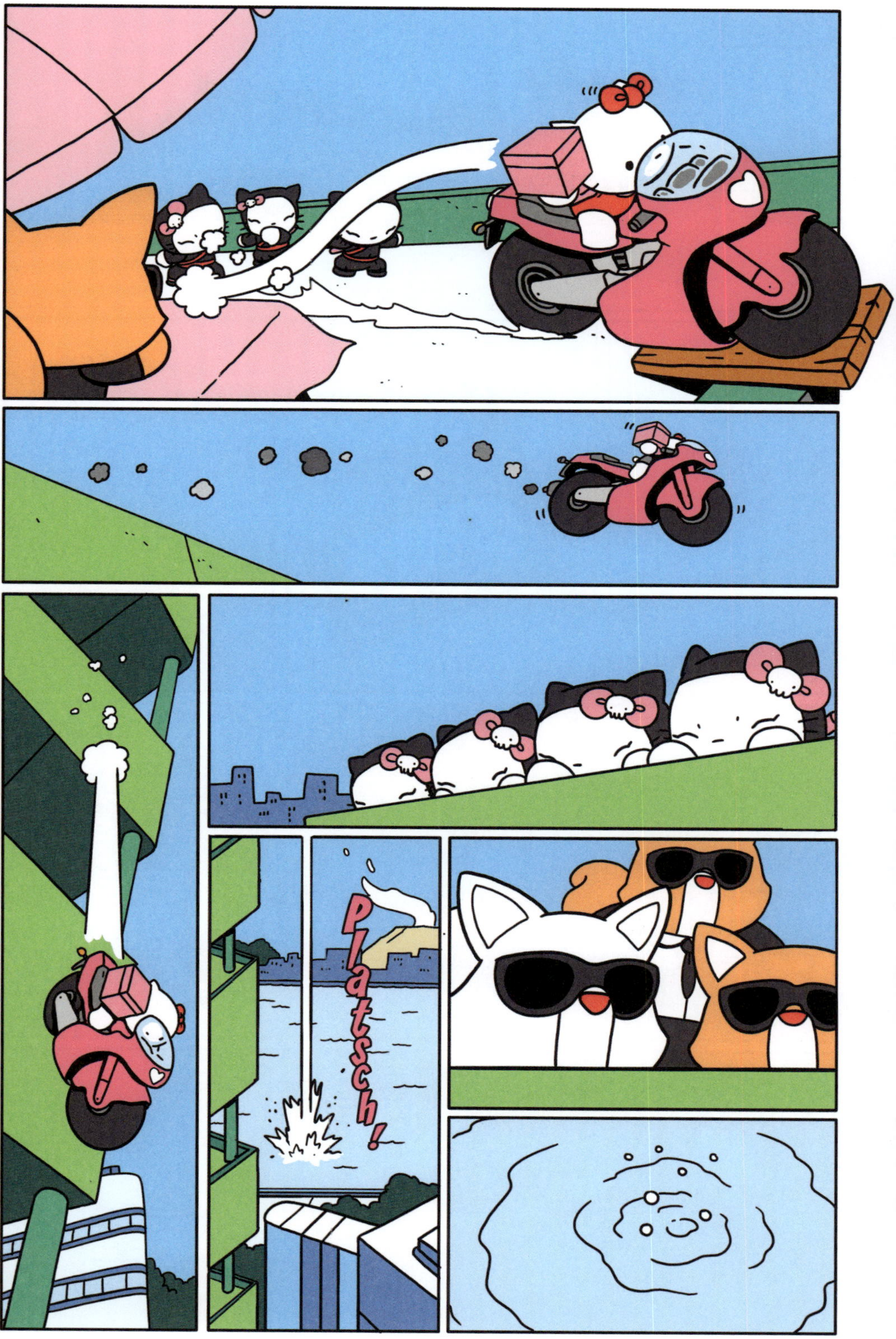

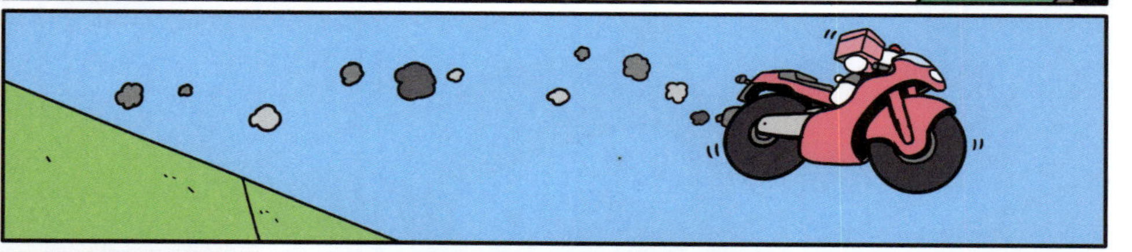

Platsch!

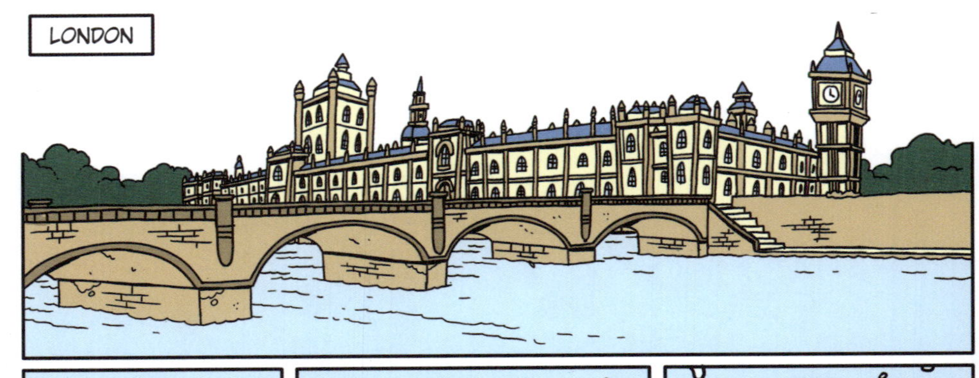
LONDON

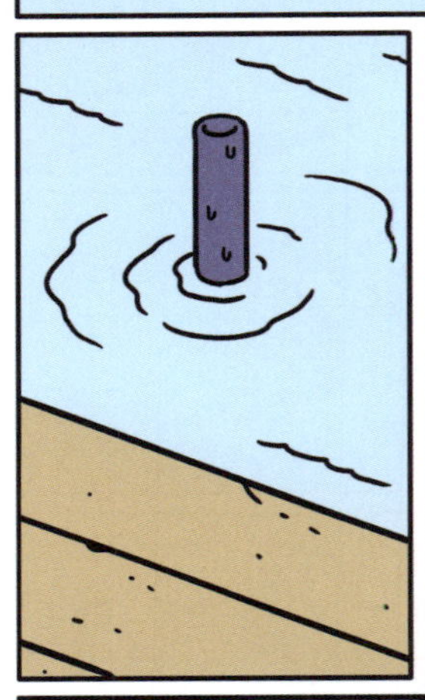

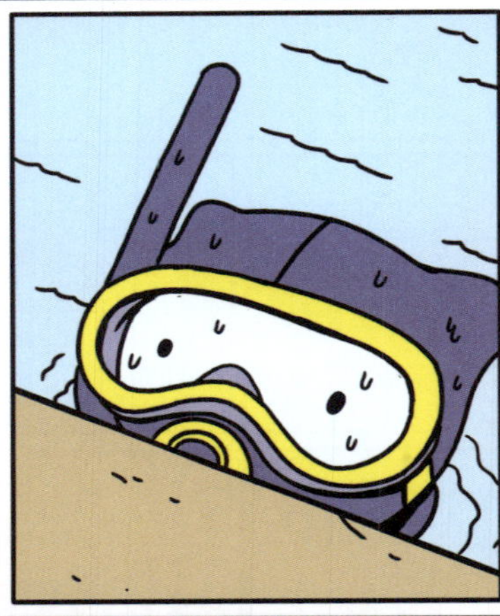

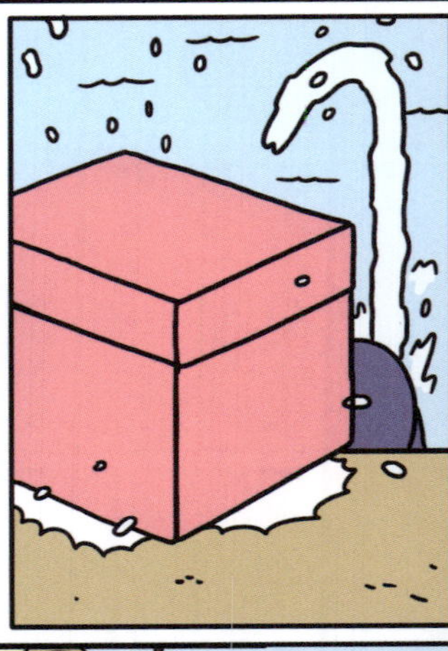

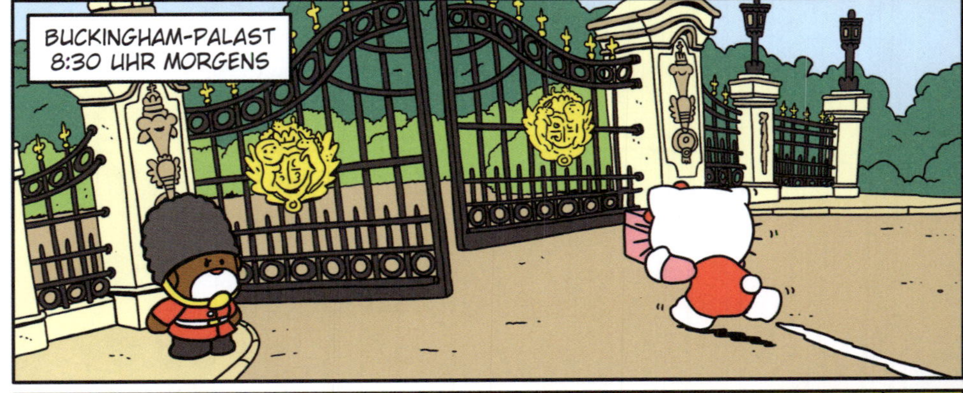
BUCKINGHAM-PALAST
8:30 UHR MORGENS

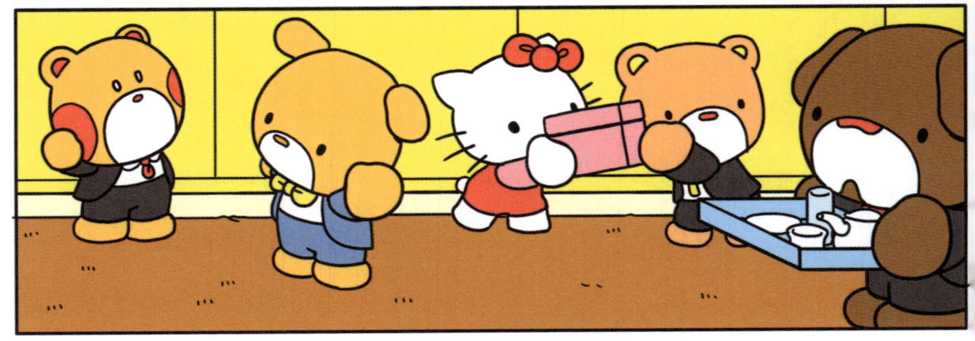

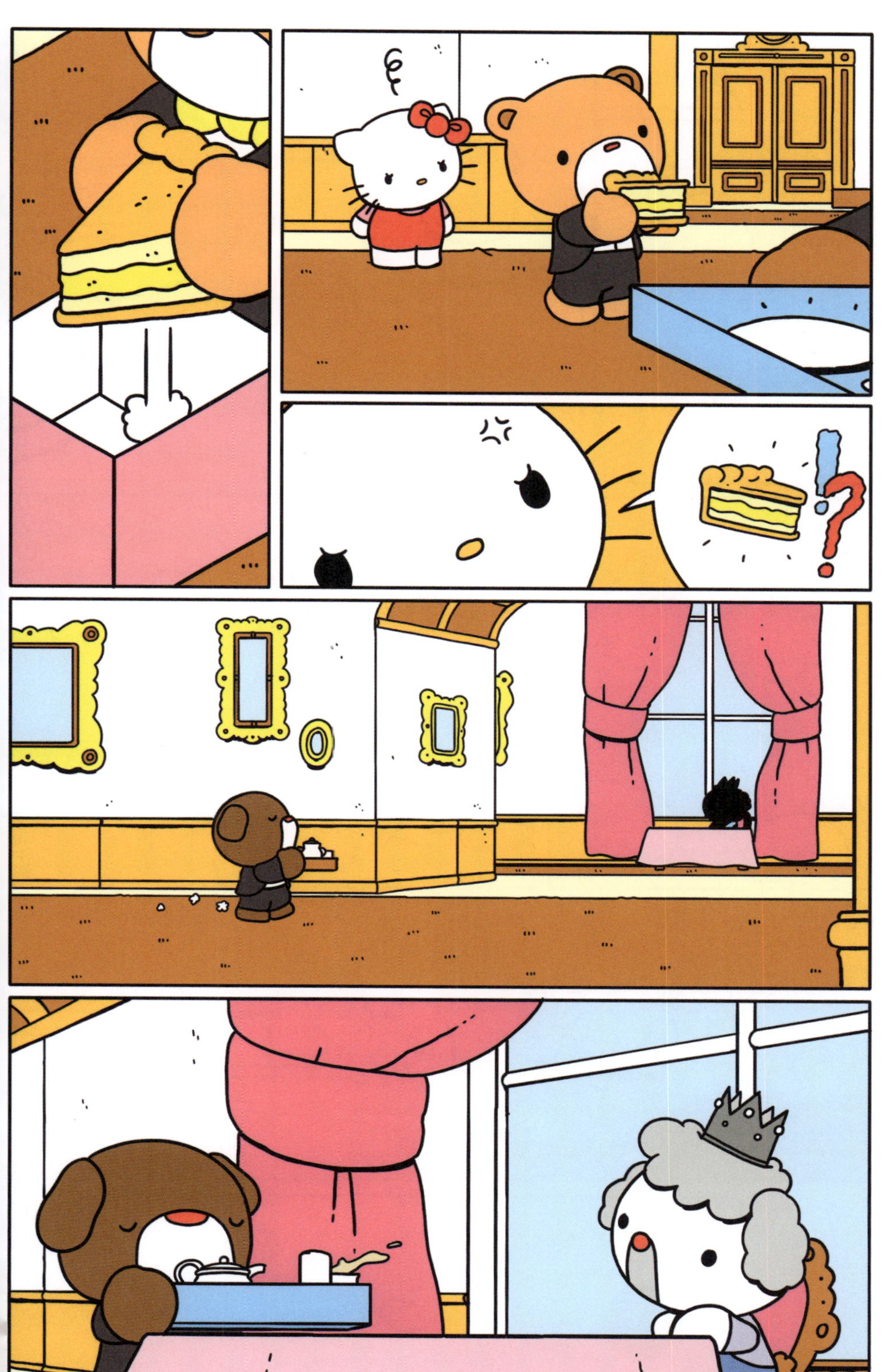

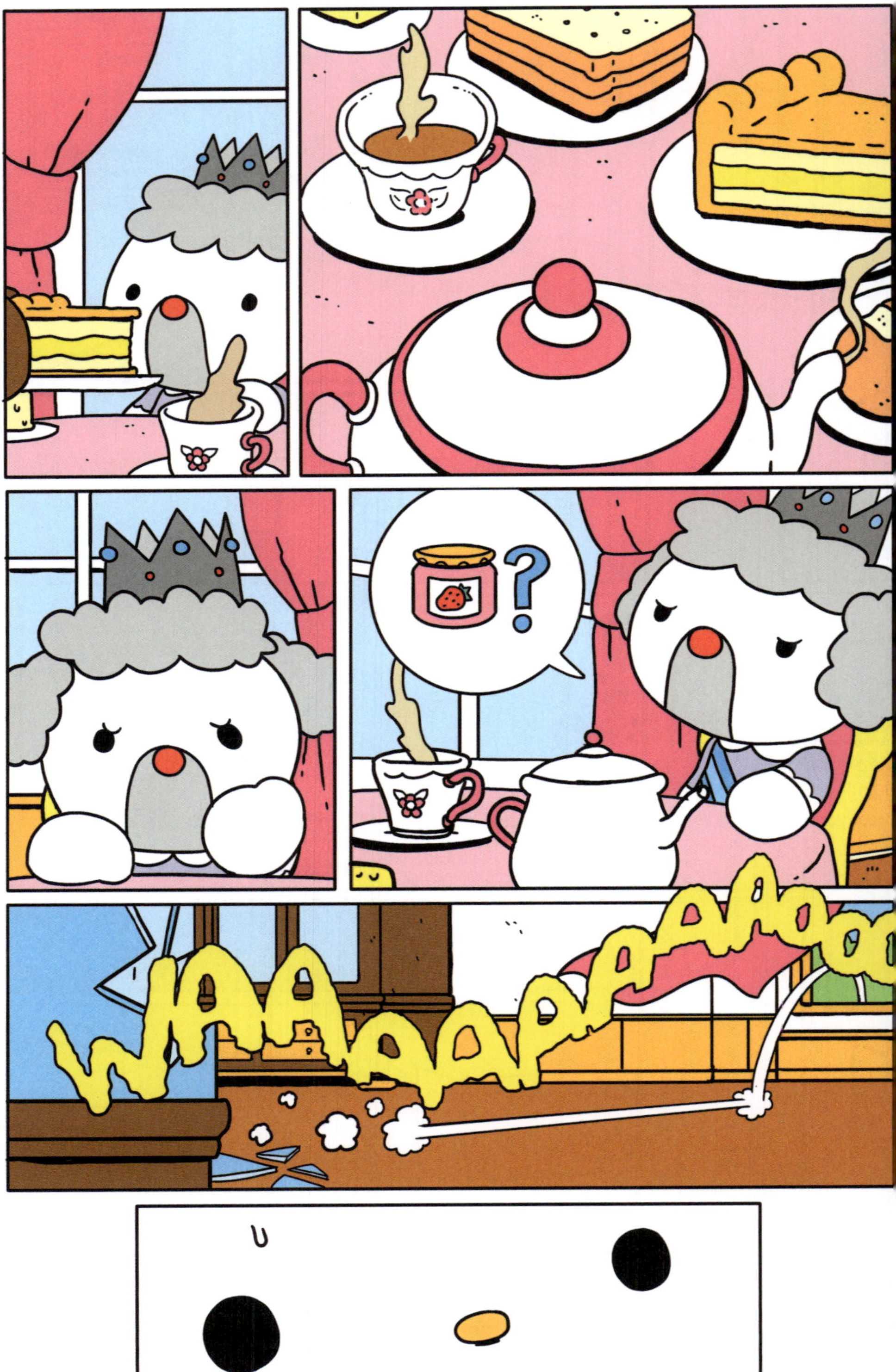

?

WAAAAAAAAOO

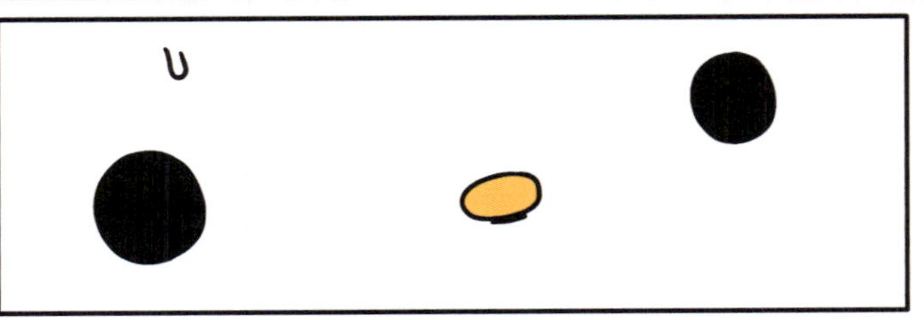

Ende

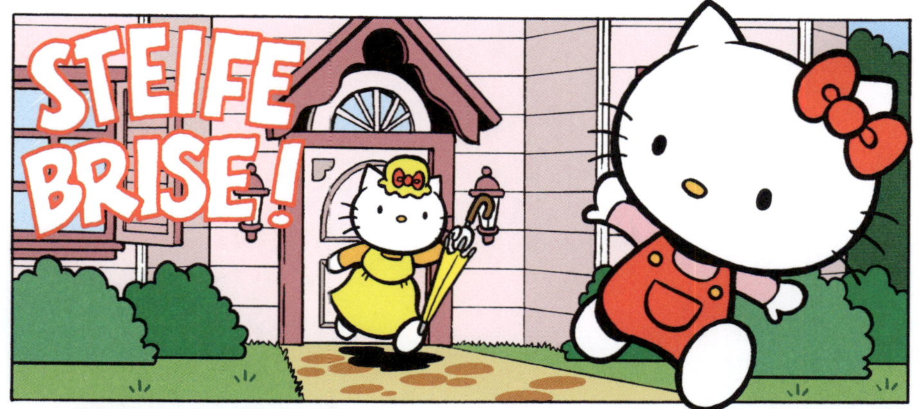
STEIFE BRISE!

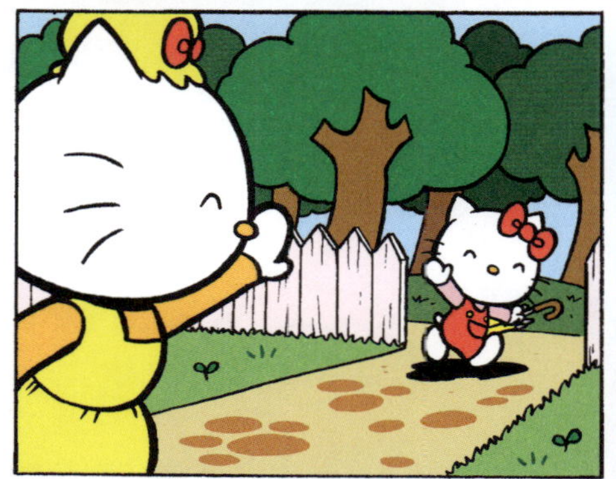

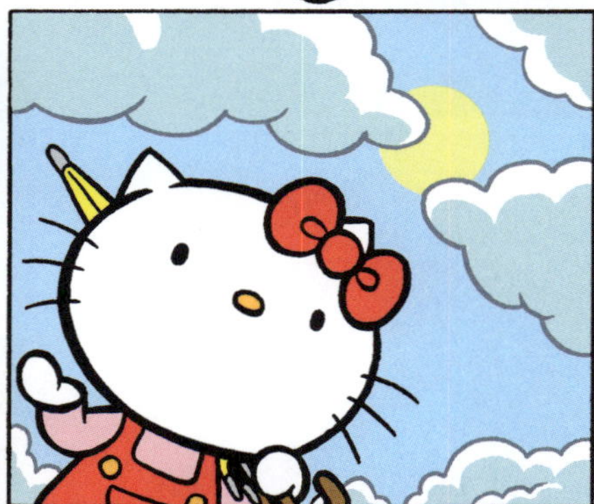

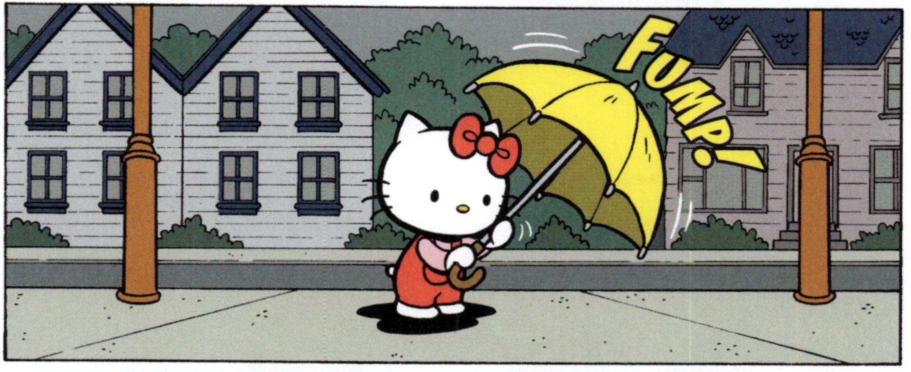
FUMP!

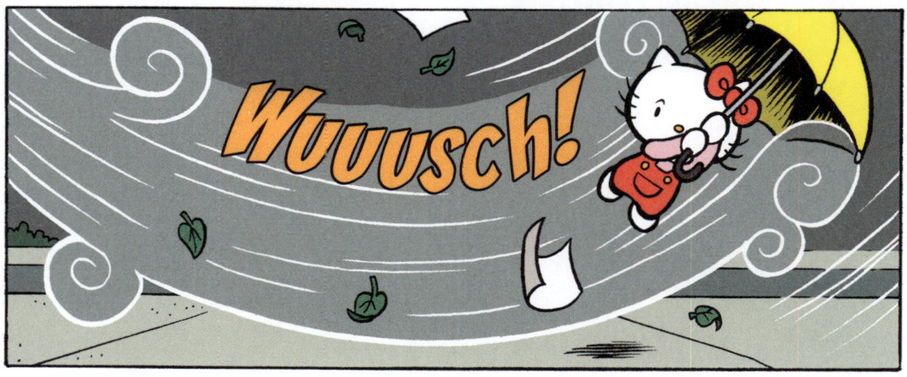
Wuuusch!

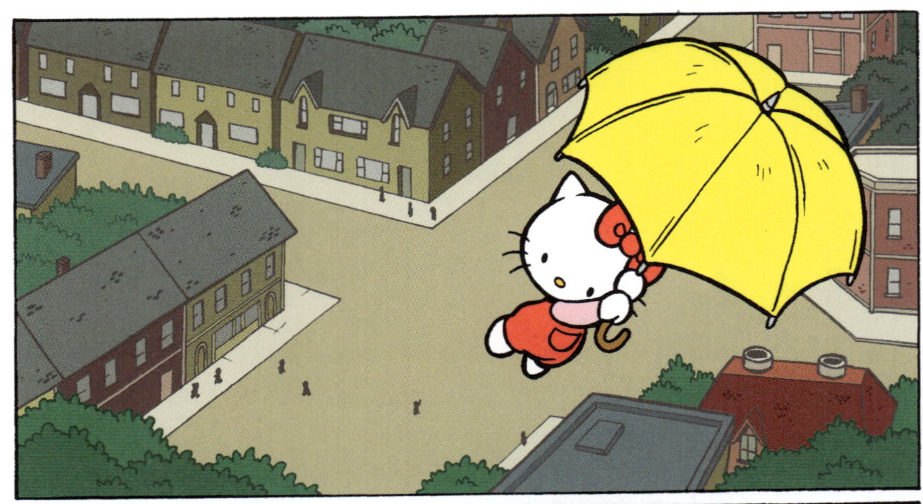
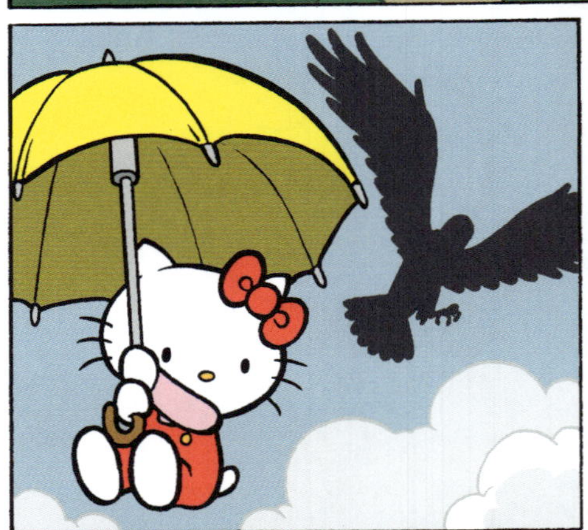
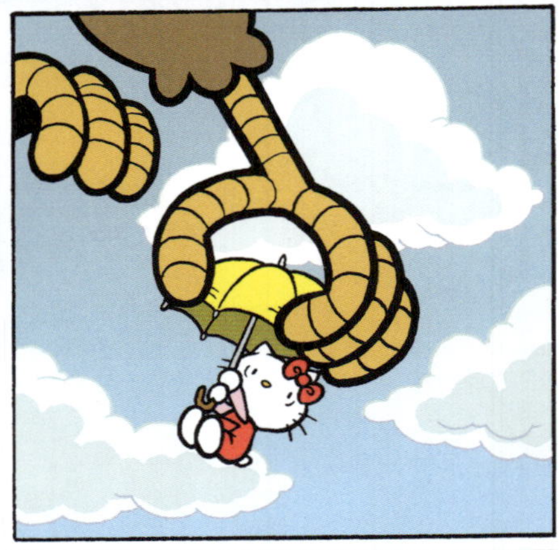
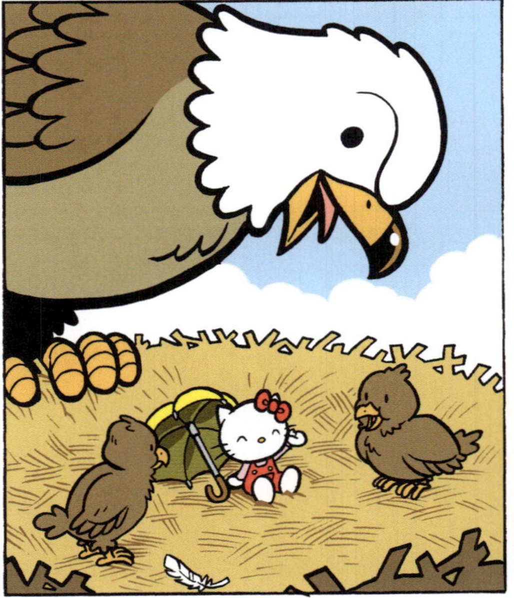
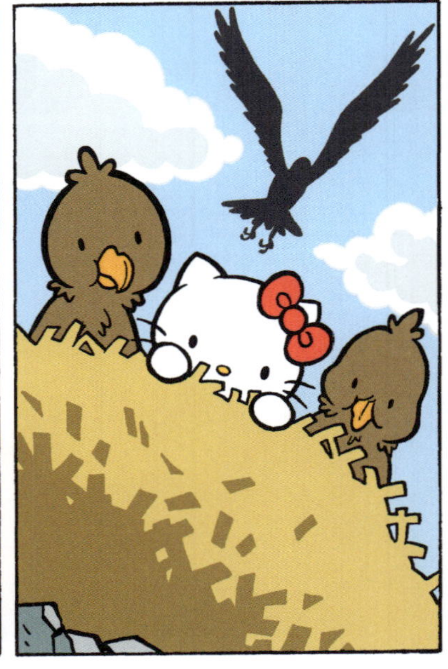

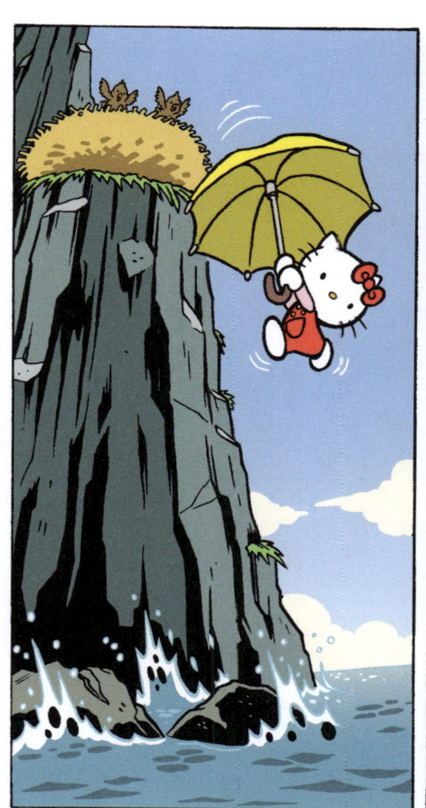
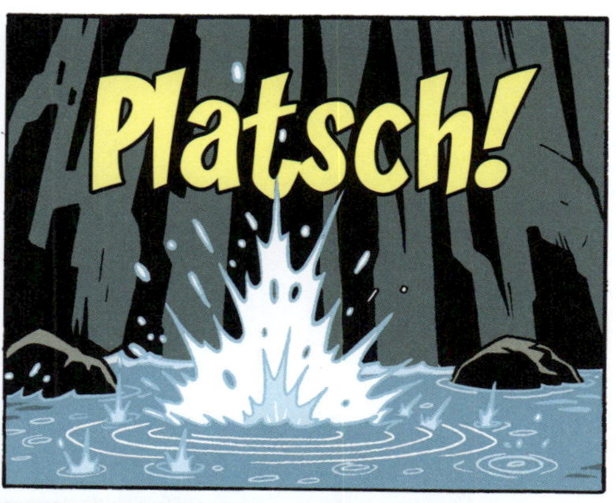
Platsch!
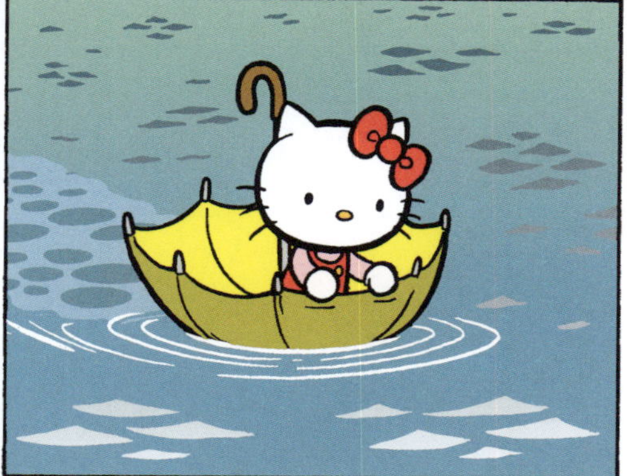
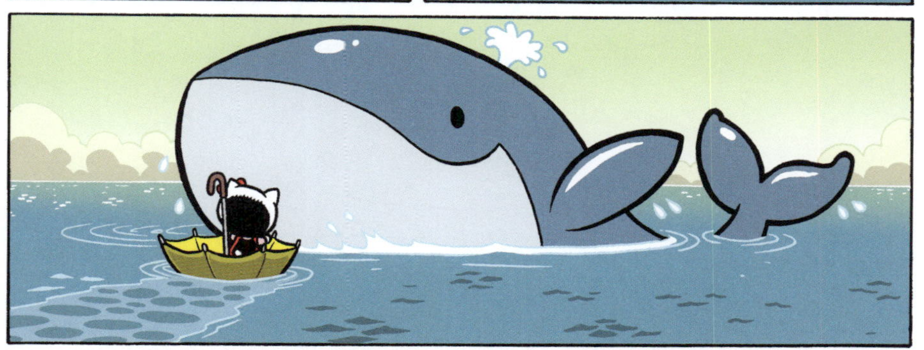
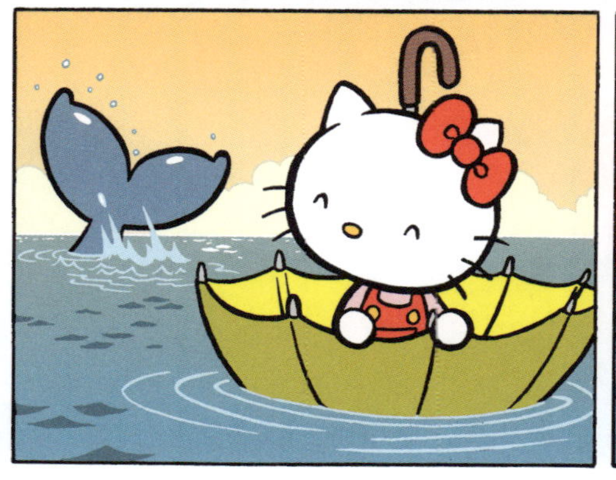
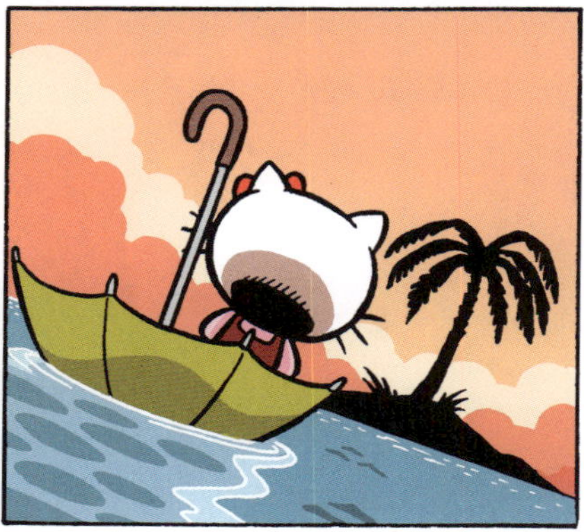

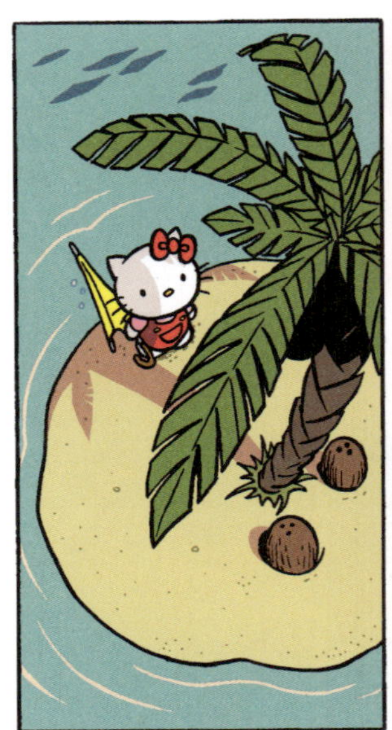

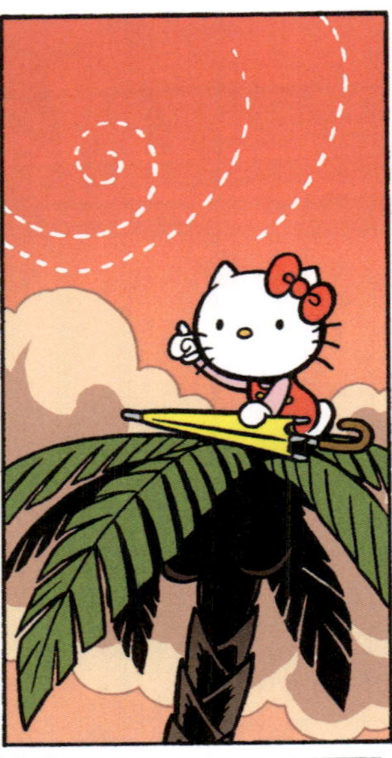

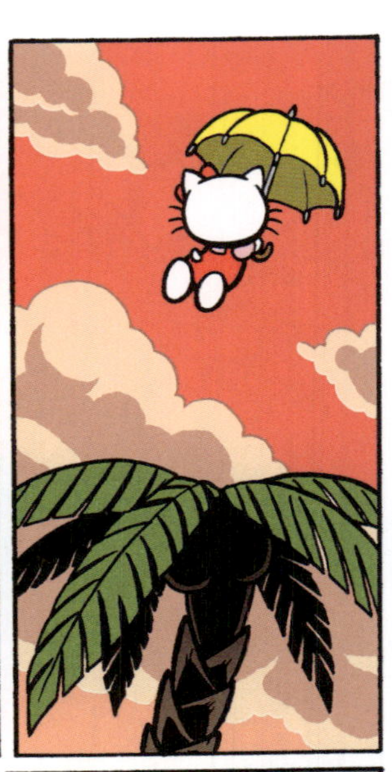

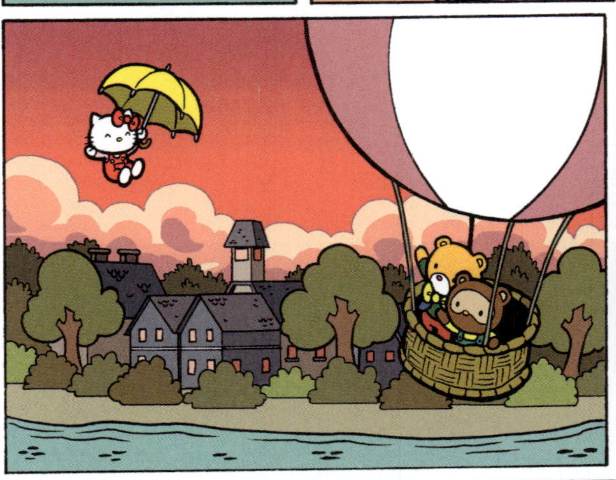

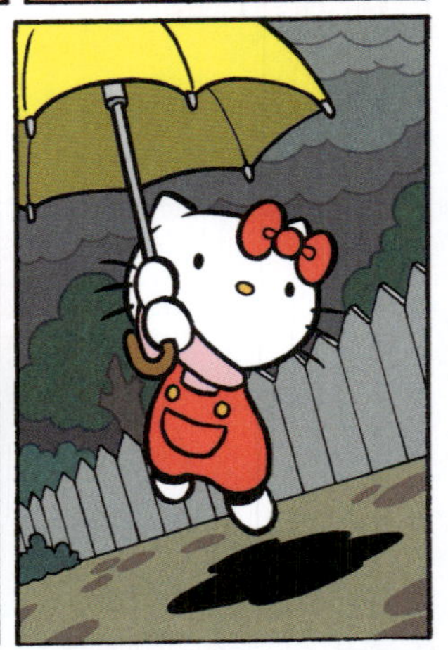

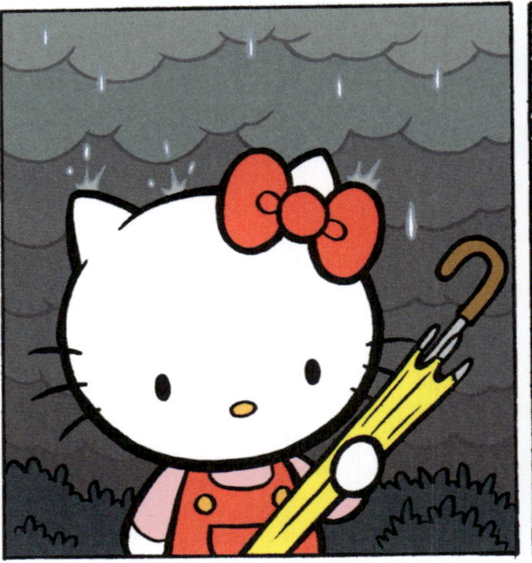

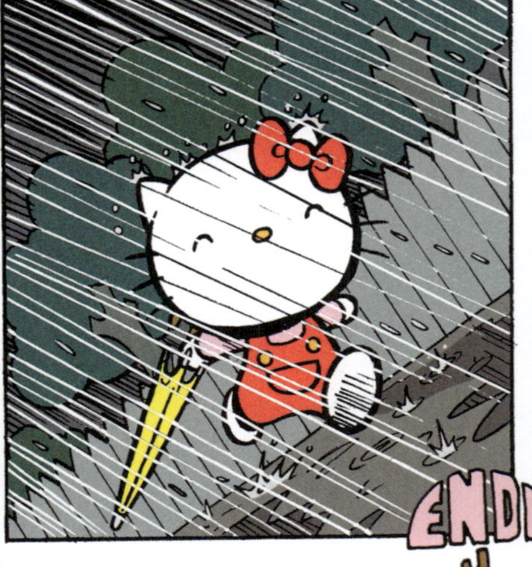
ENDE

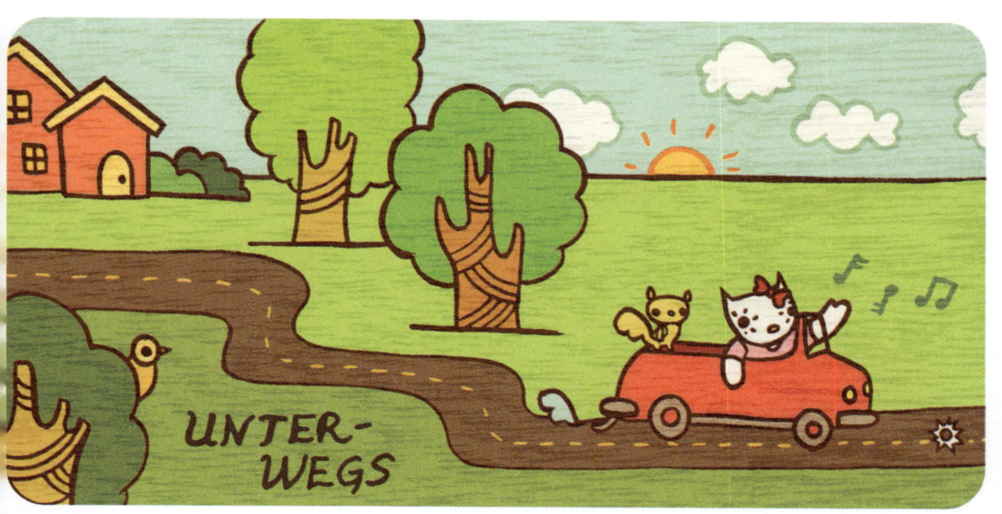
UNTER-
WEGS

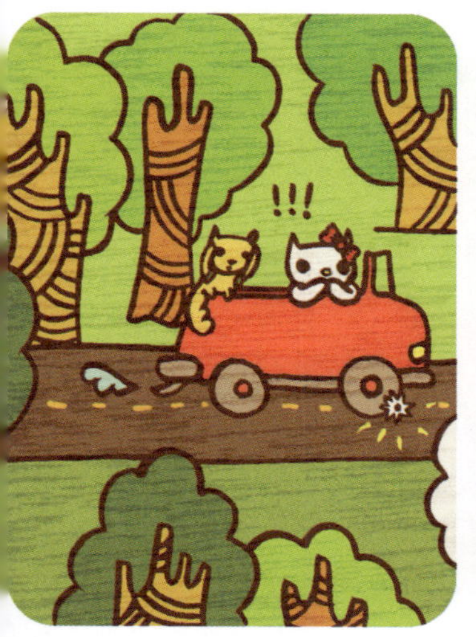
!!!

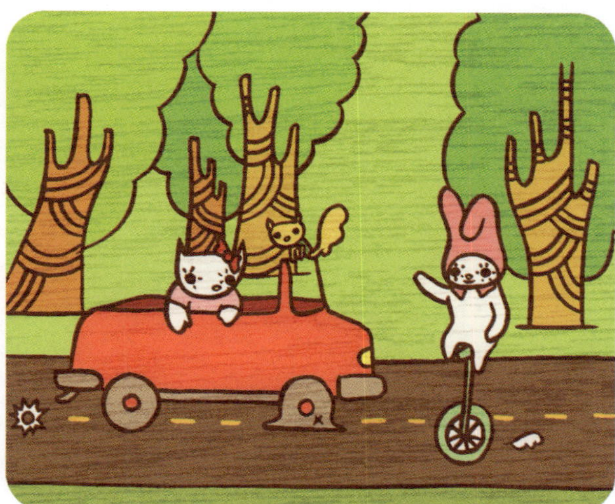

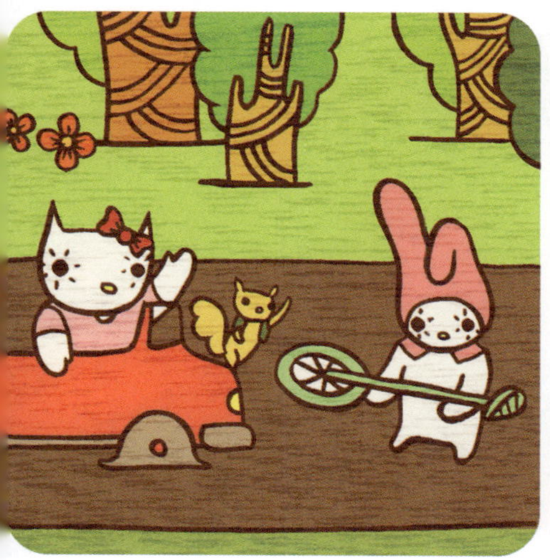

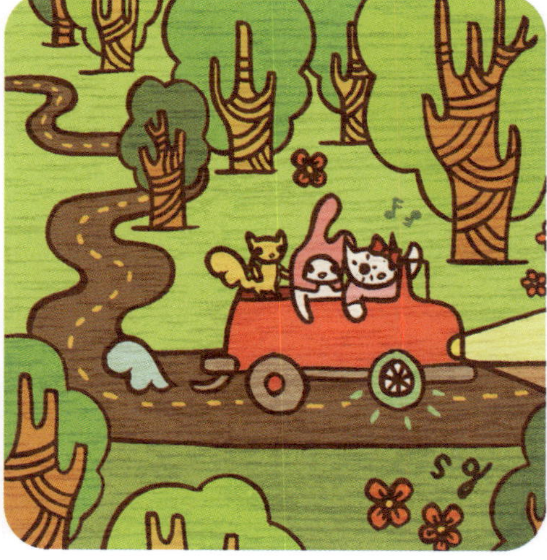
sg

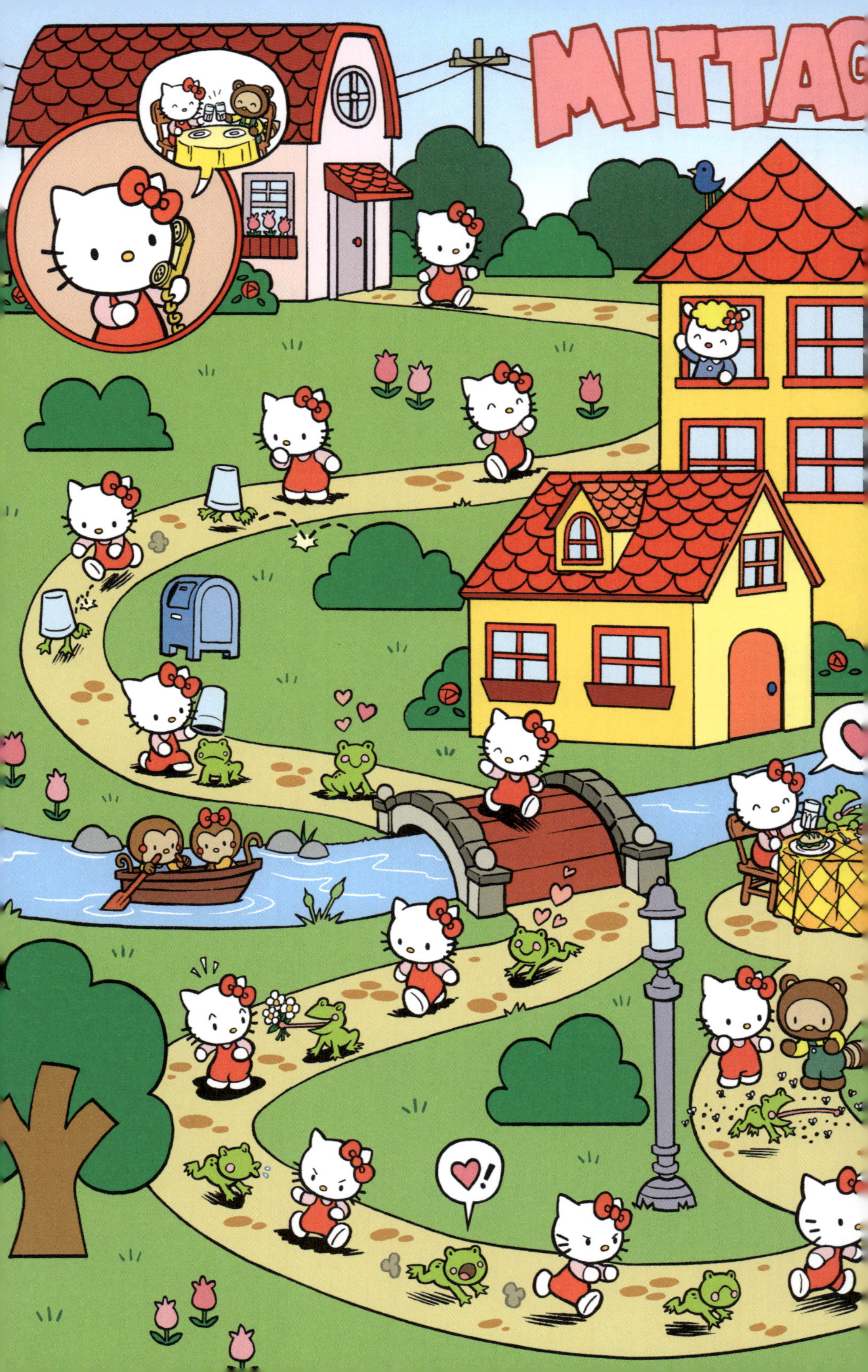
MITTAG

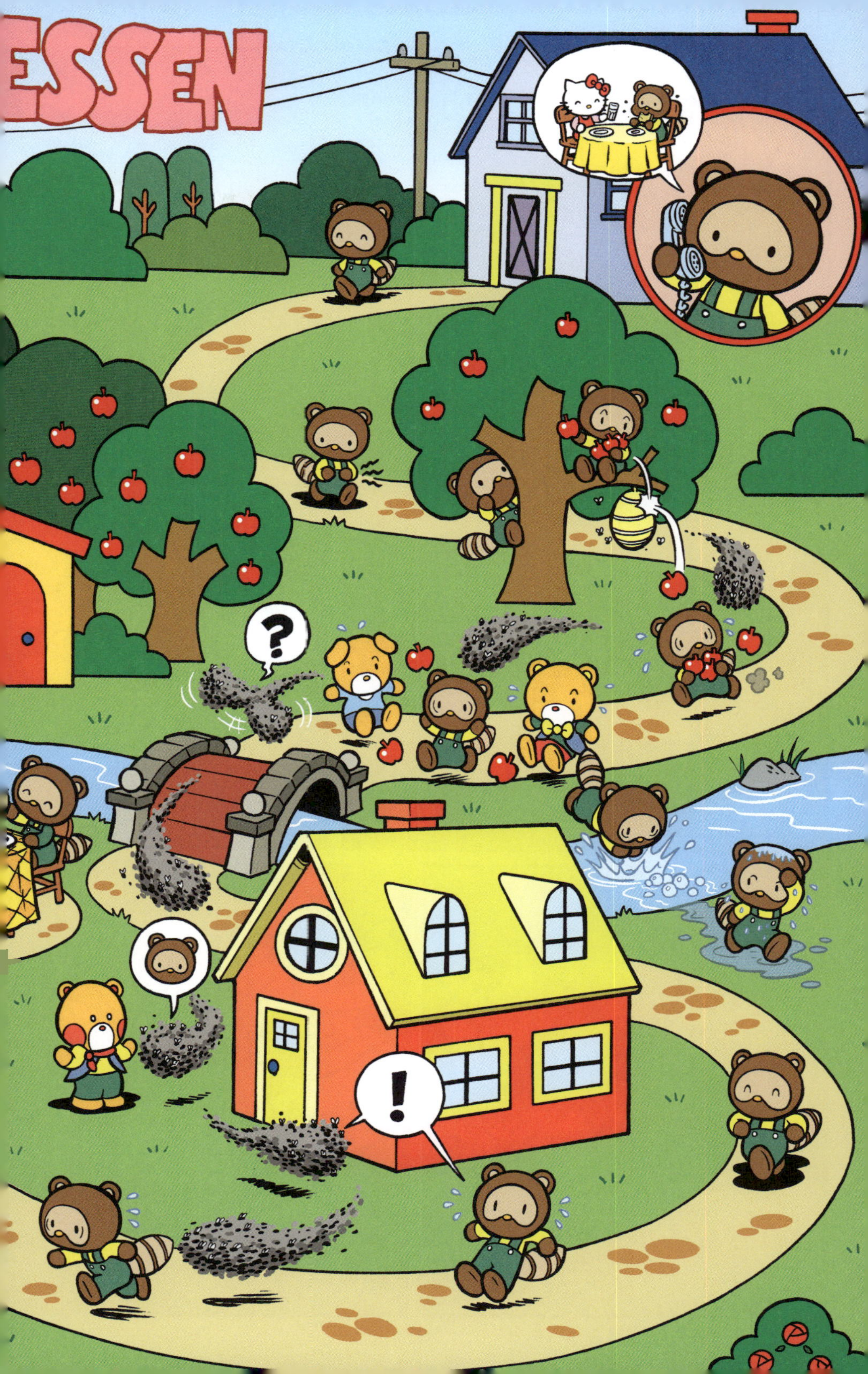
ESSEN
?
!

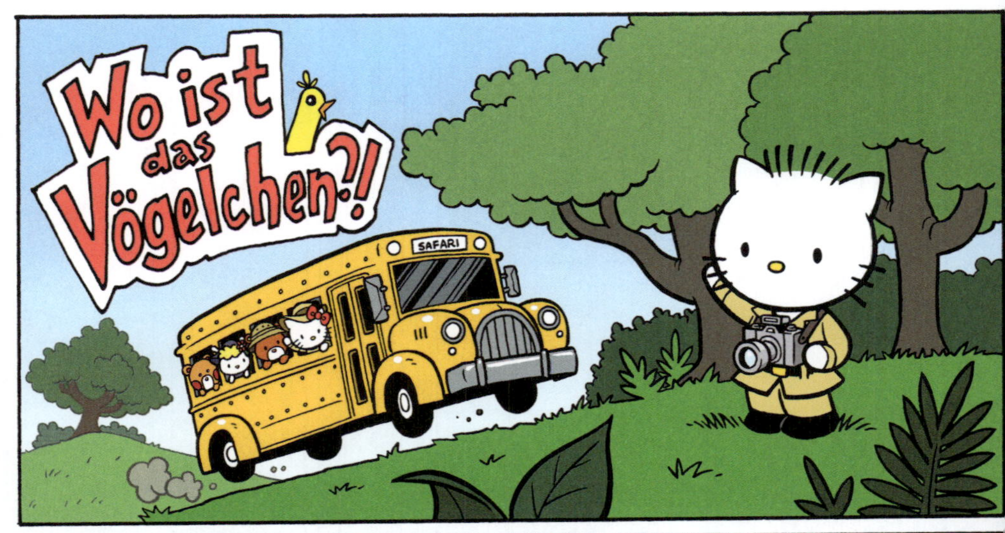
Wo ist das Vögelchen?!
SAFARI

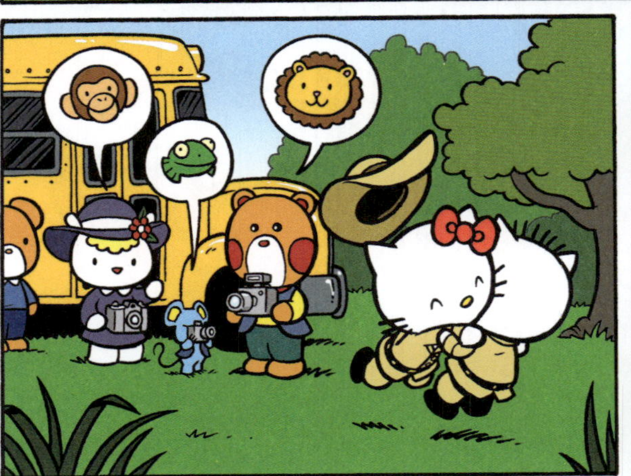

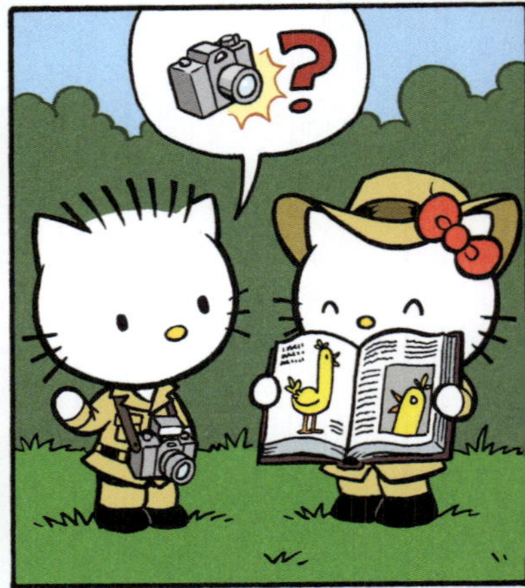

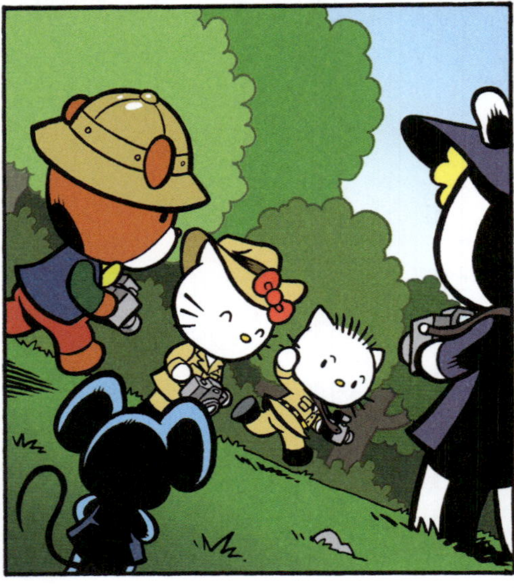

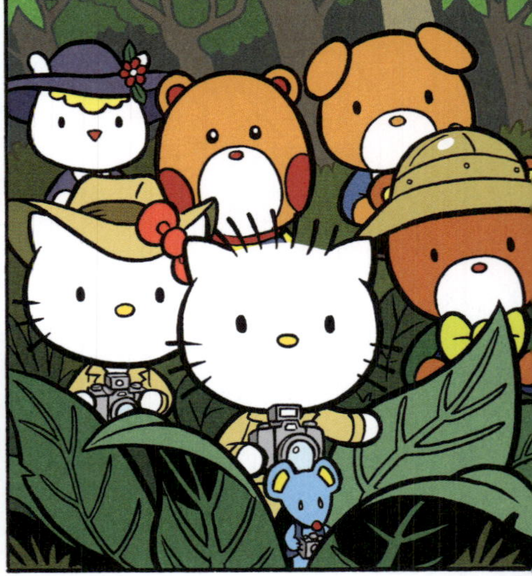

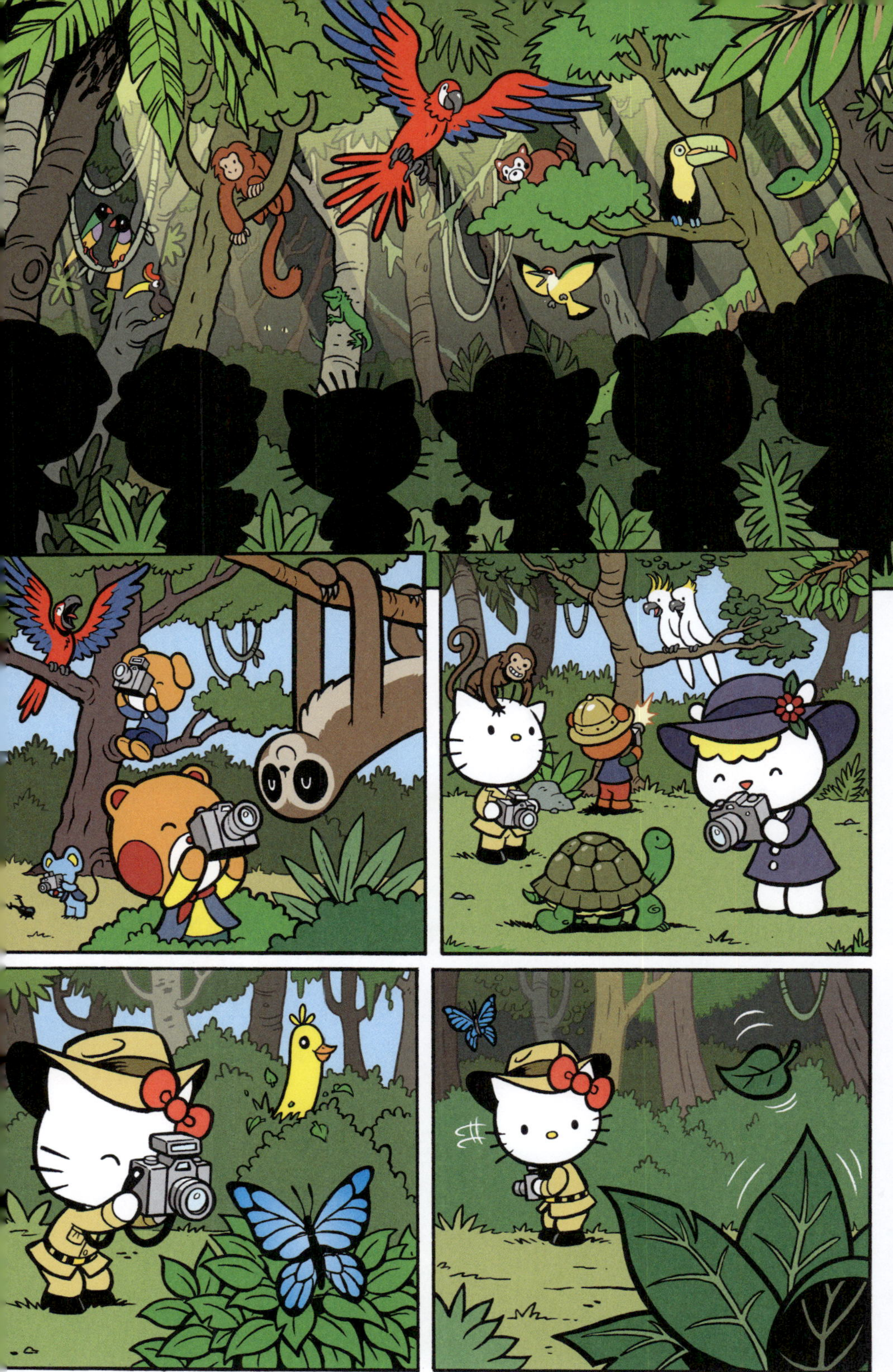

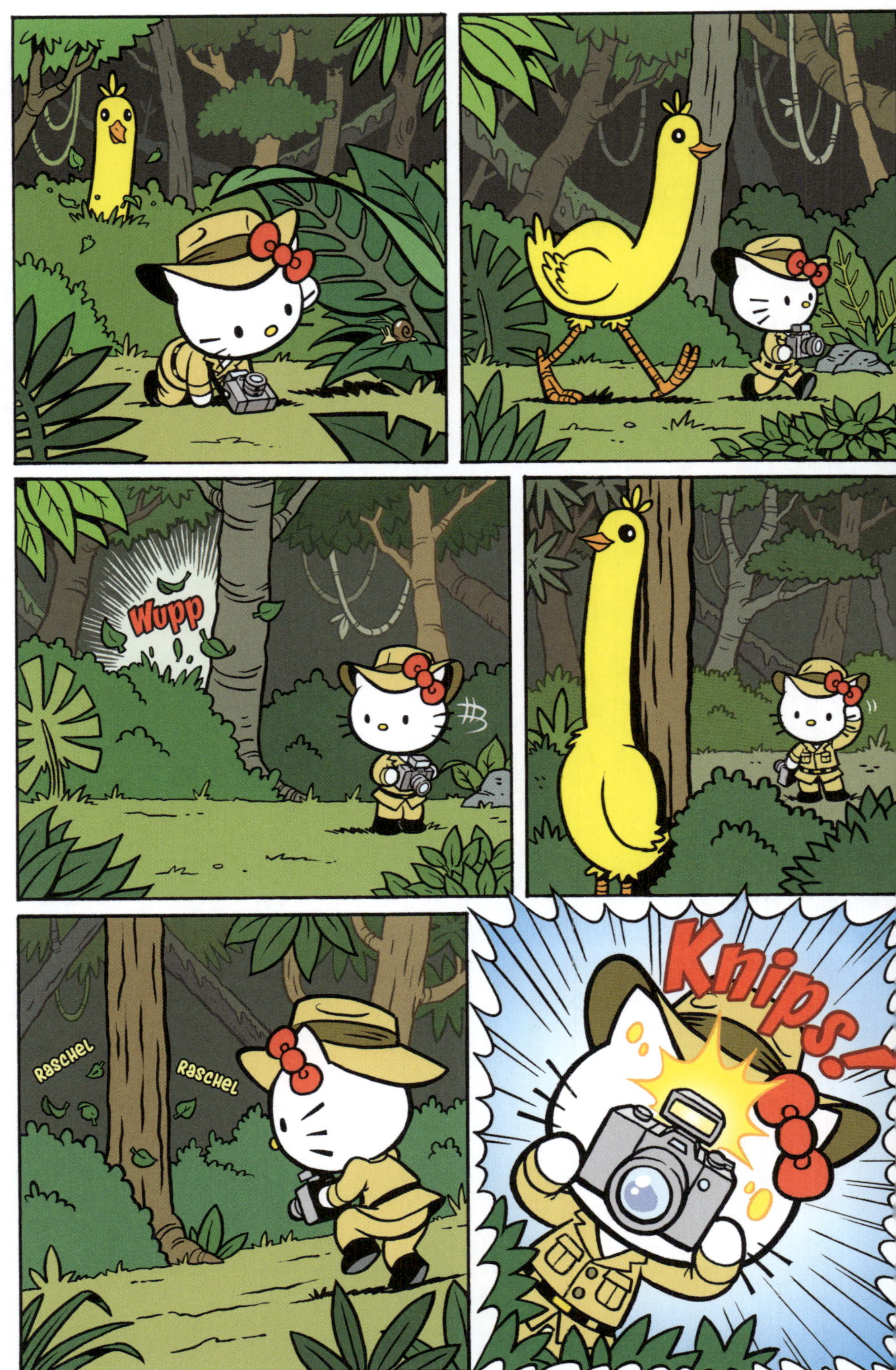
Wupp
Raschel
Raschel
Knips!

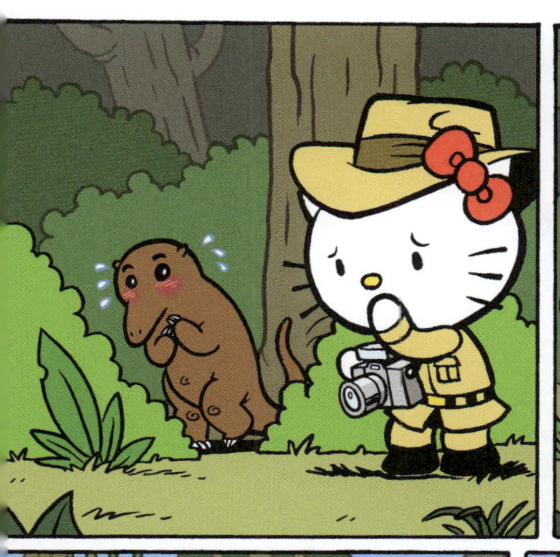
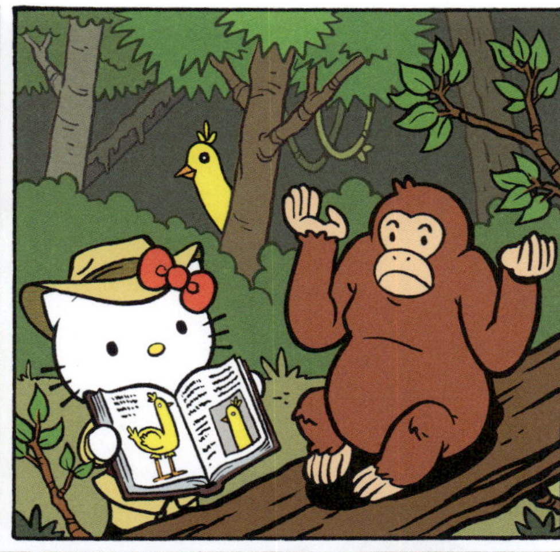
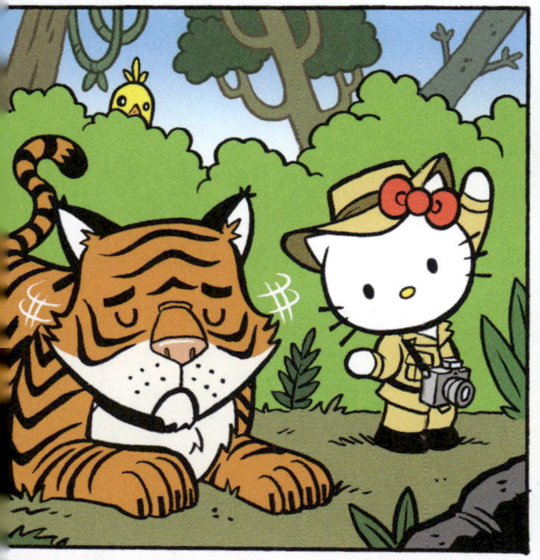
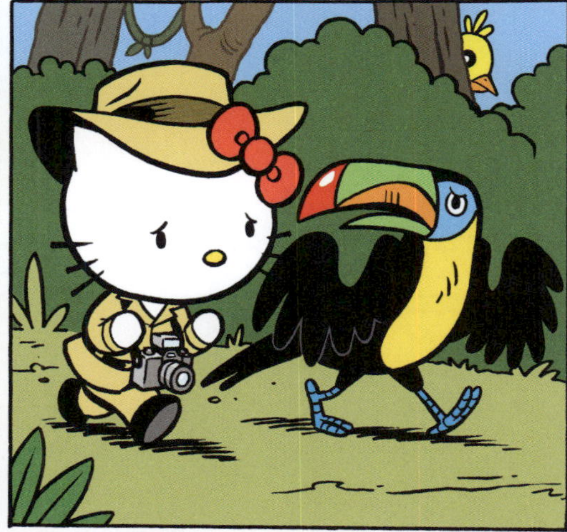
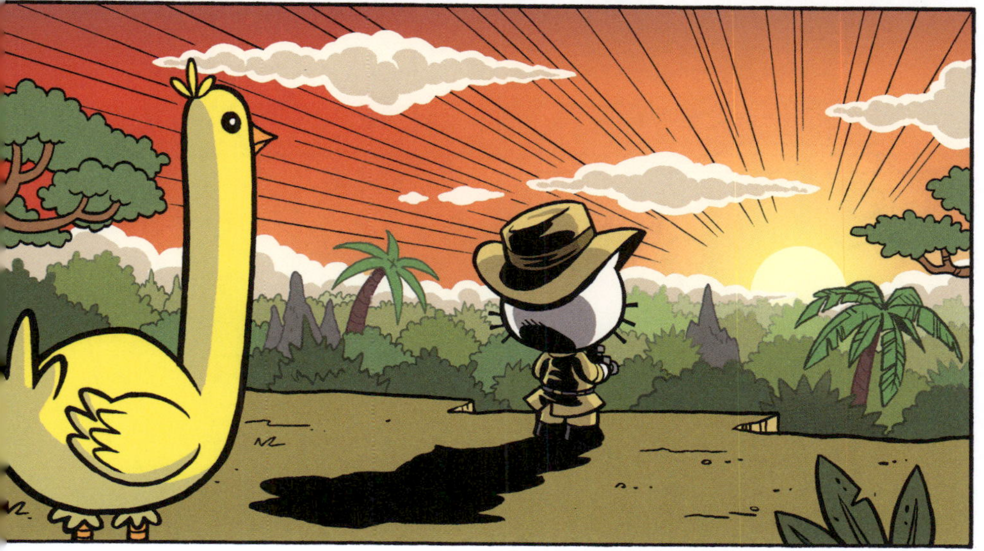

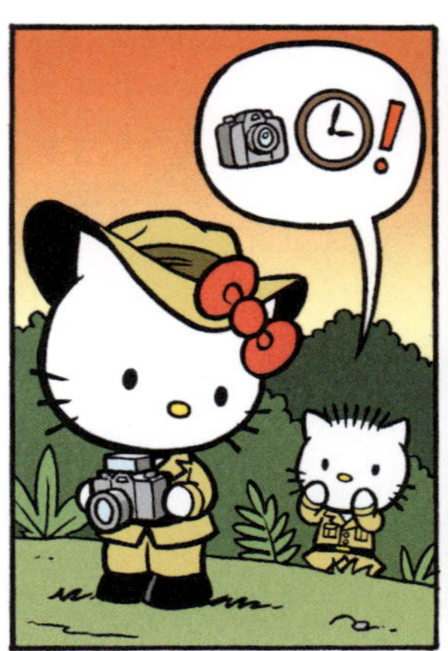

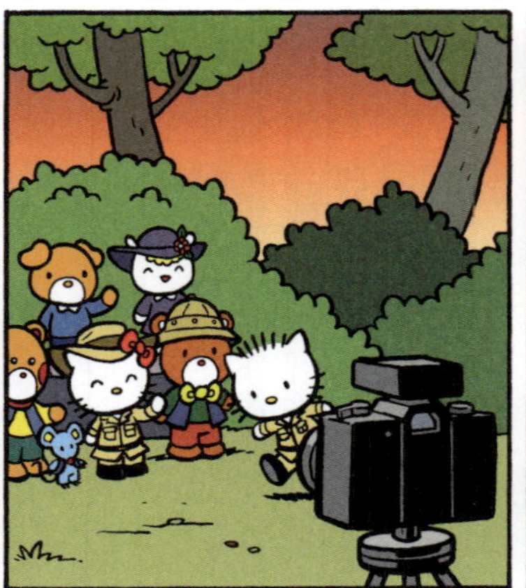

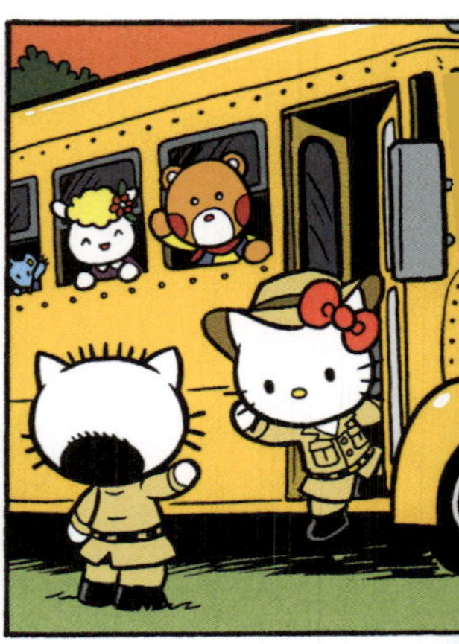

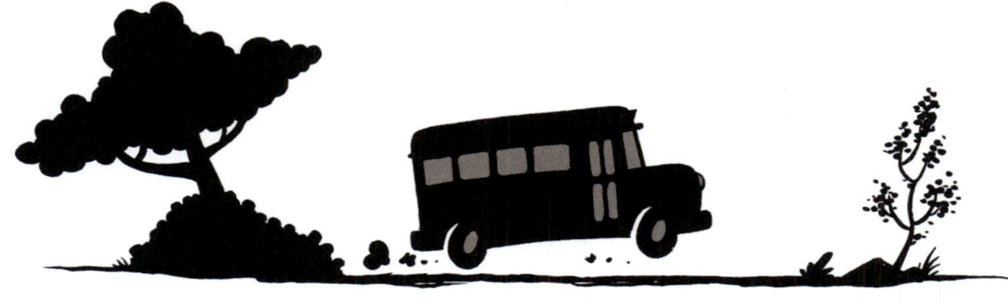

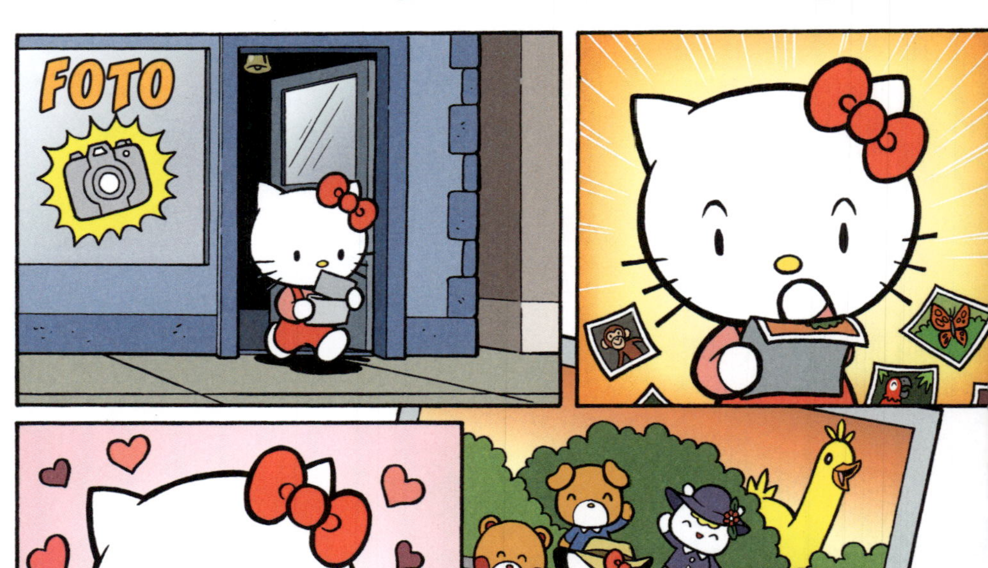
FOTO

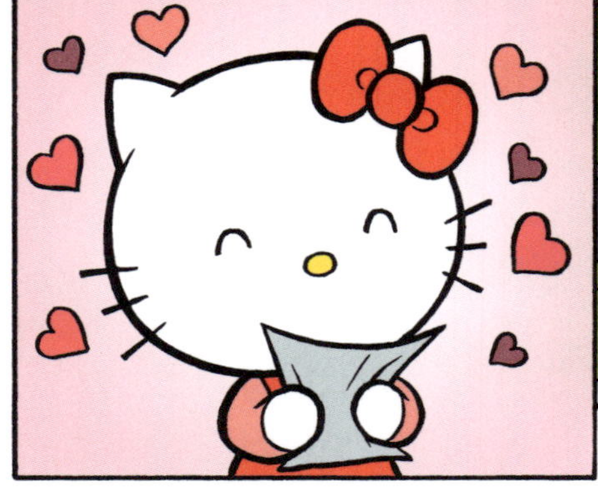

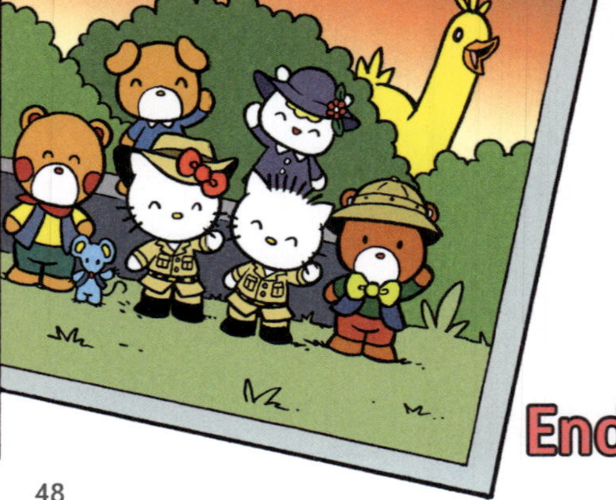
Ende

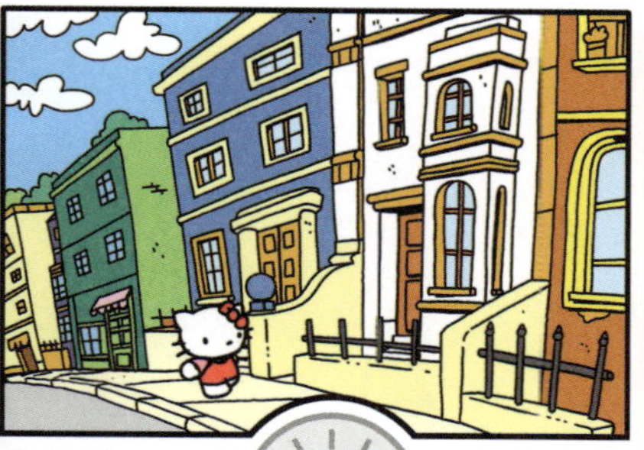

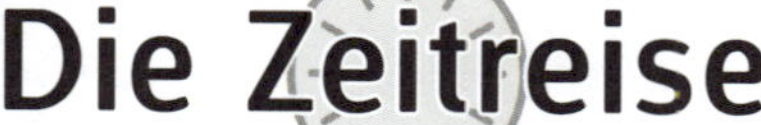

Die Zeitreise

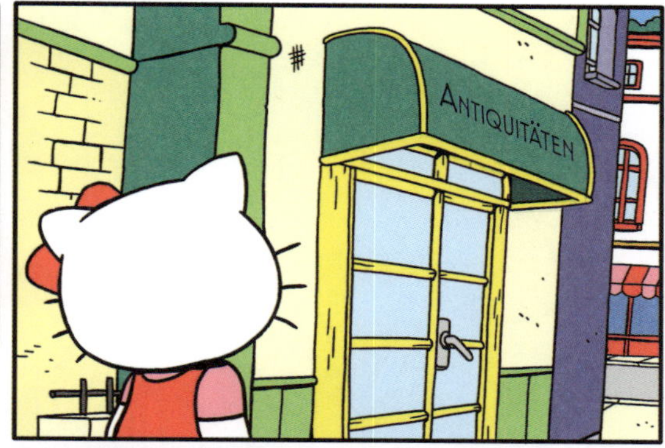

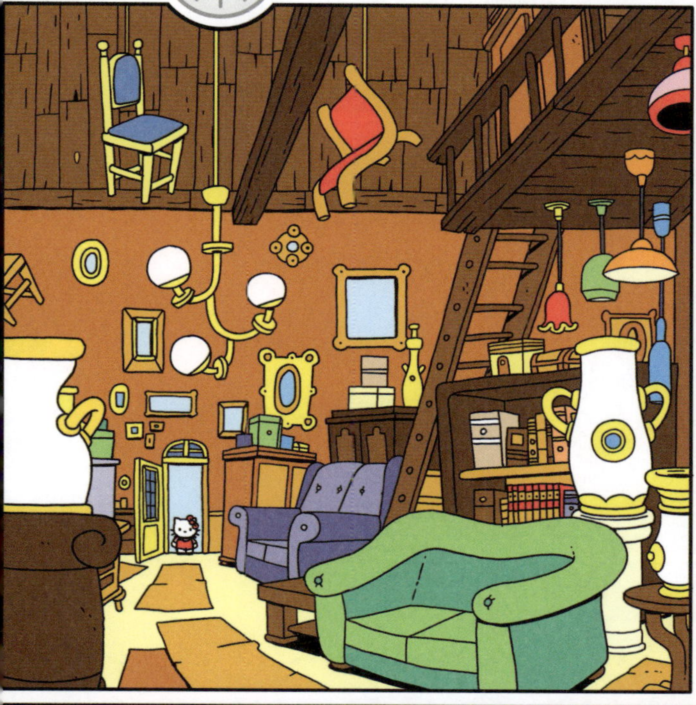

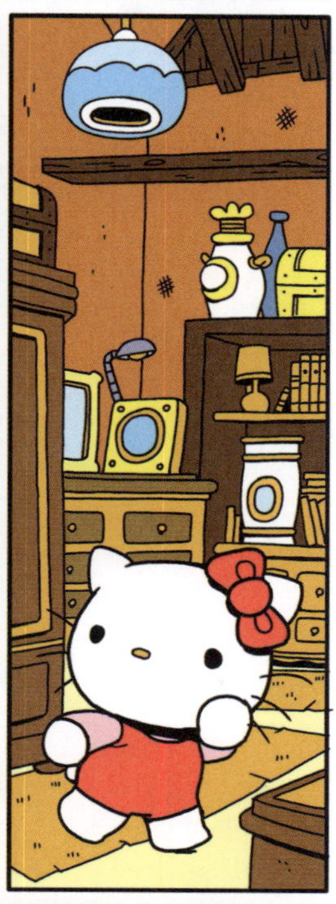

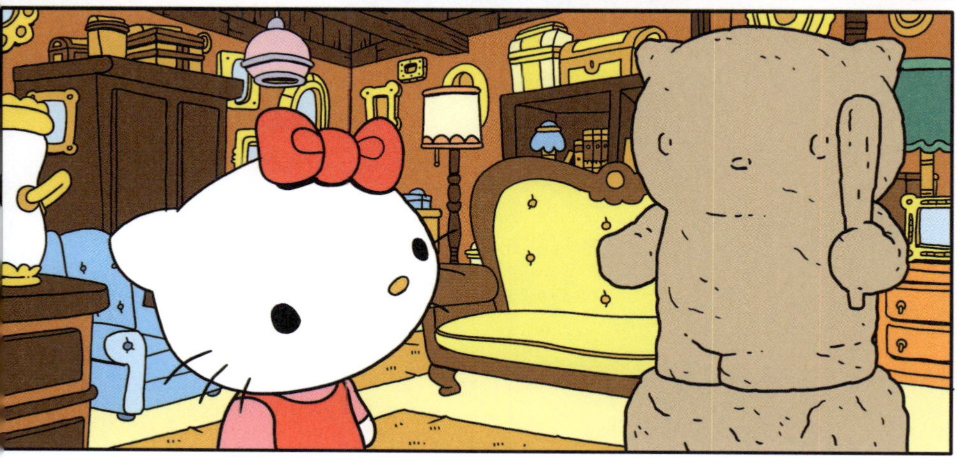

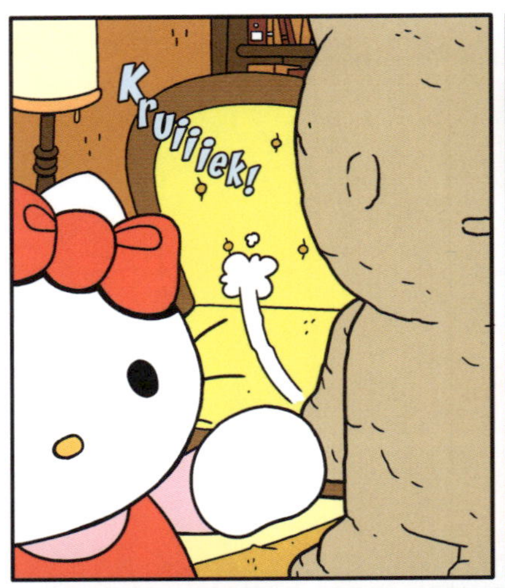
Kruiiiek!
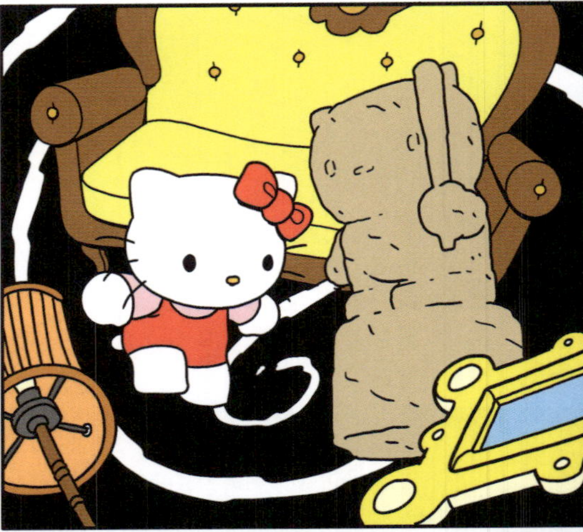
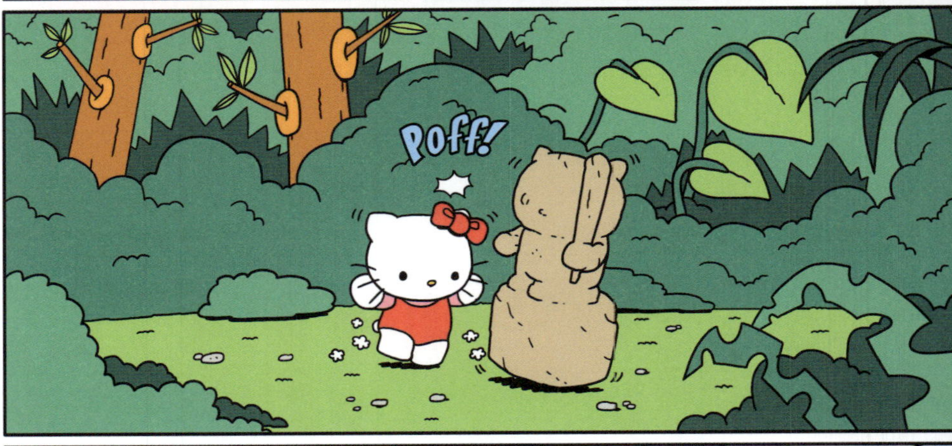
Poff!
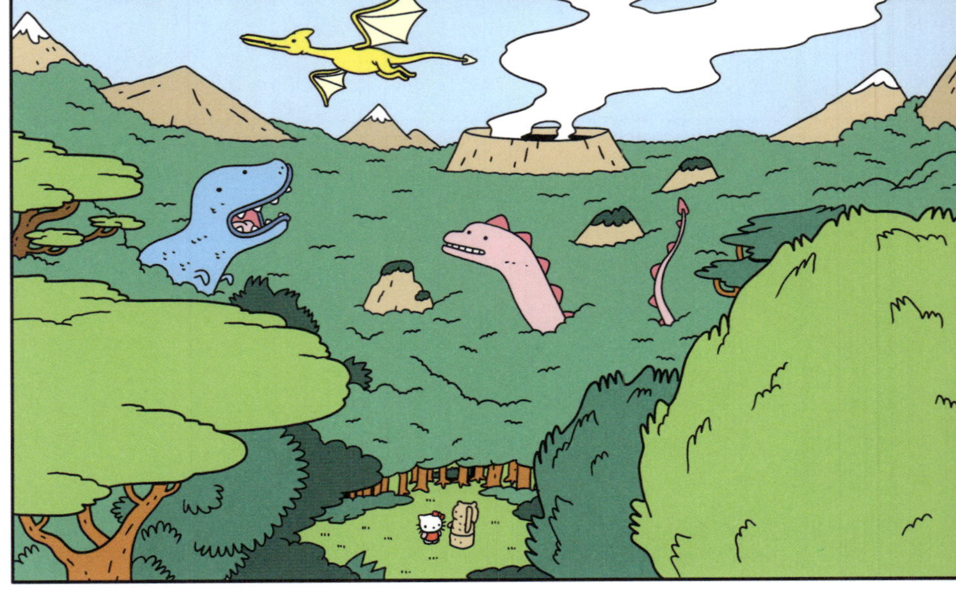

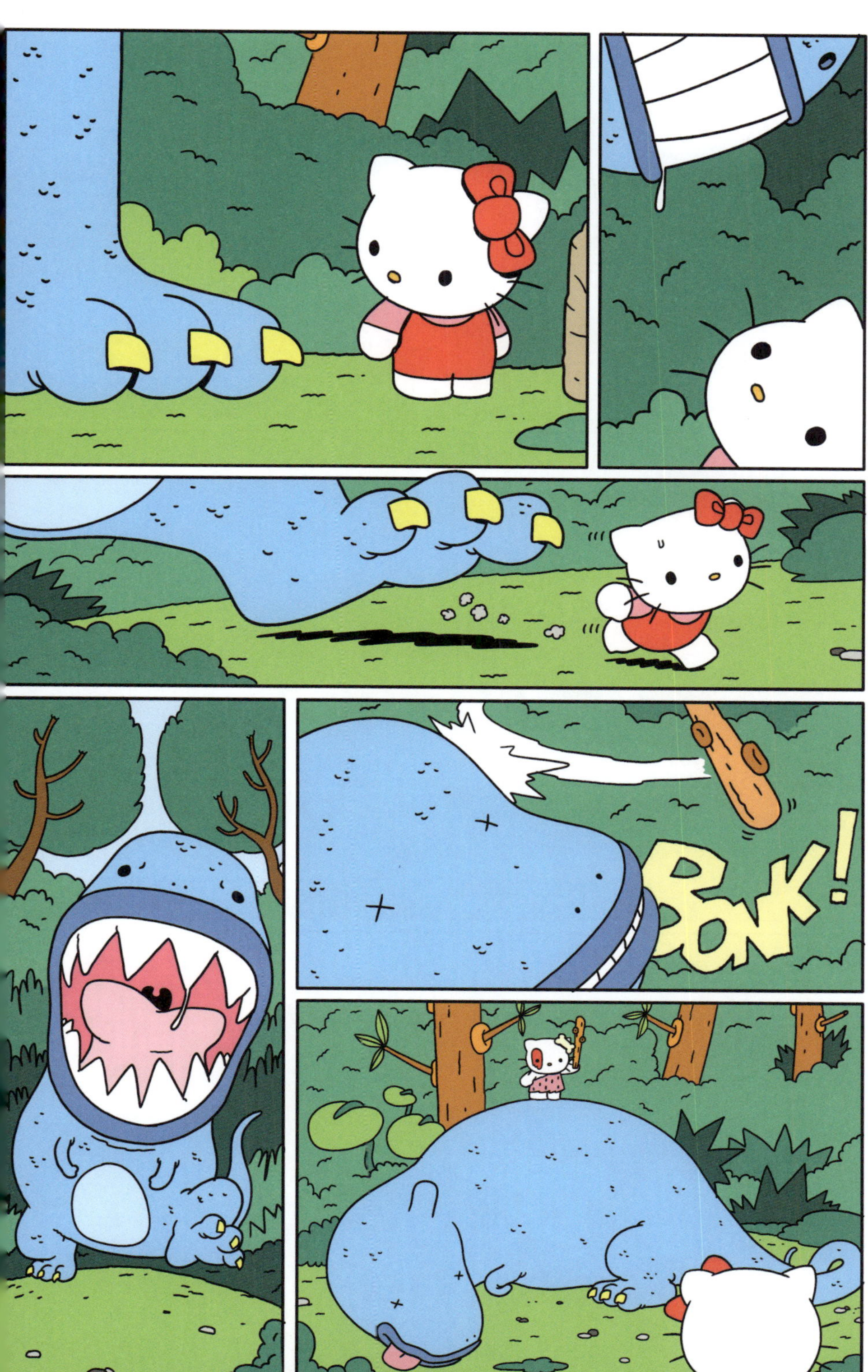
BONK!

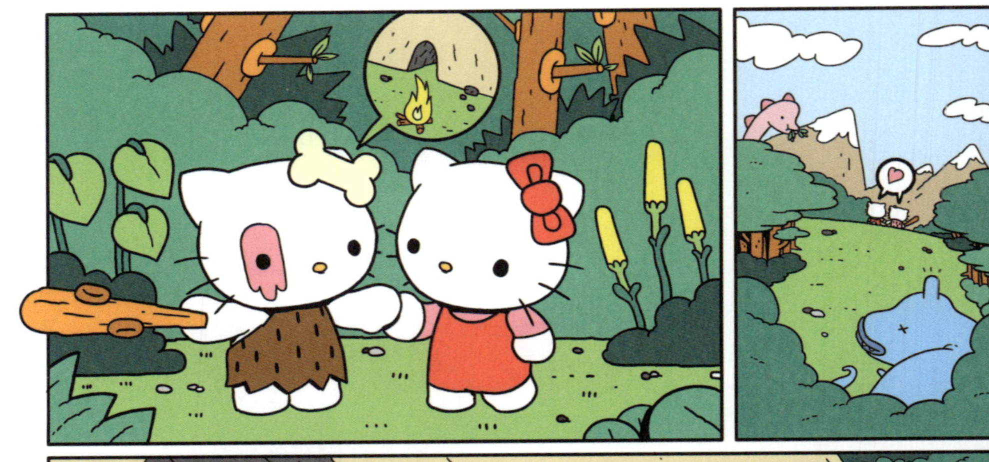
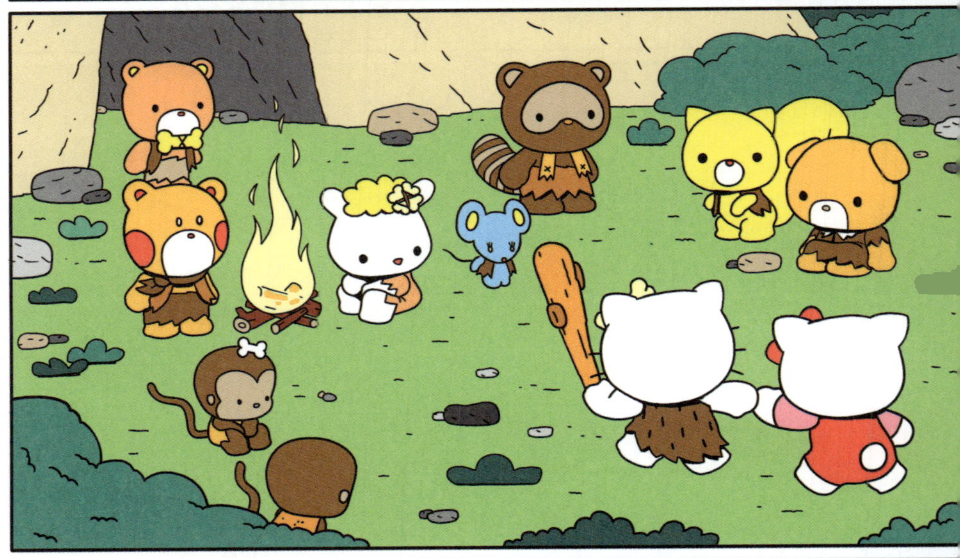
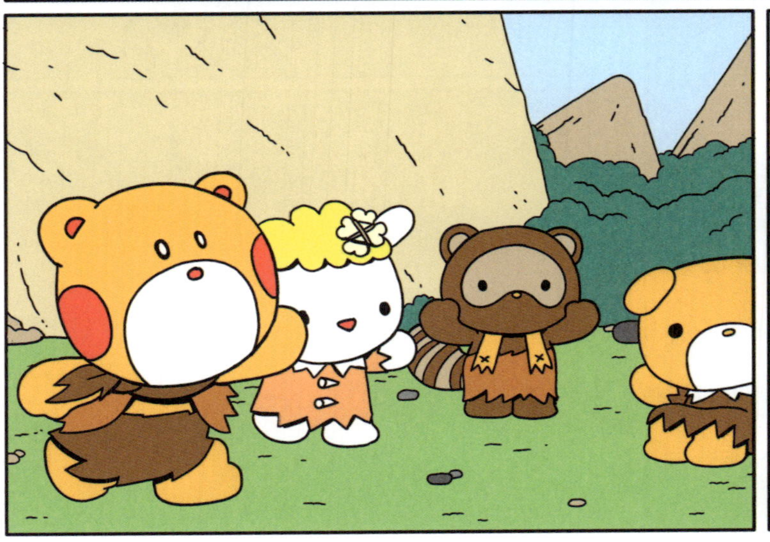
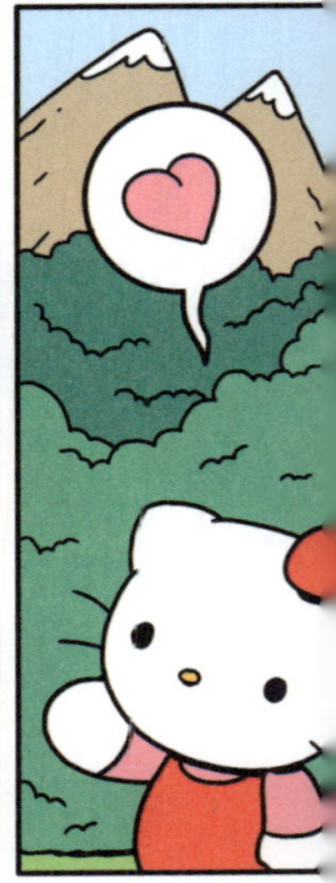

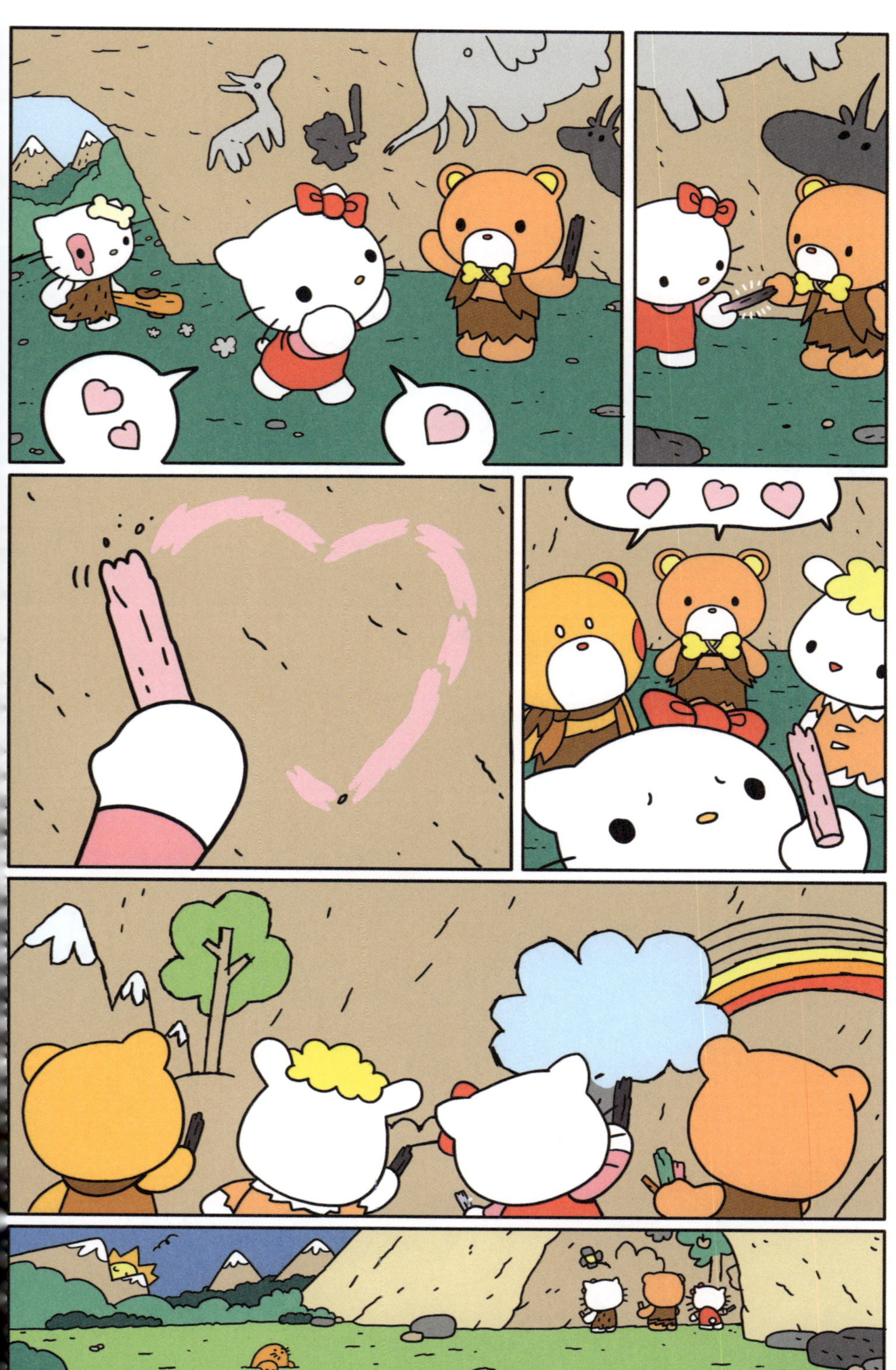

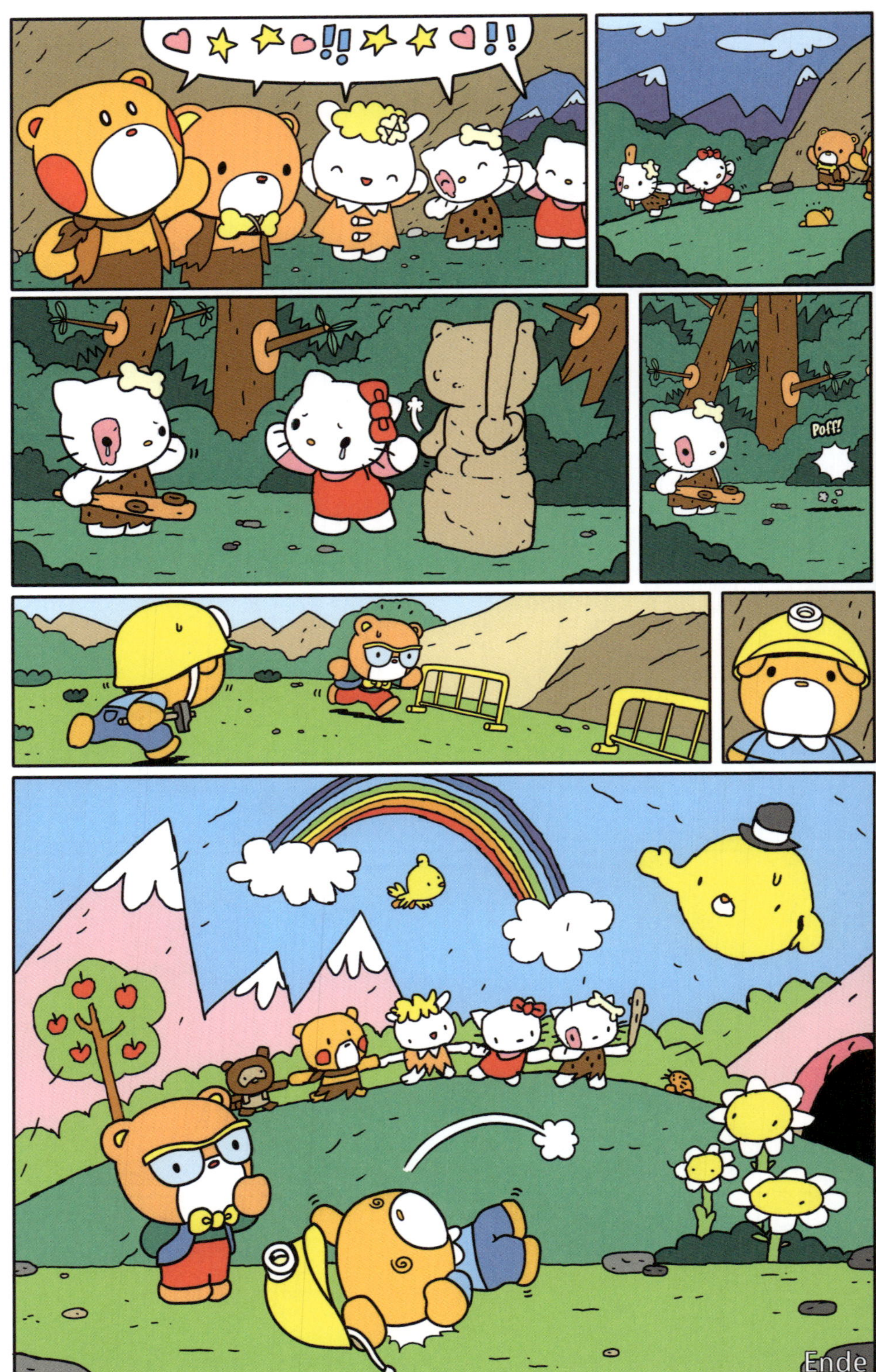
Poff!
Ende

BITTE UMBLÄTTERN

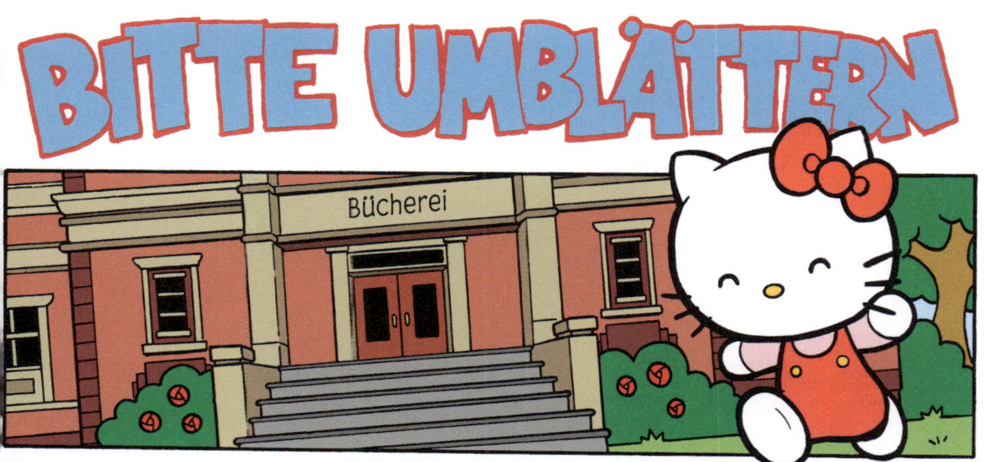

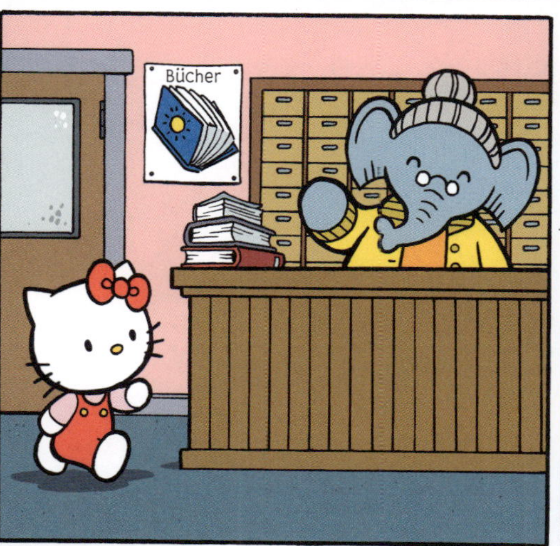

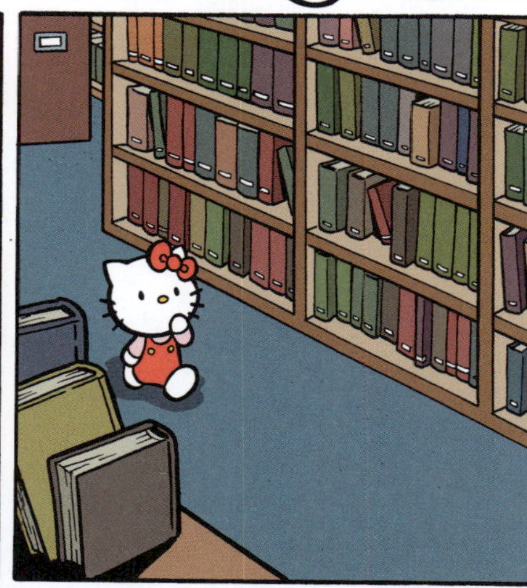

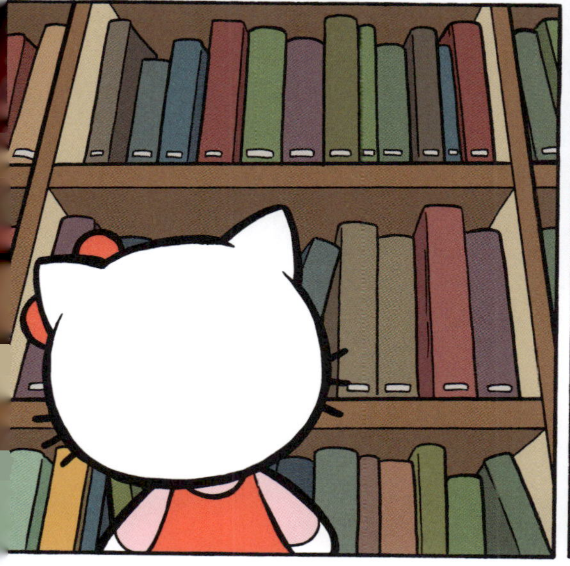

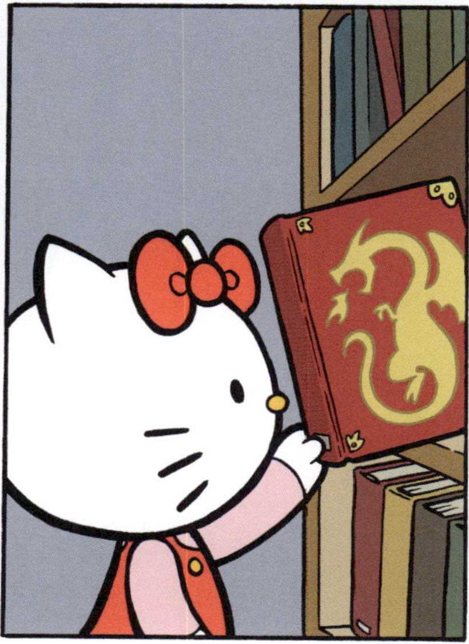

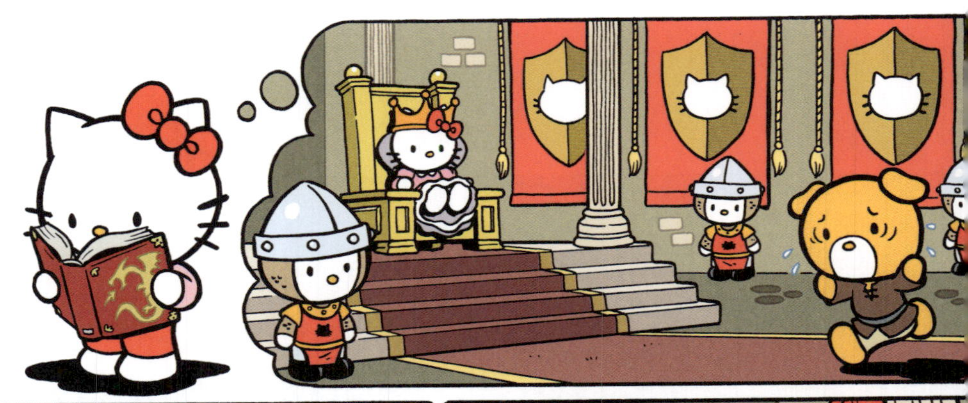

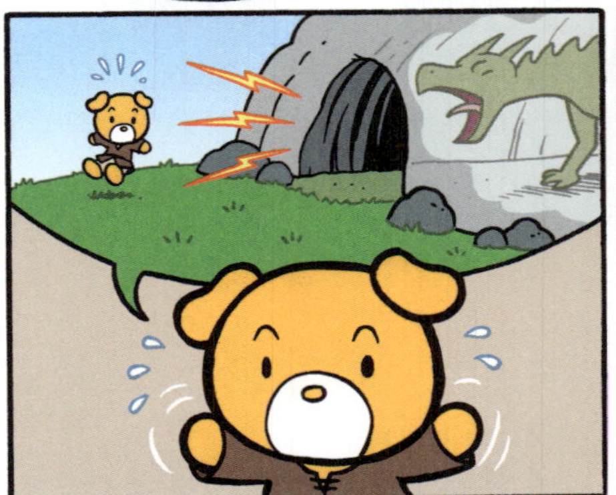

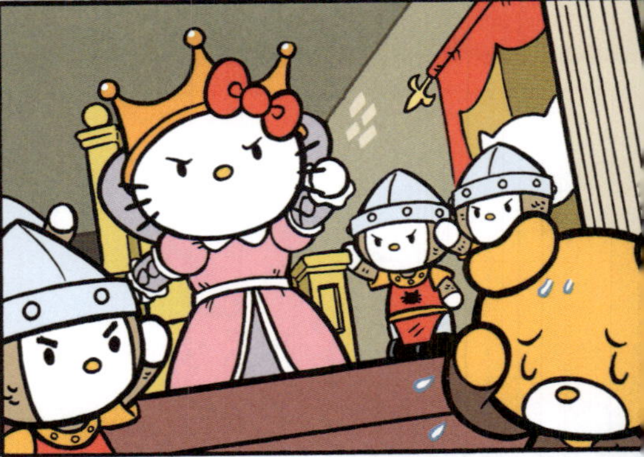

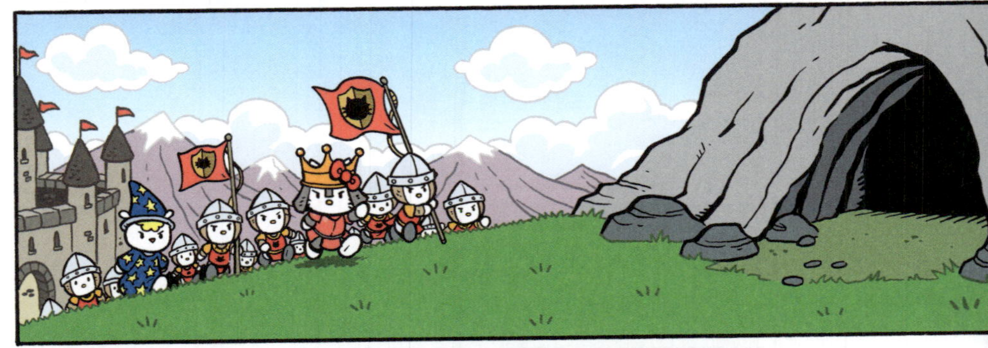

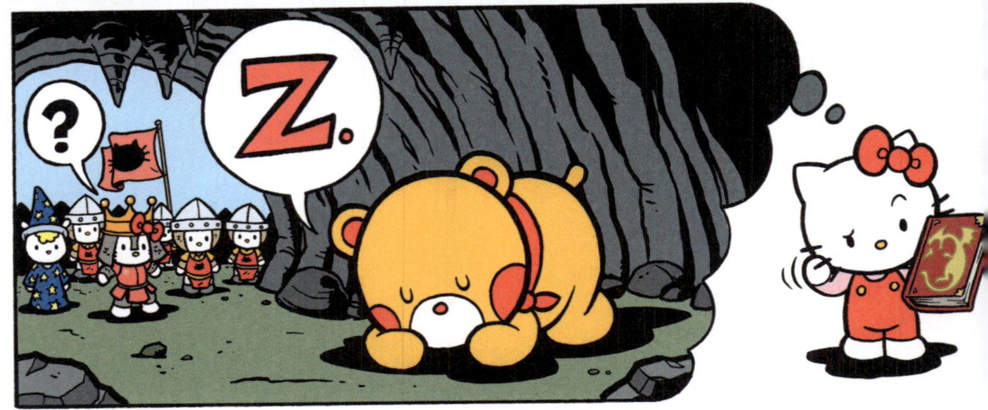
?
Z.

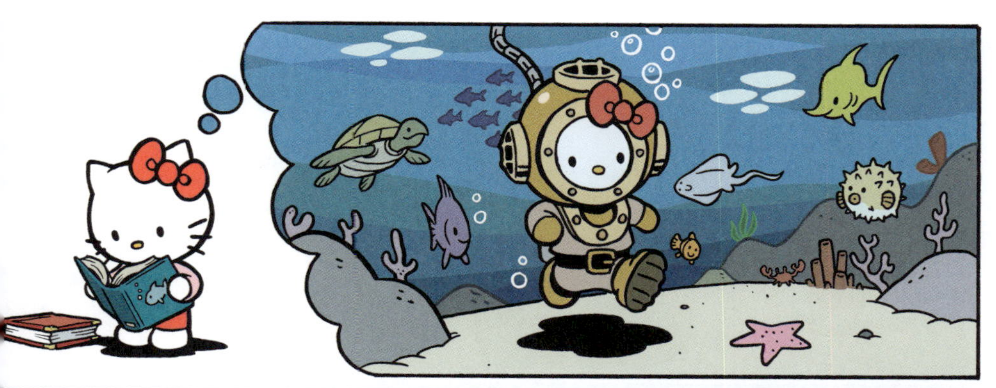
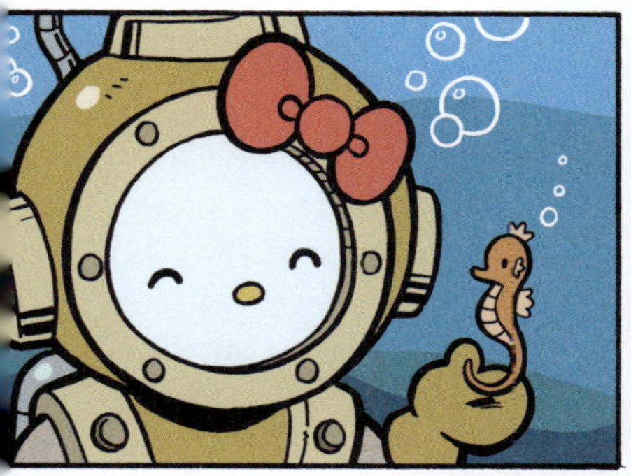
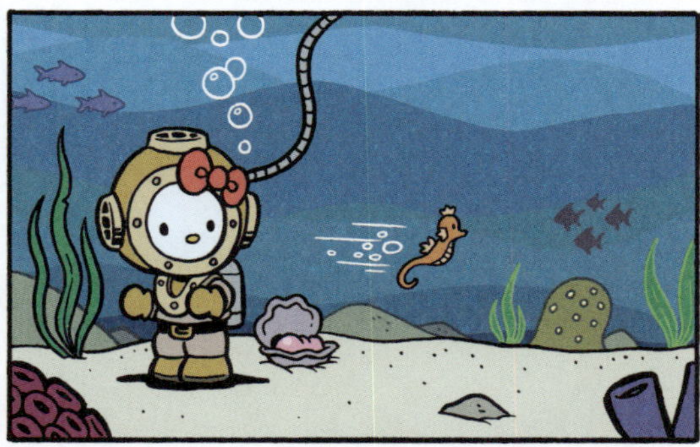
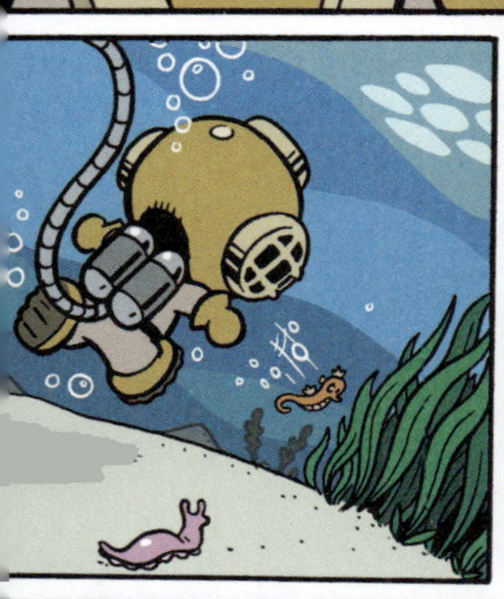
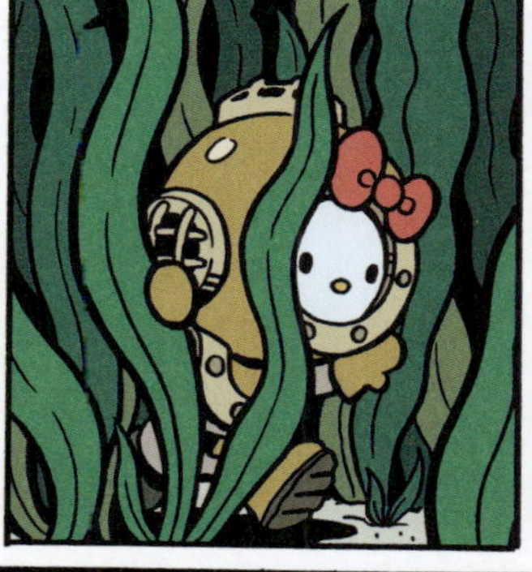
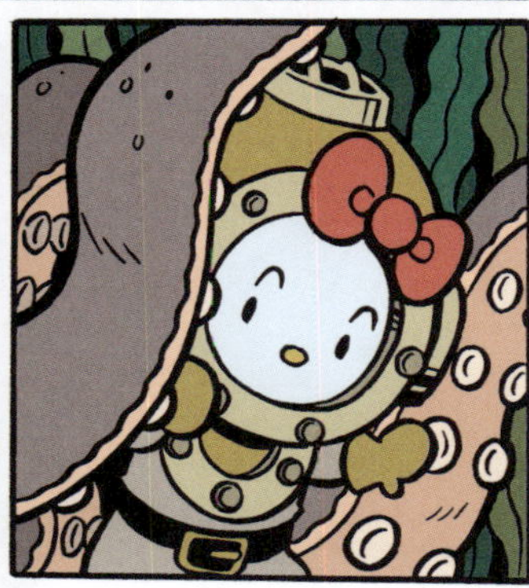
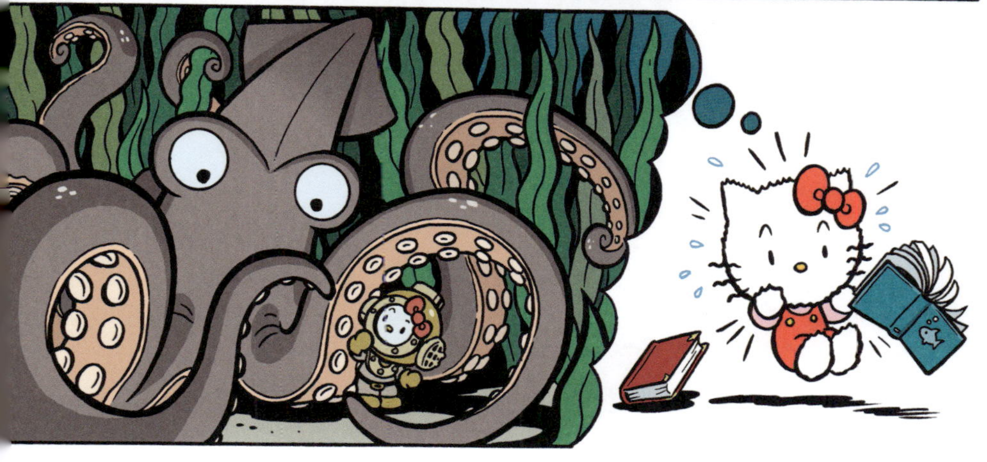

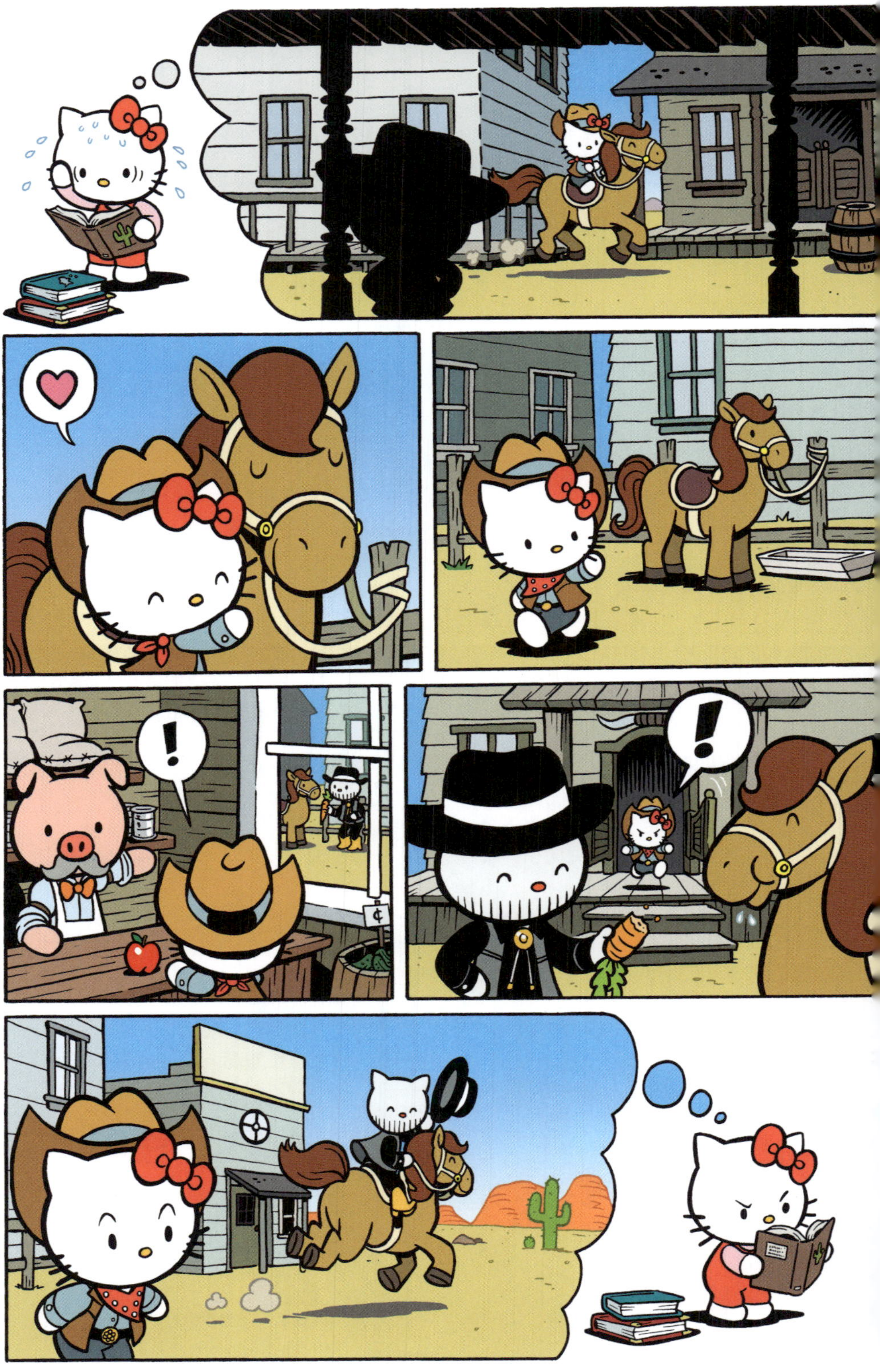

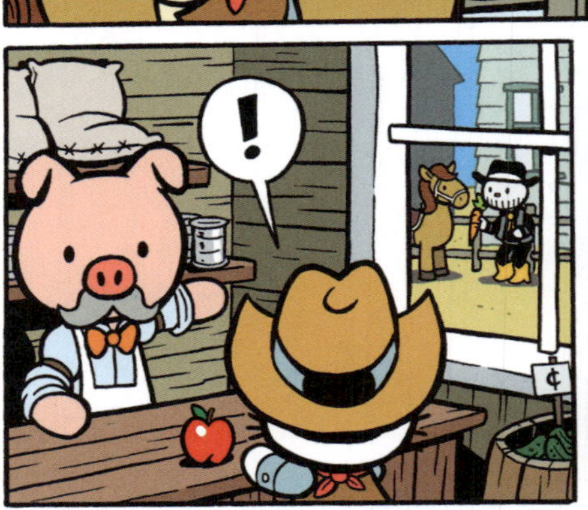

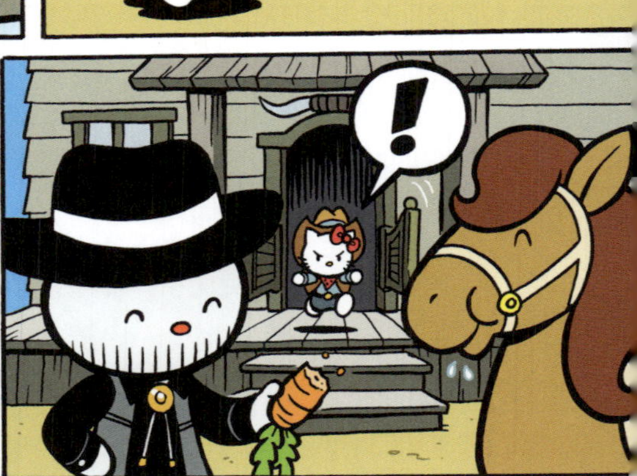

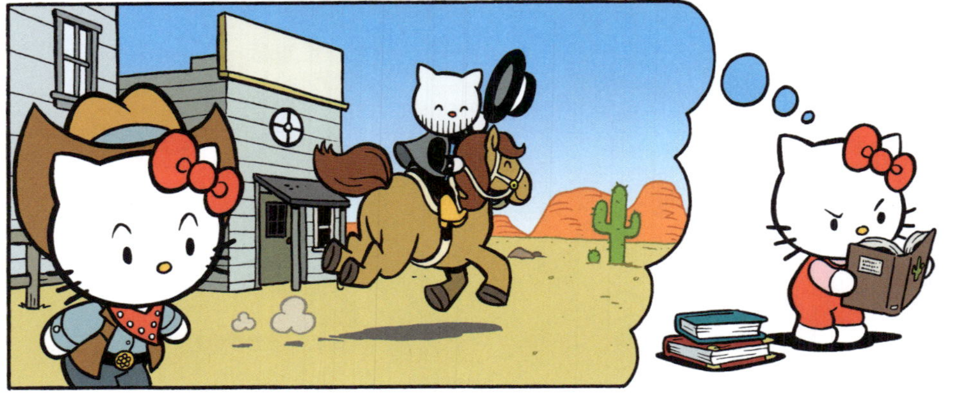

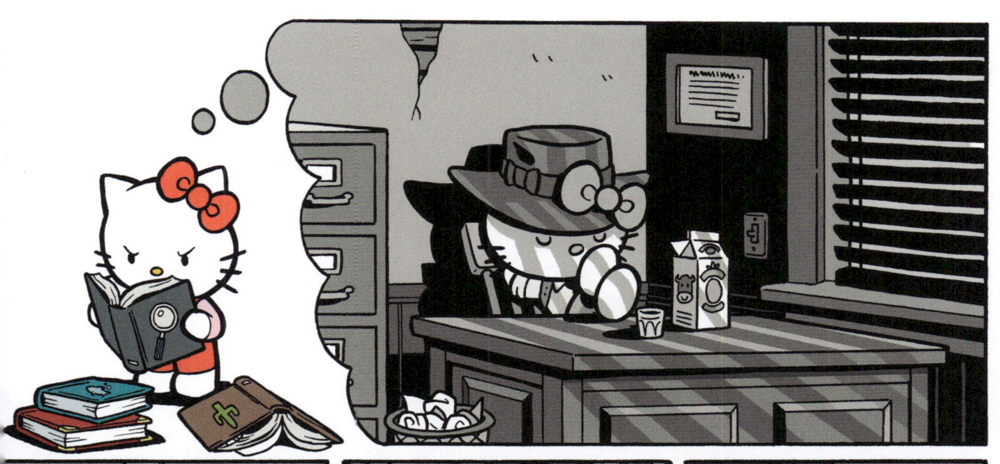

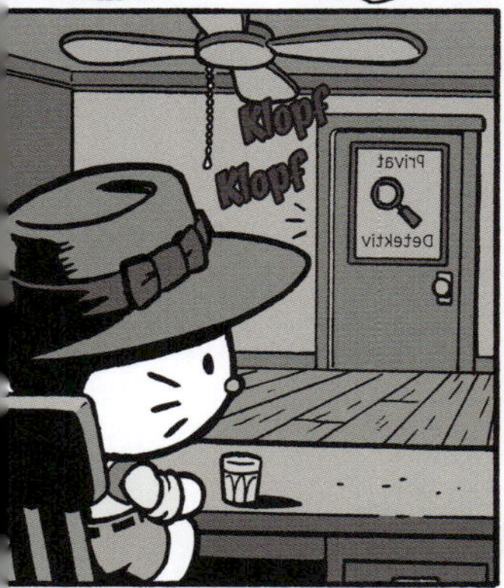
Klopf
Klopf
Privat
Detektiv

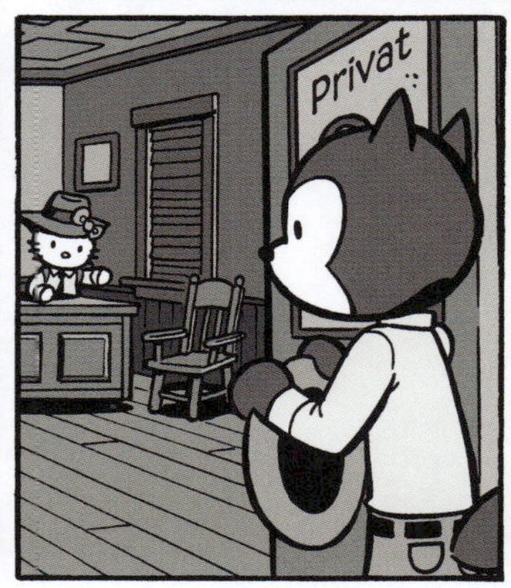
privat

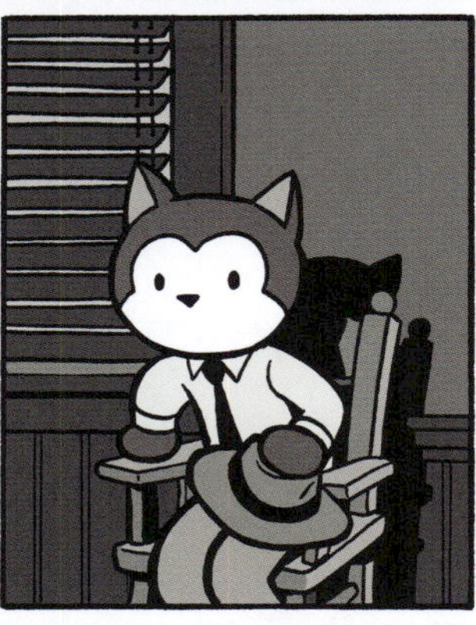

?
...

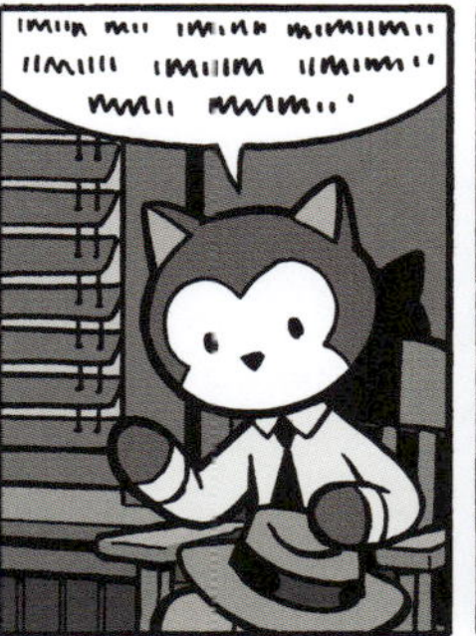

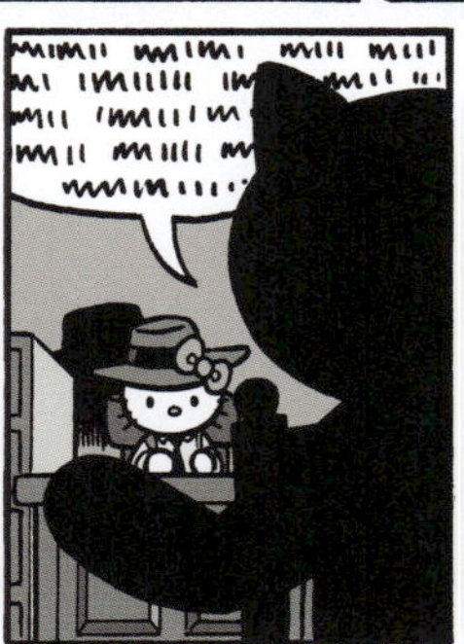

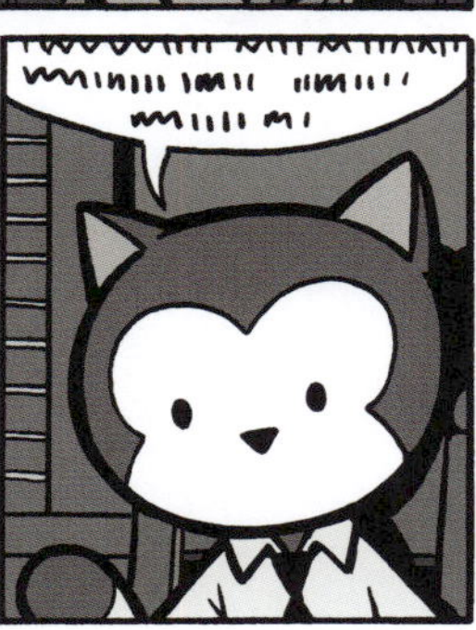

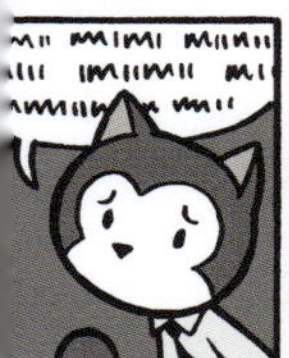

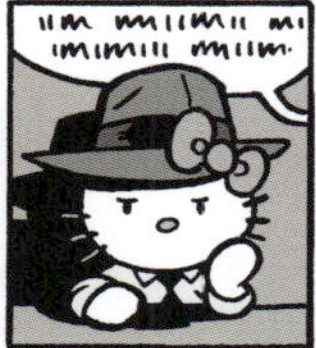

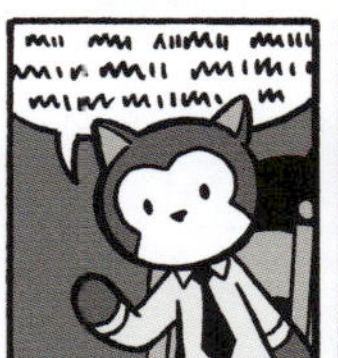

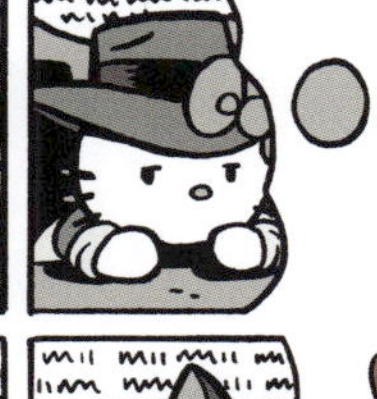

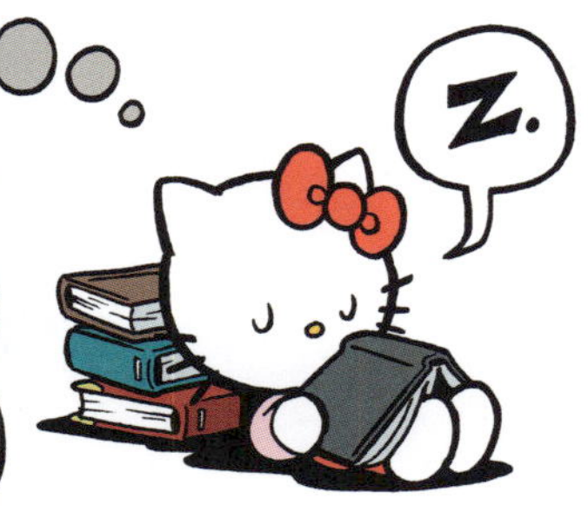
Z.

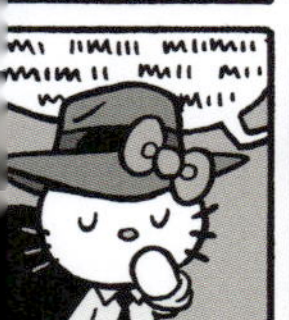

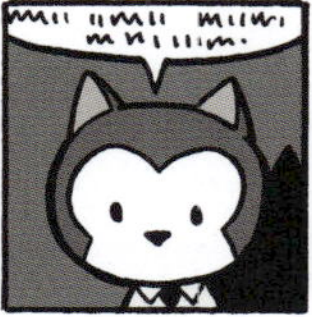

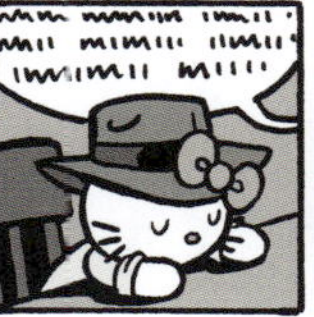

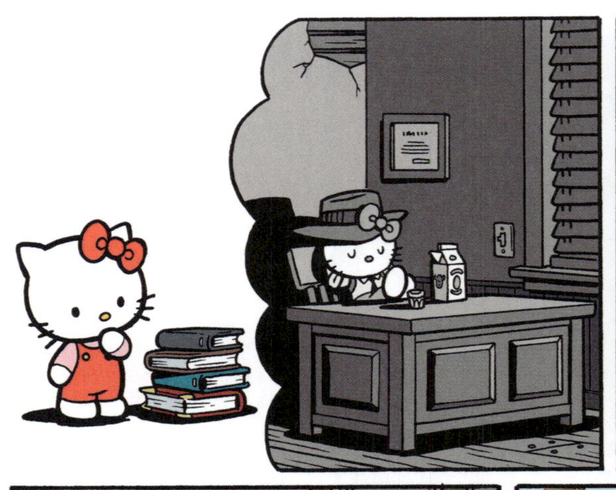

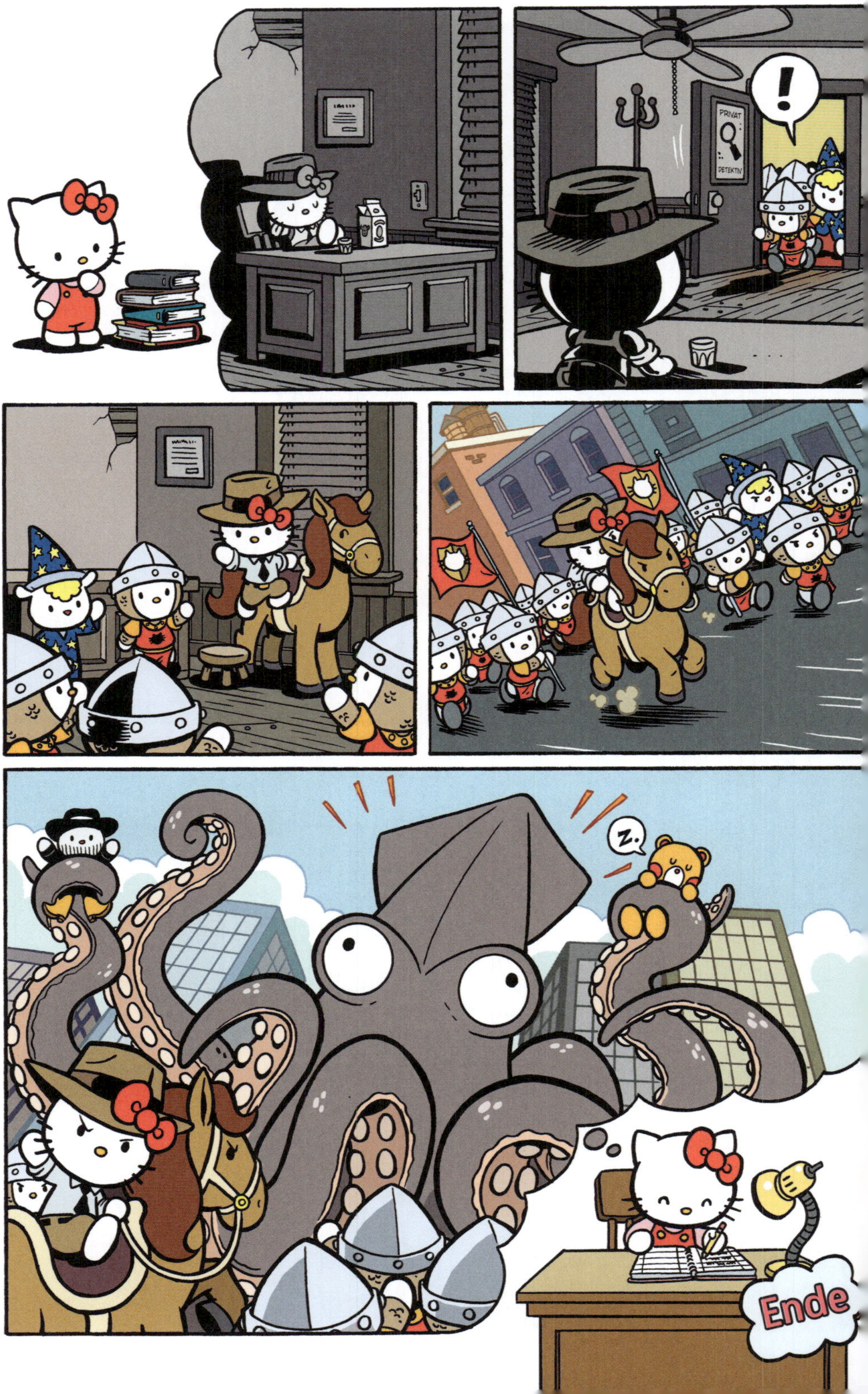

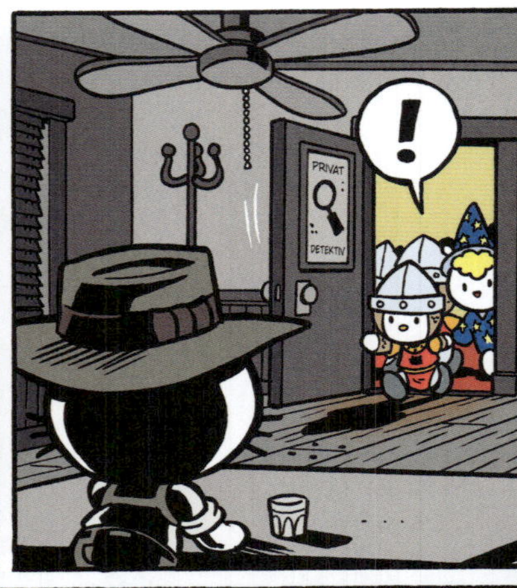
PRIVAT
DETEKTIV
!

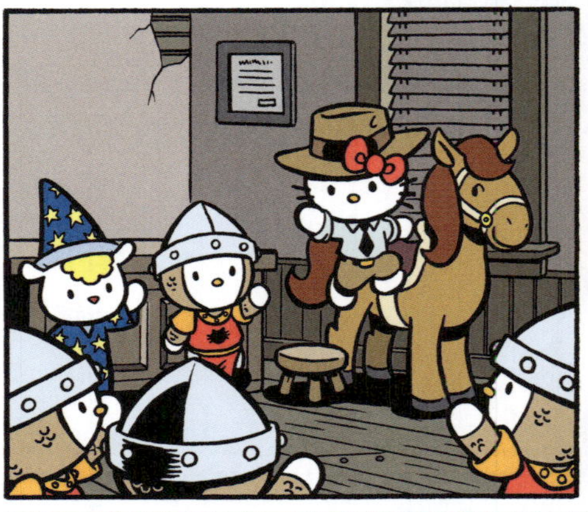

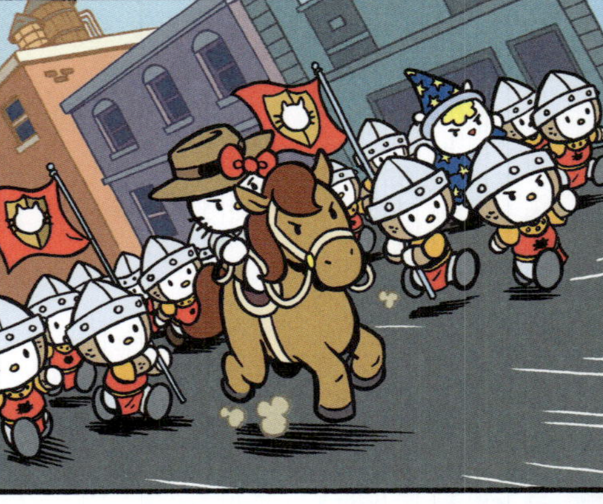

Z.
Ende

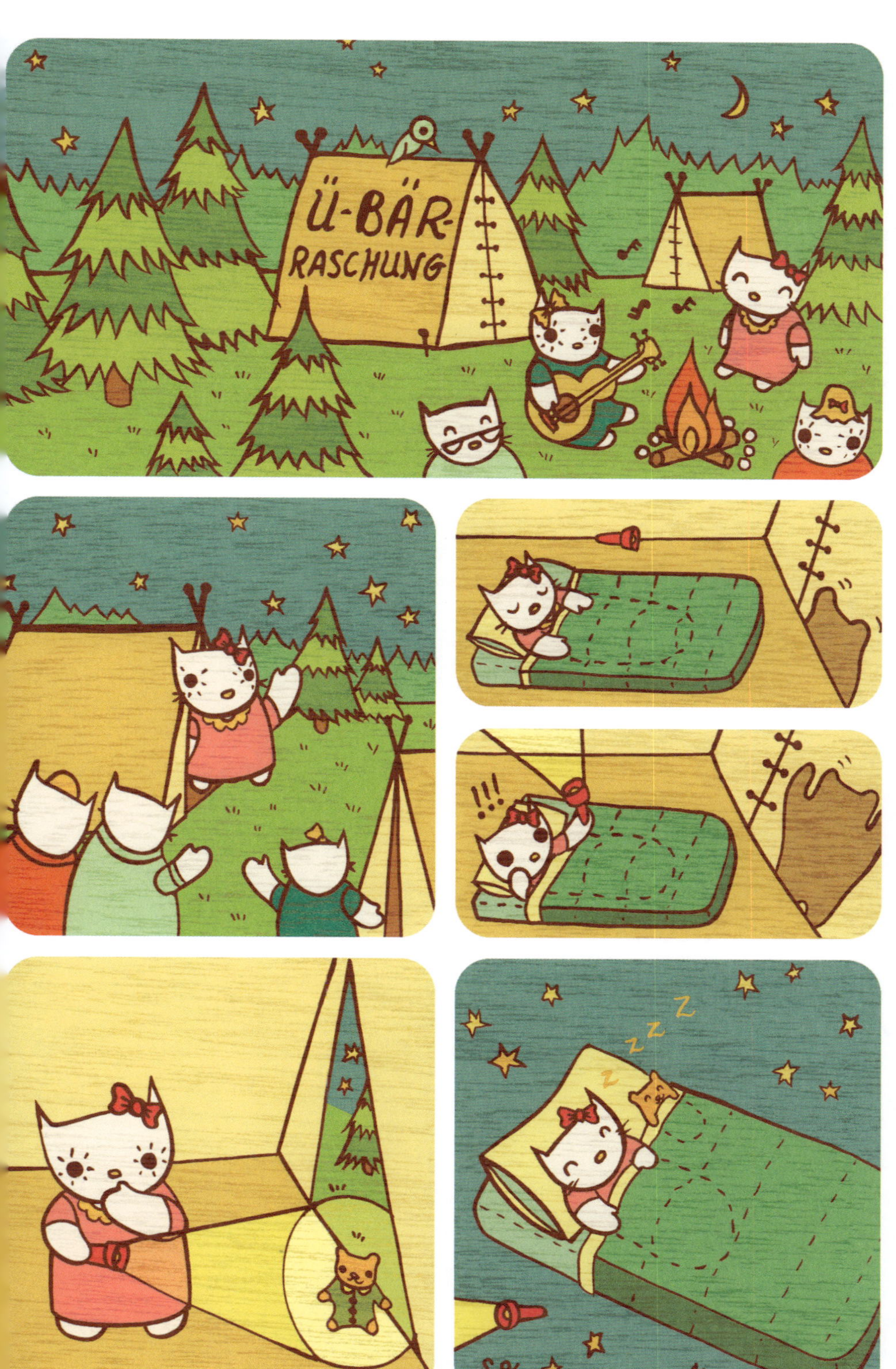
Ü-BÄR-
RASCHUNG
!!!
Z Z Z
sg

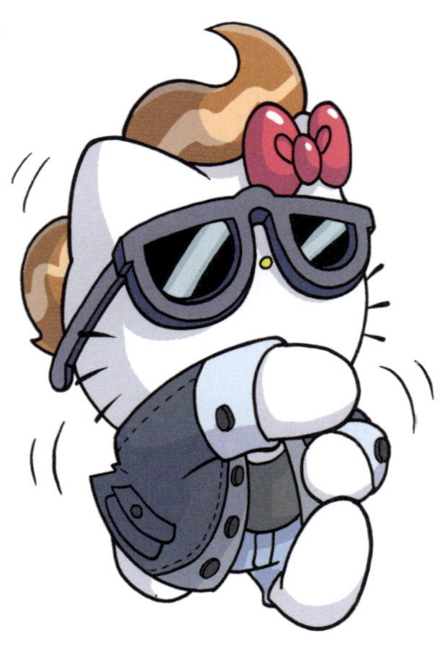

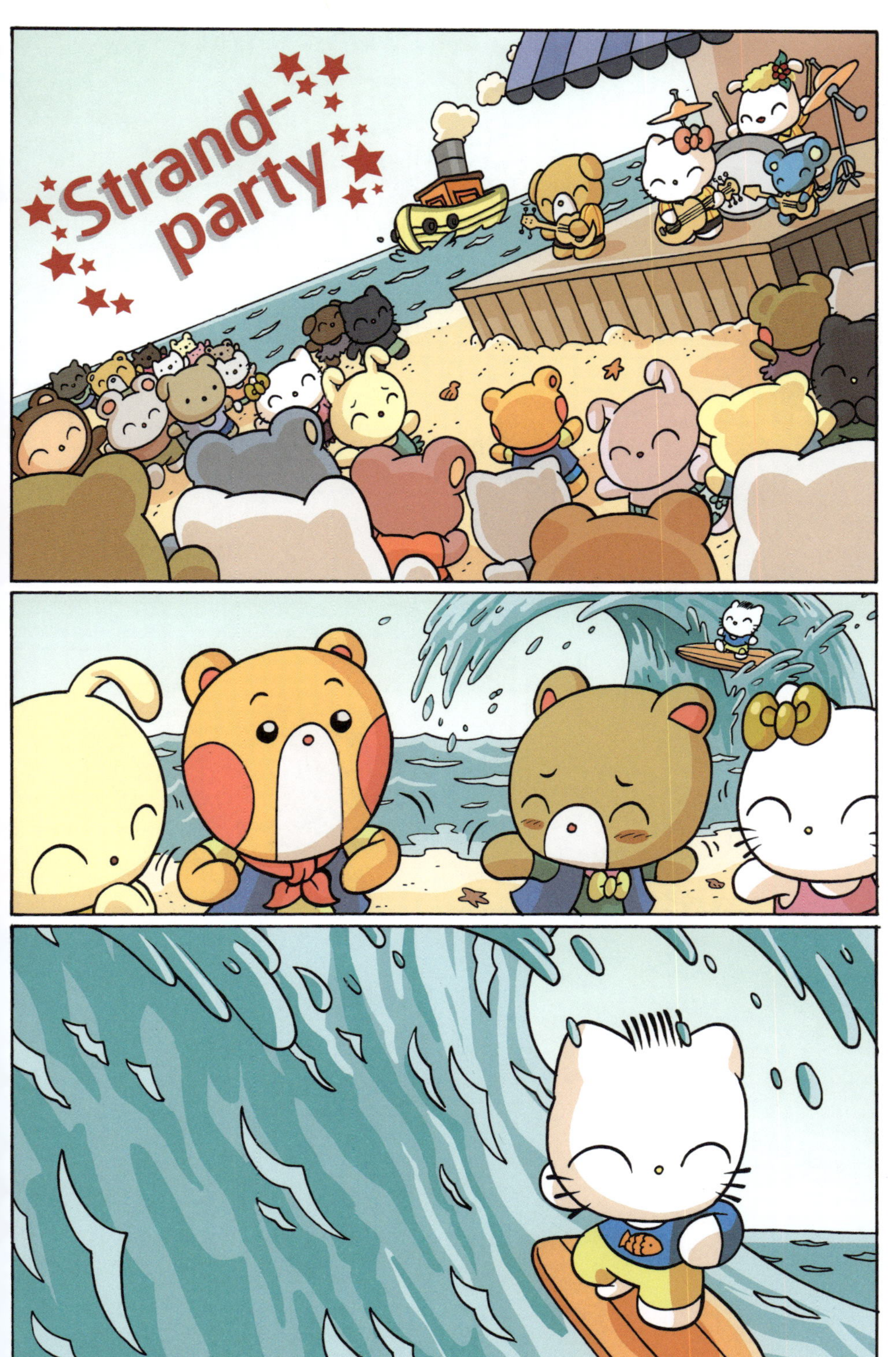
Strand-
party

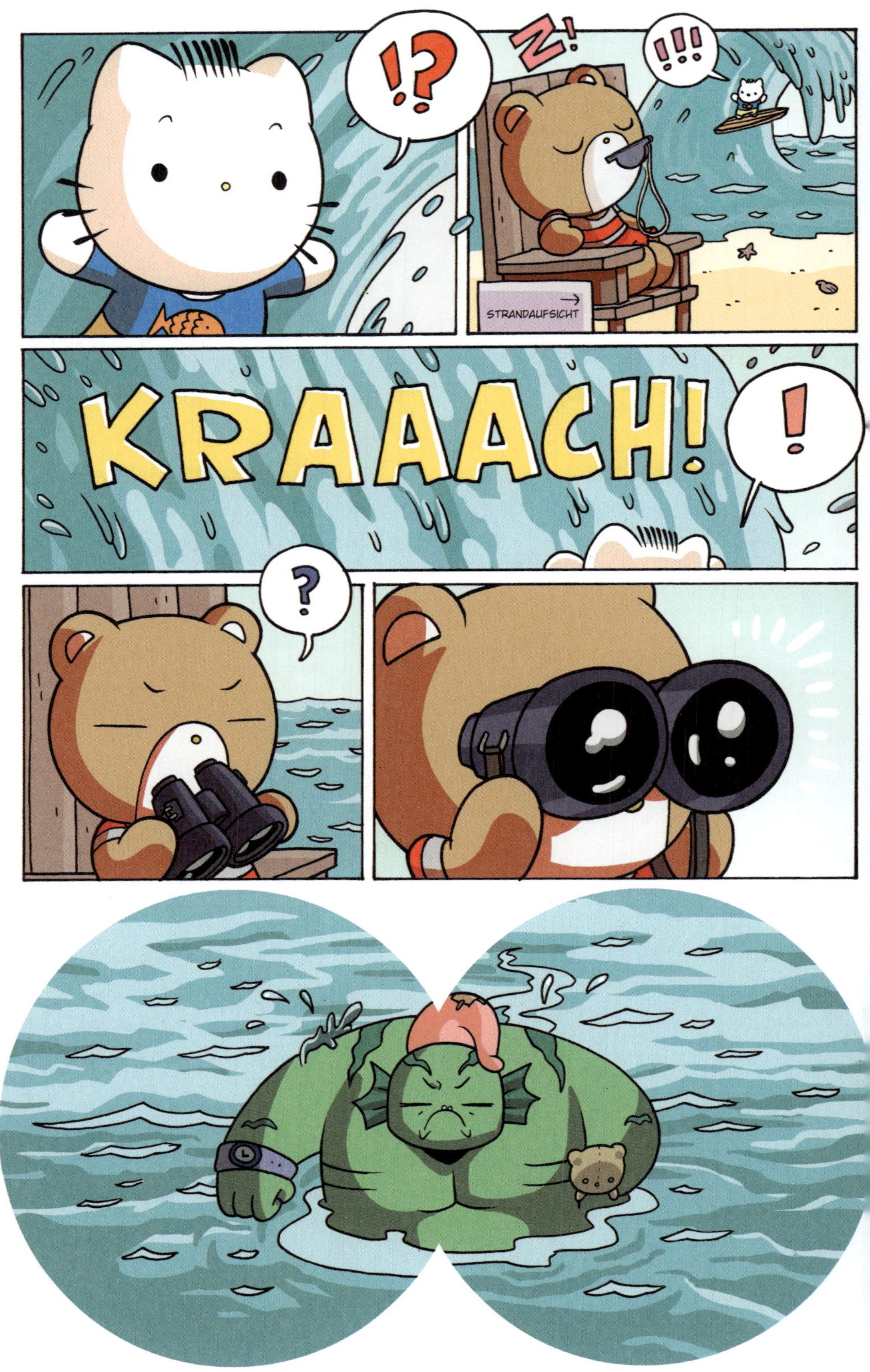
!?
Z!
!!!
STRANDAUFSICHT
KRAAACH!
!
?

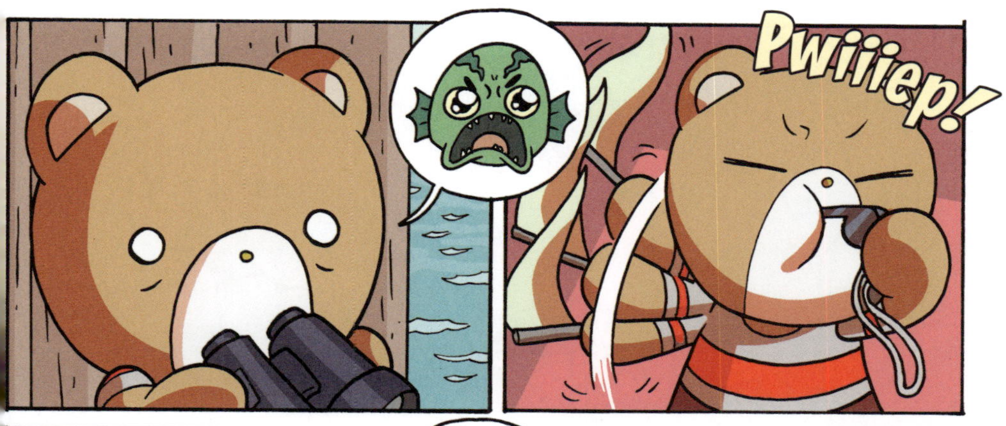
Pwiiiep!
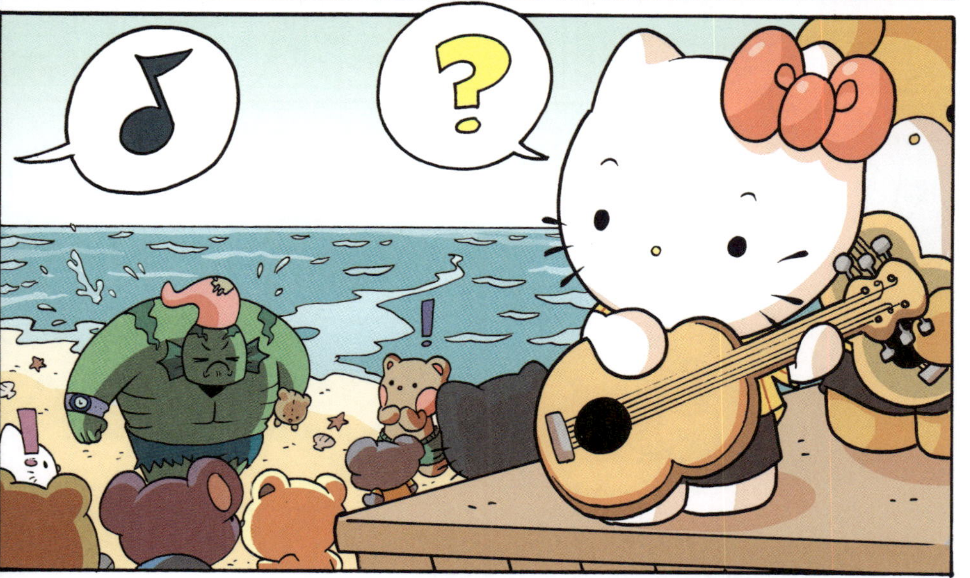
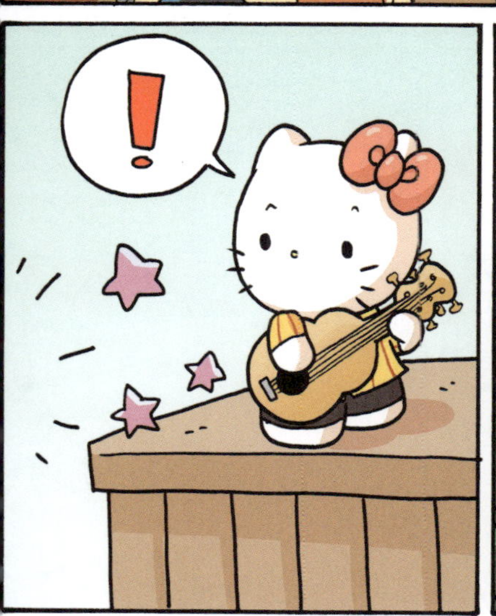
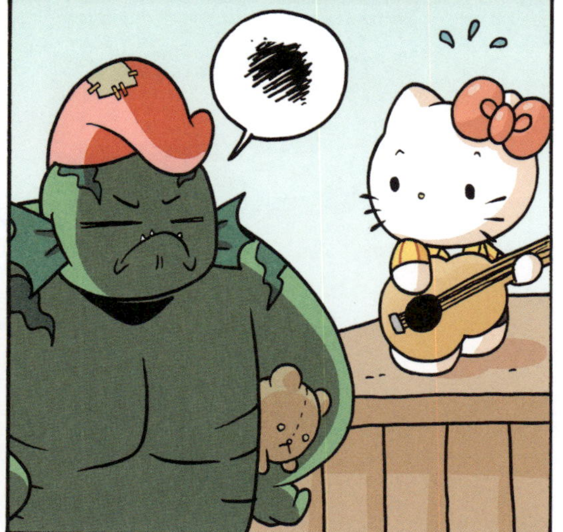

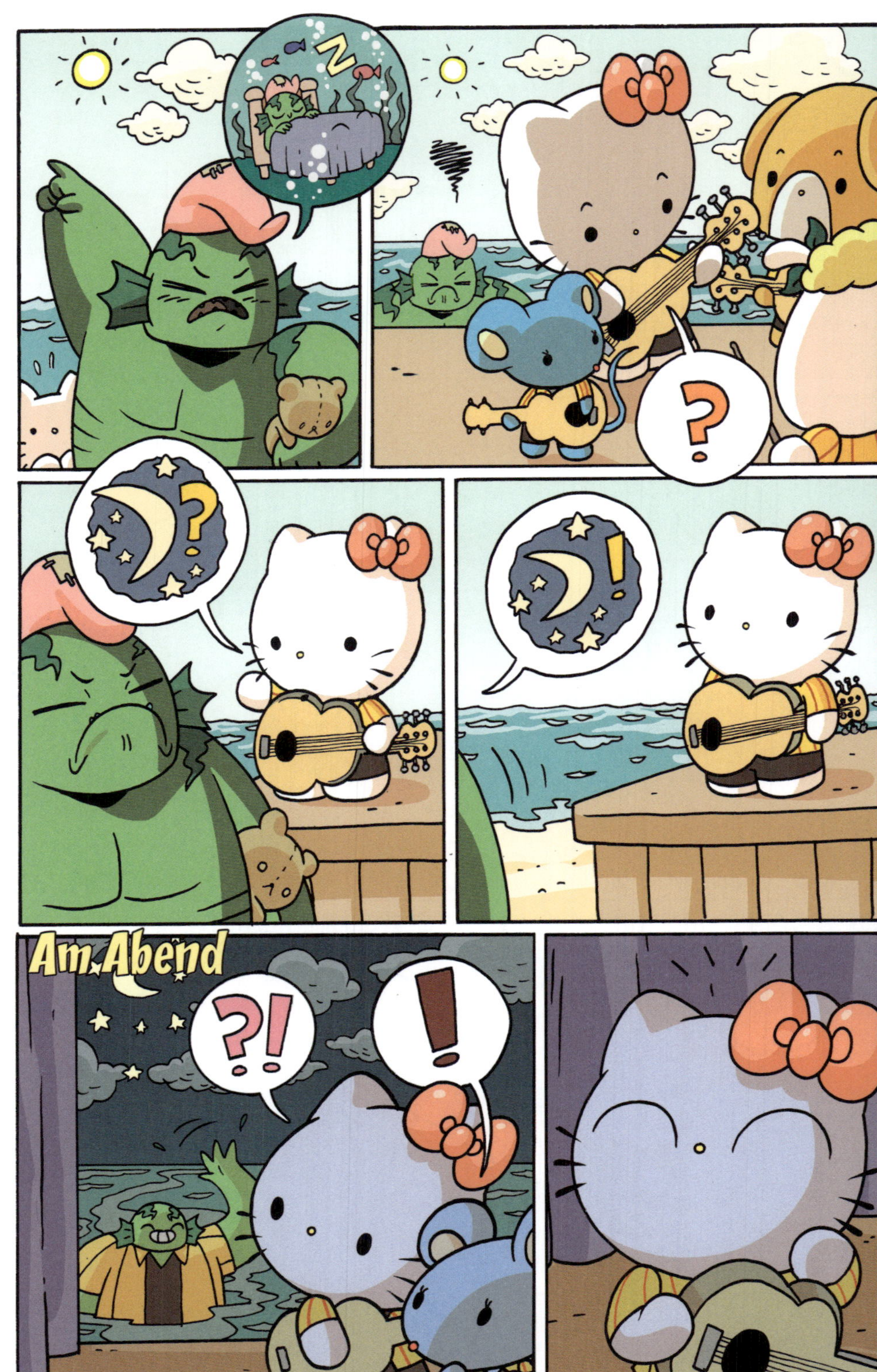
?
?
!
Am Abend
?!
!

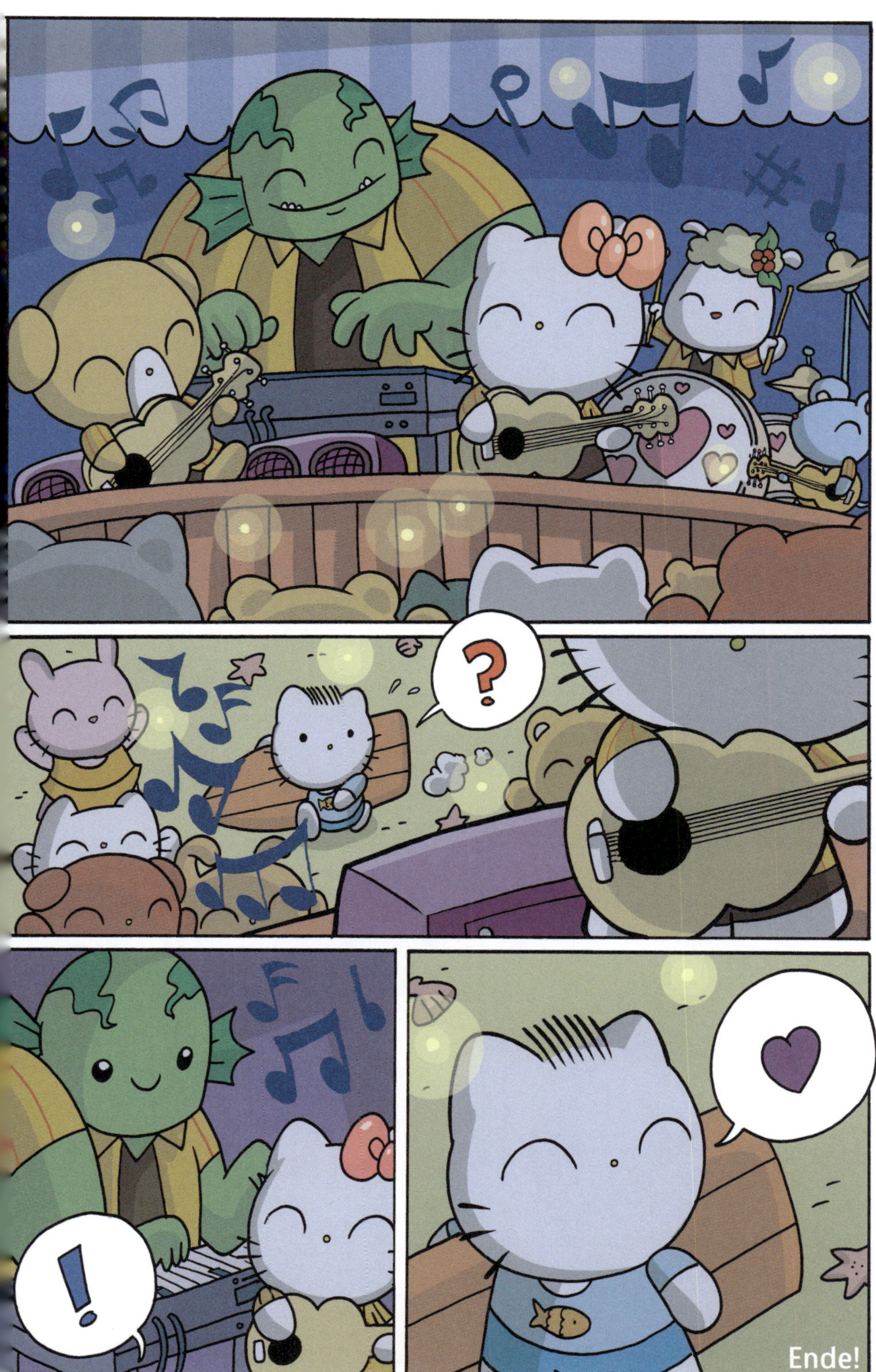
?
!
Ende!

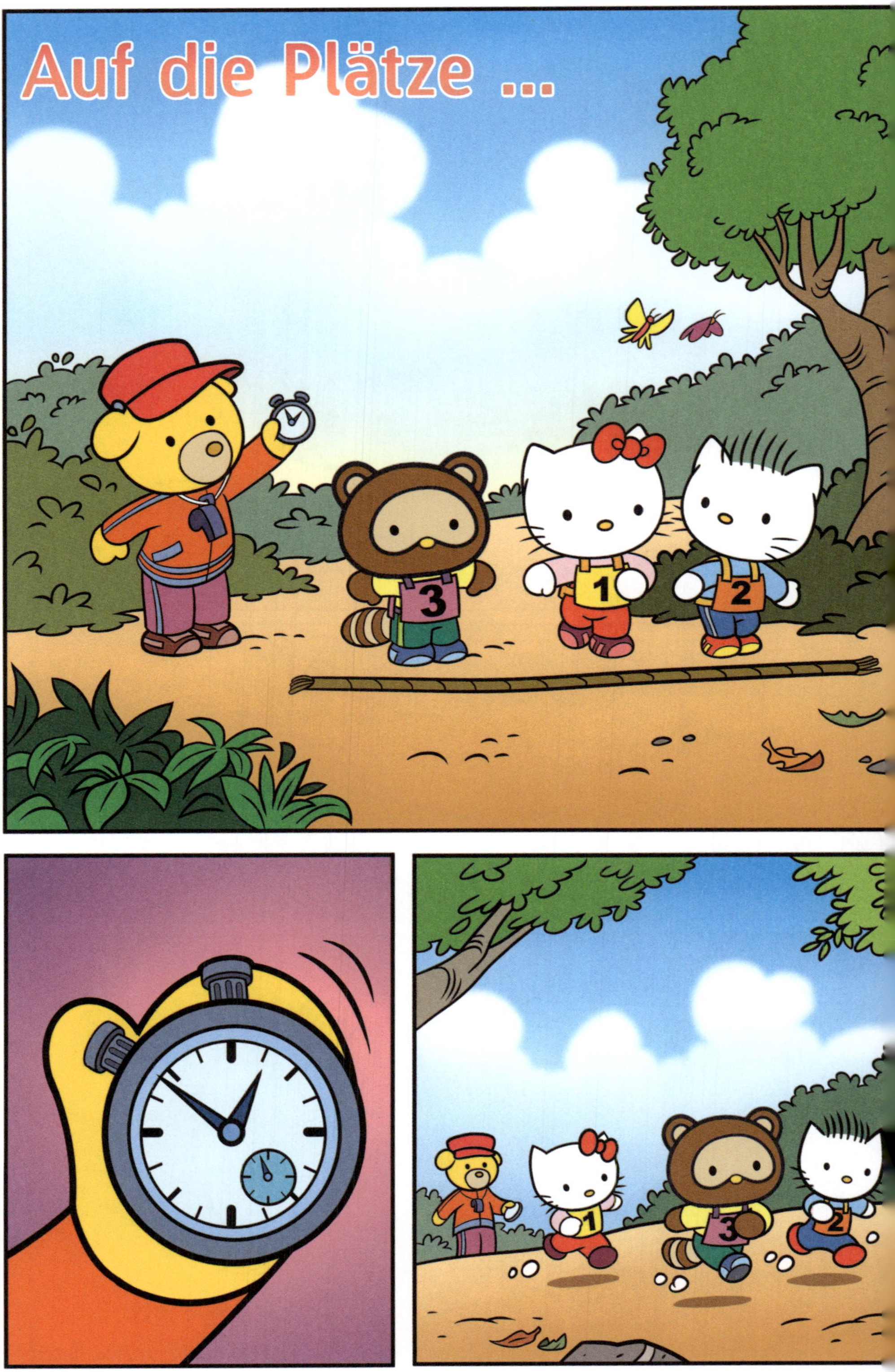

Auf die Plätze ...

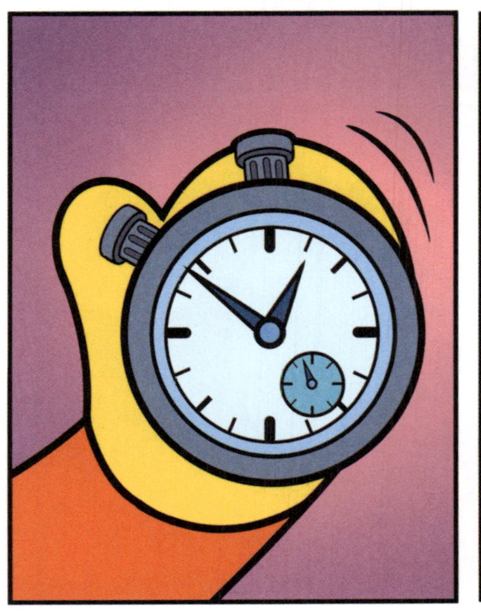

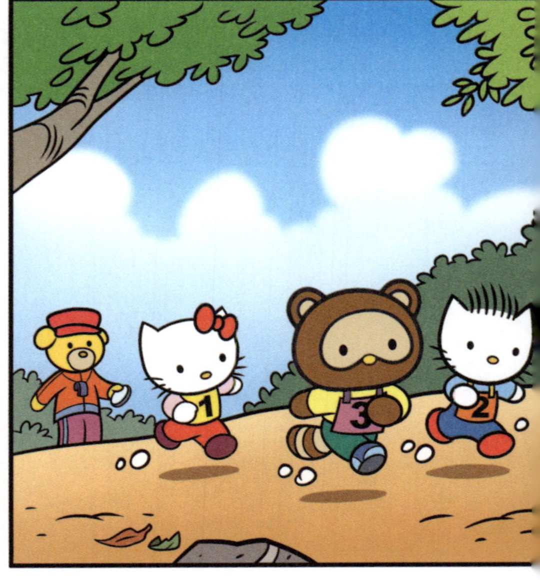

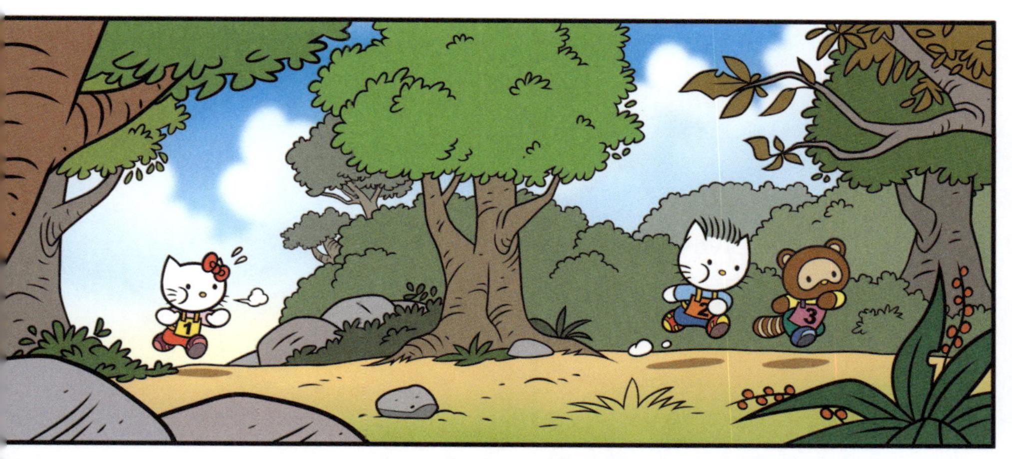

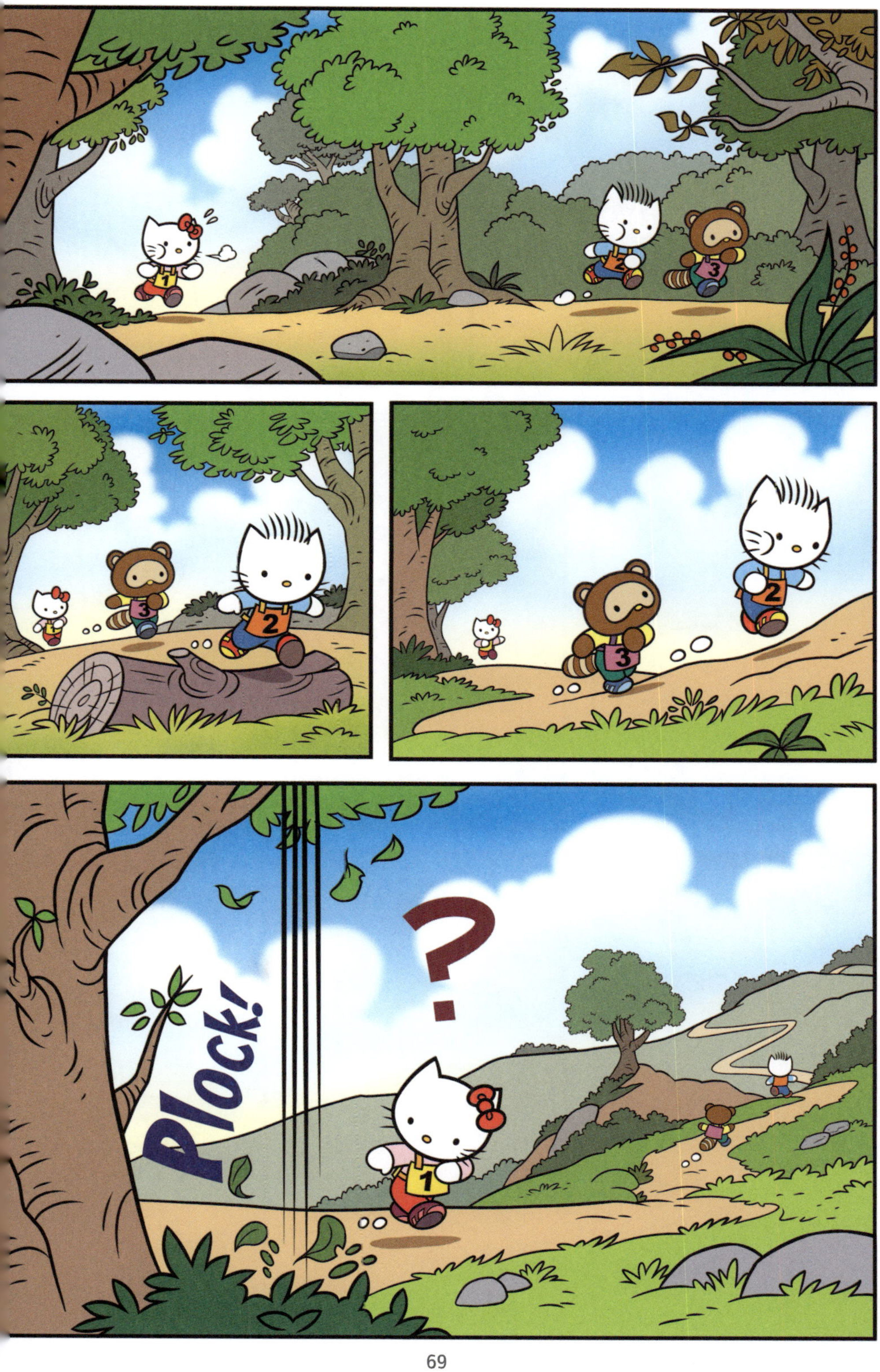

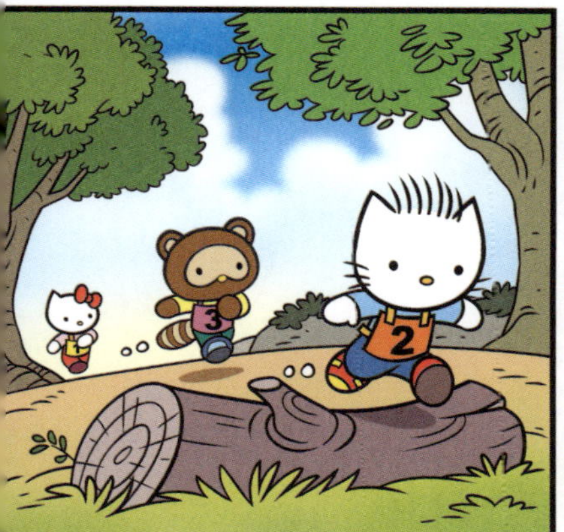

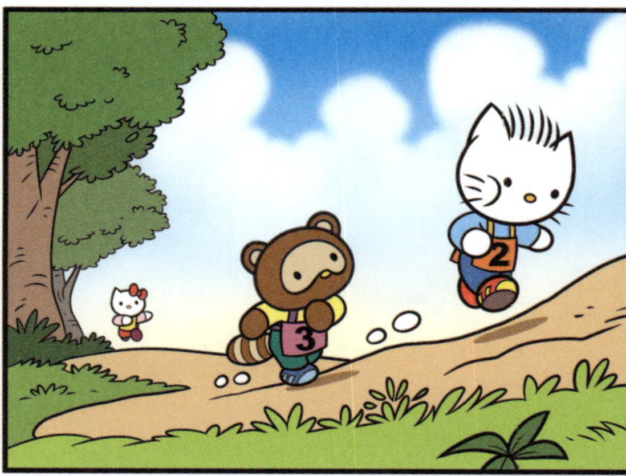

?

Plock!

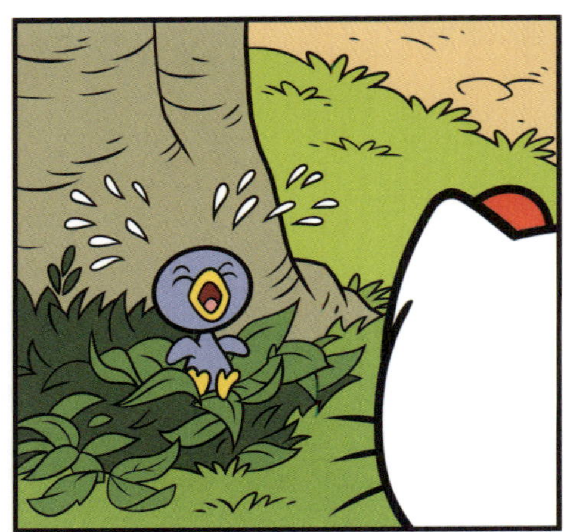
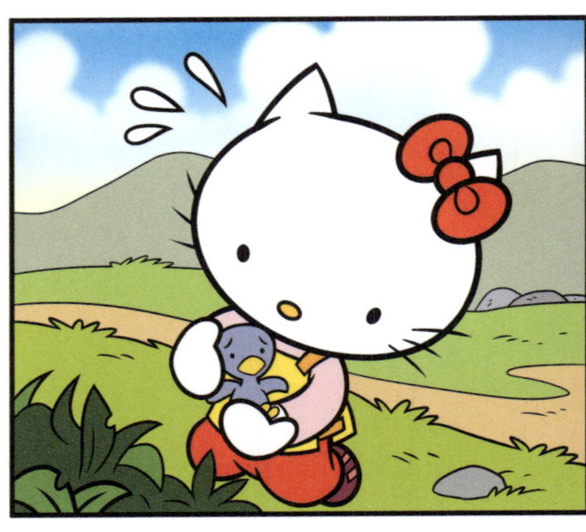
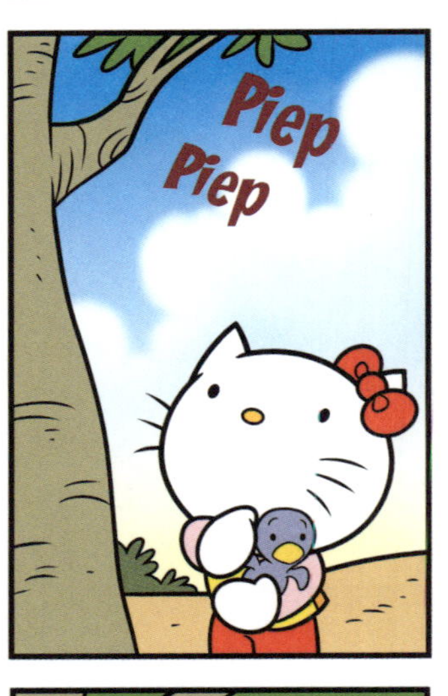
Piep
Piep
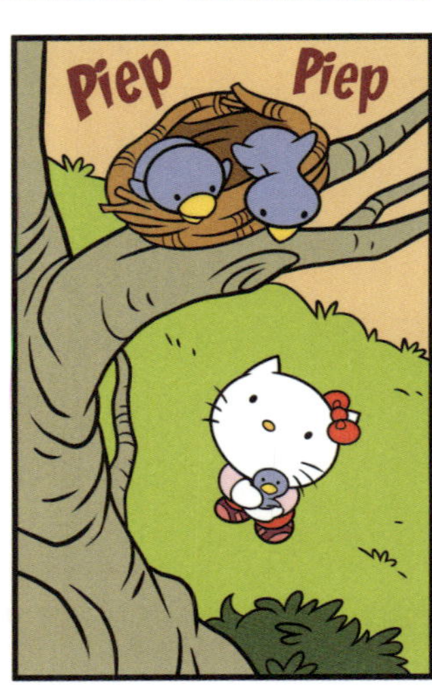
Piep
Piep
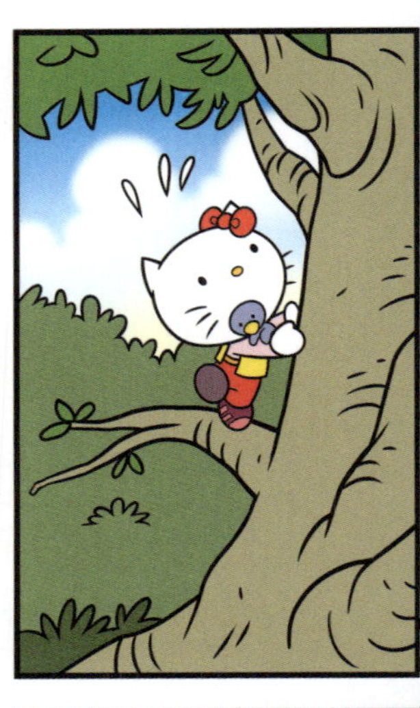
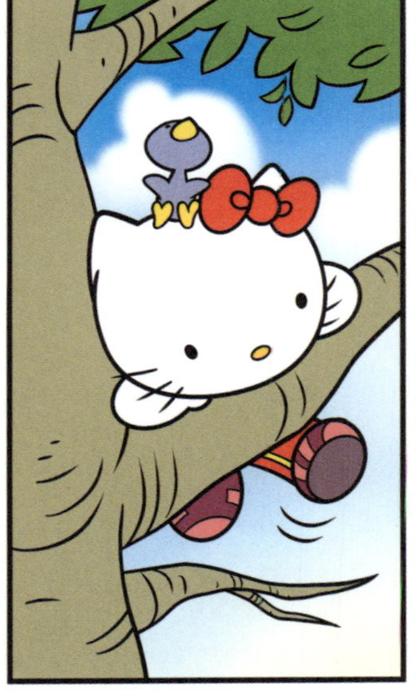
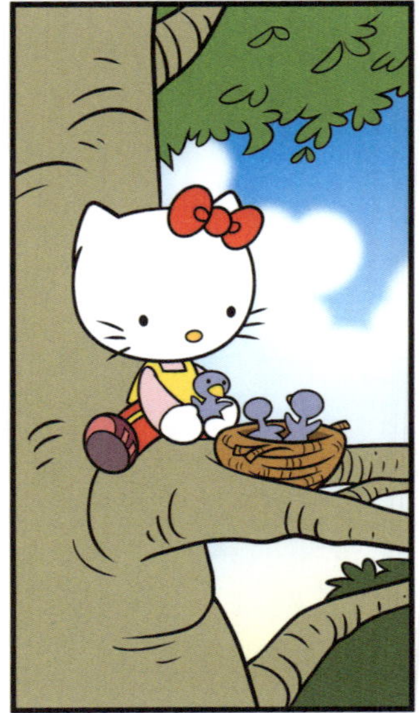
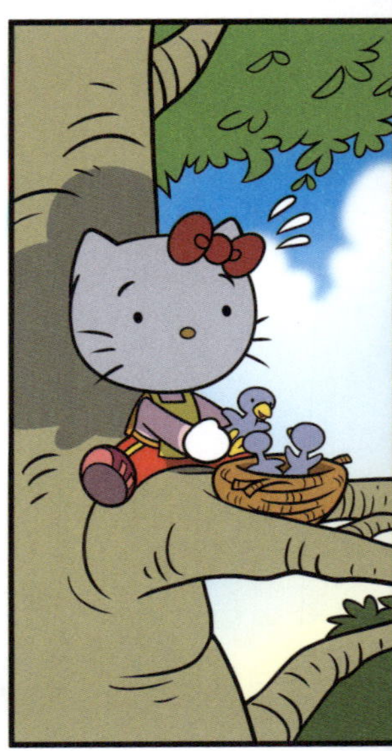

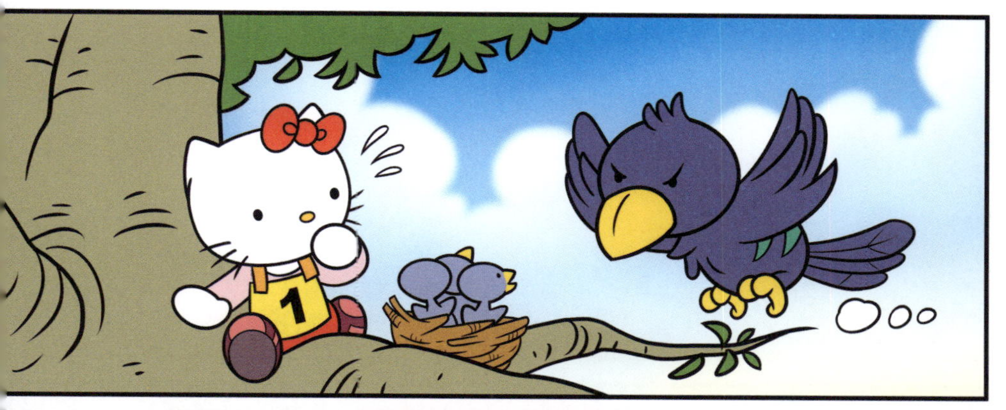

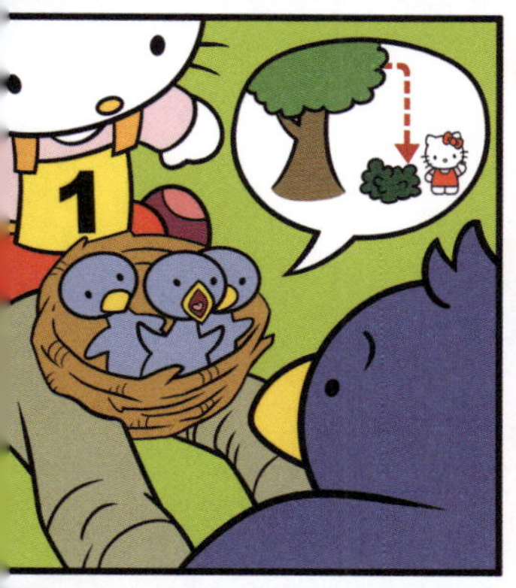

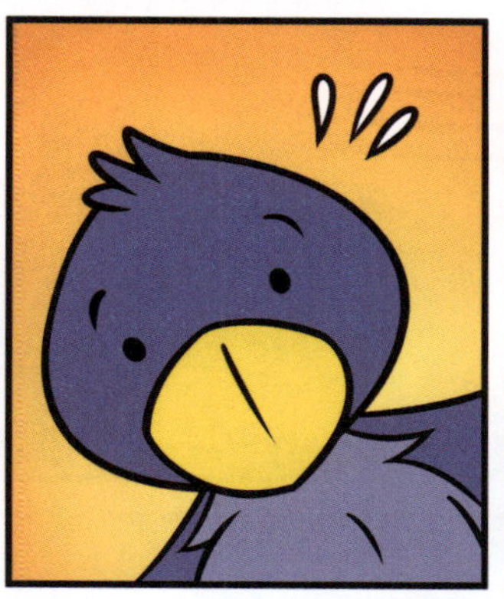

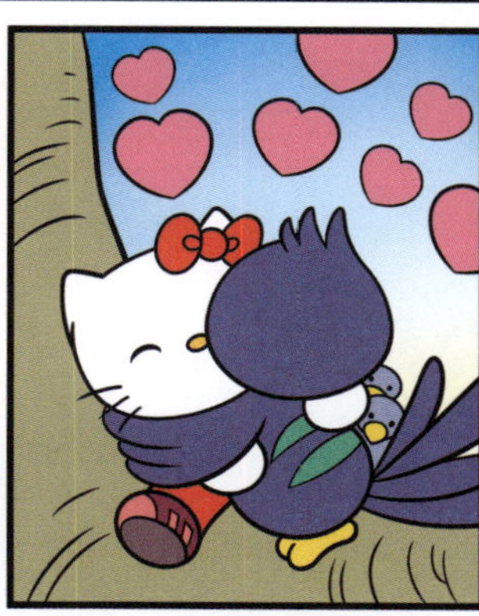

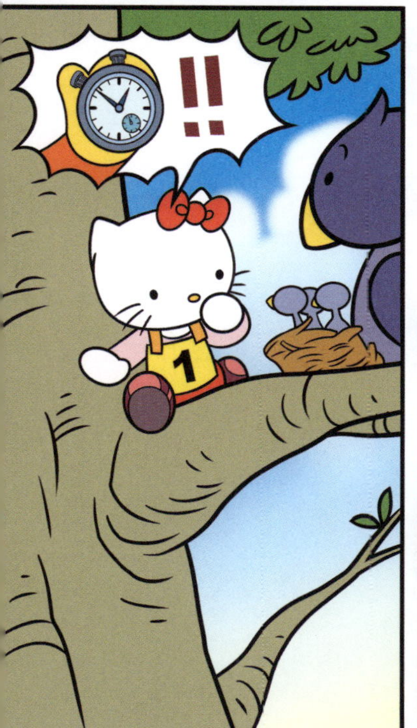

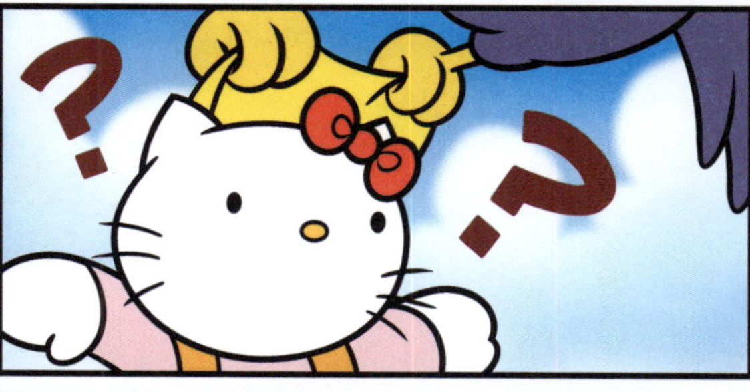

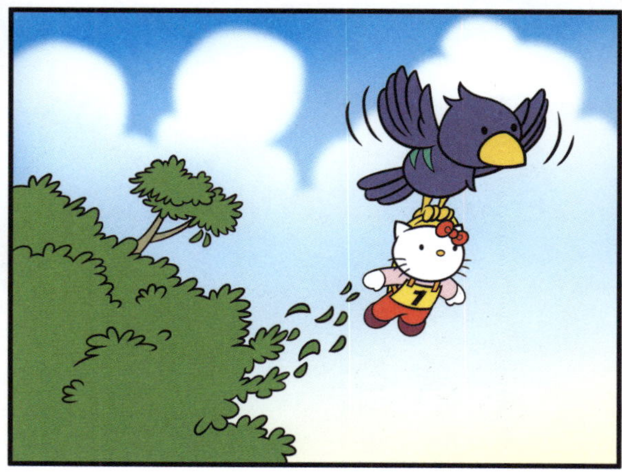

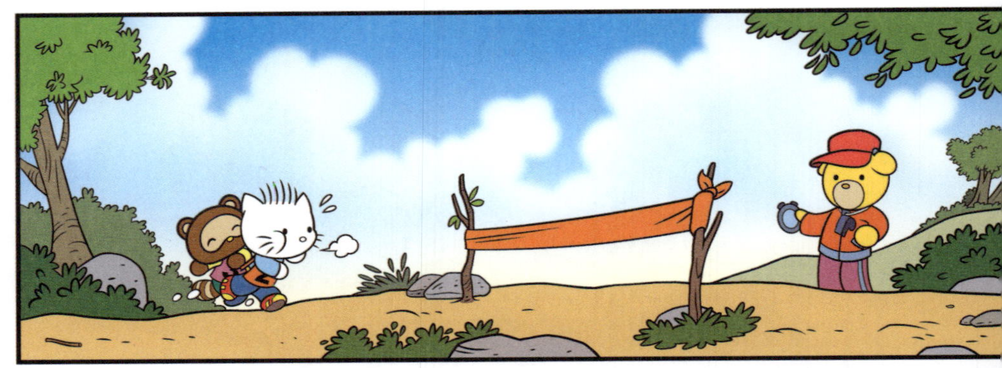

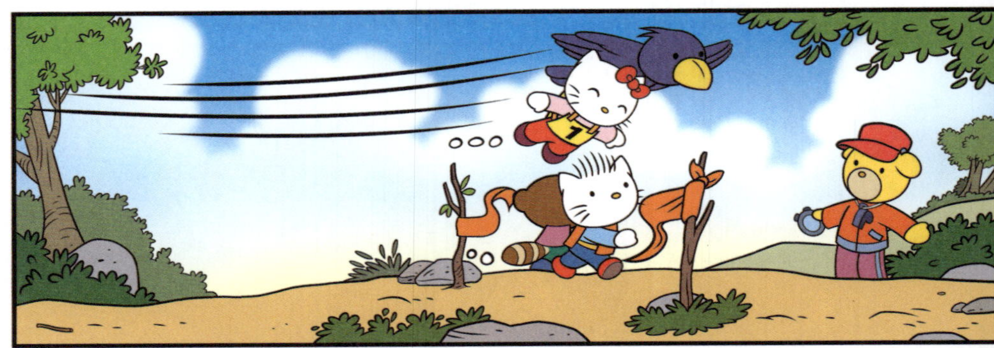

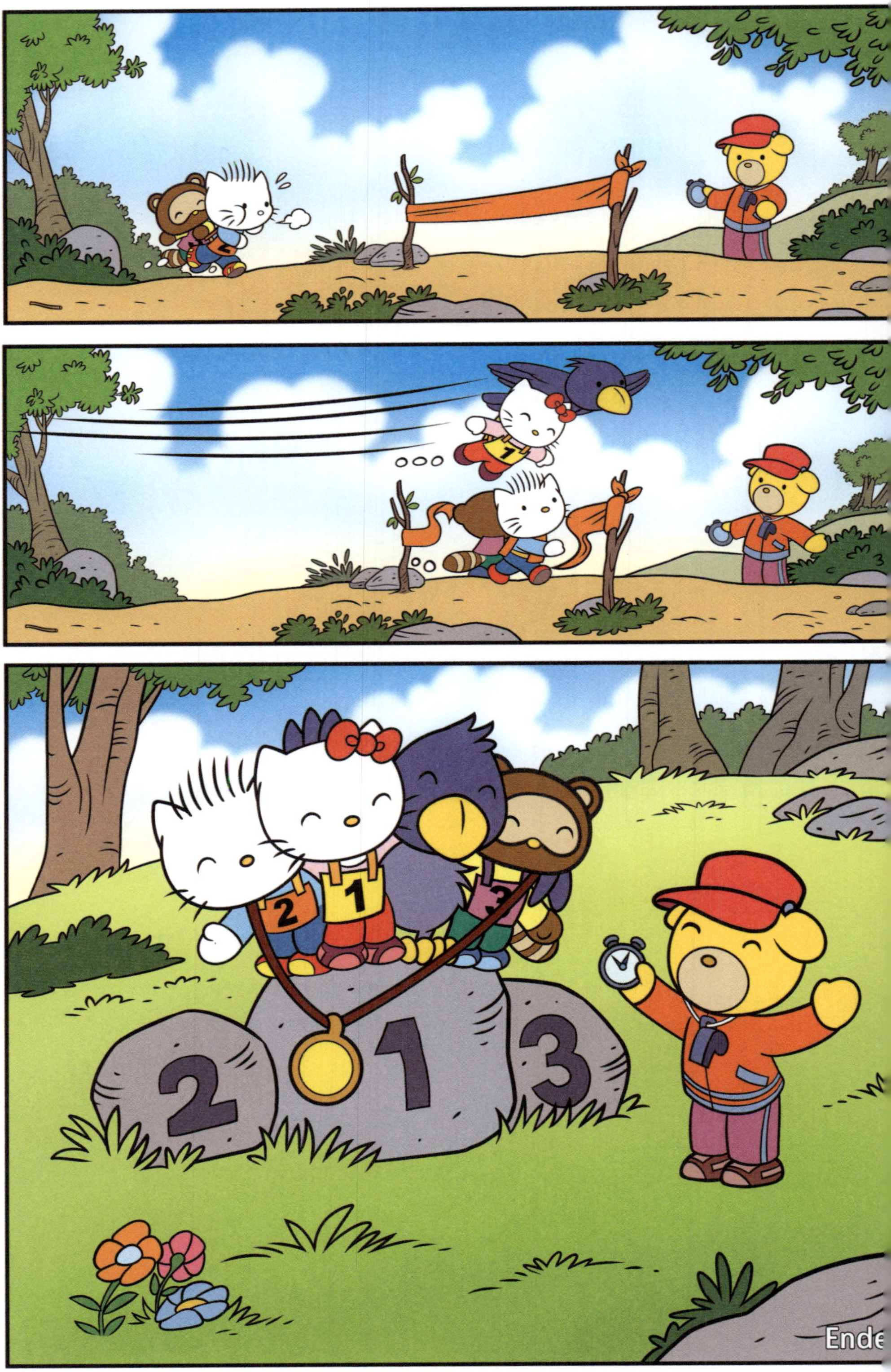

Ende

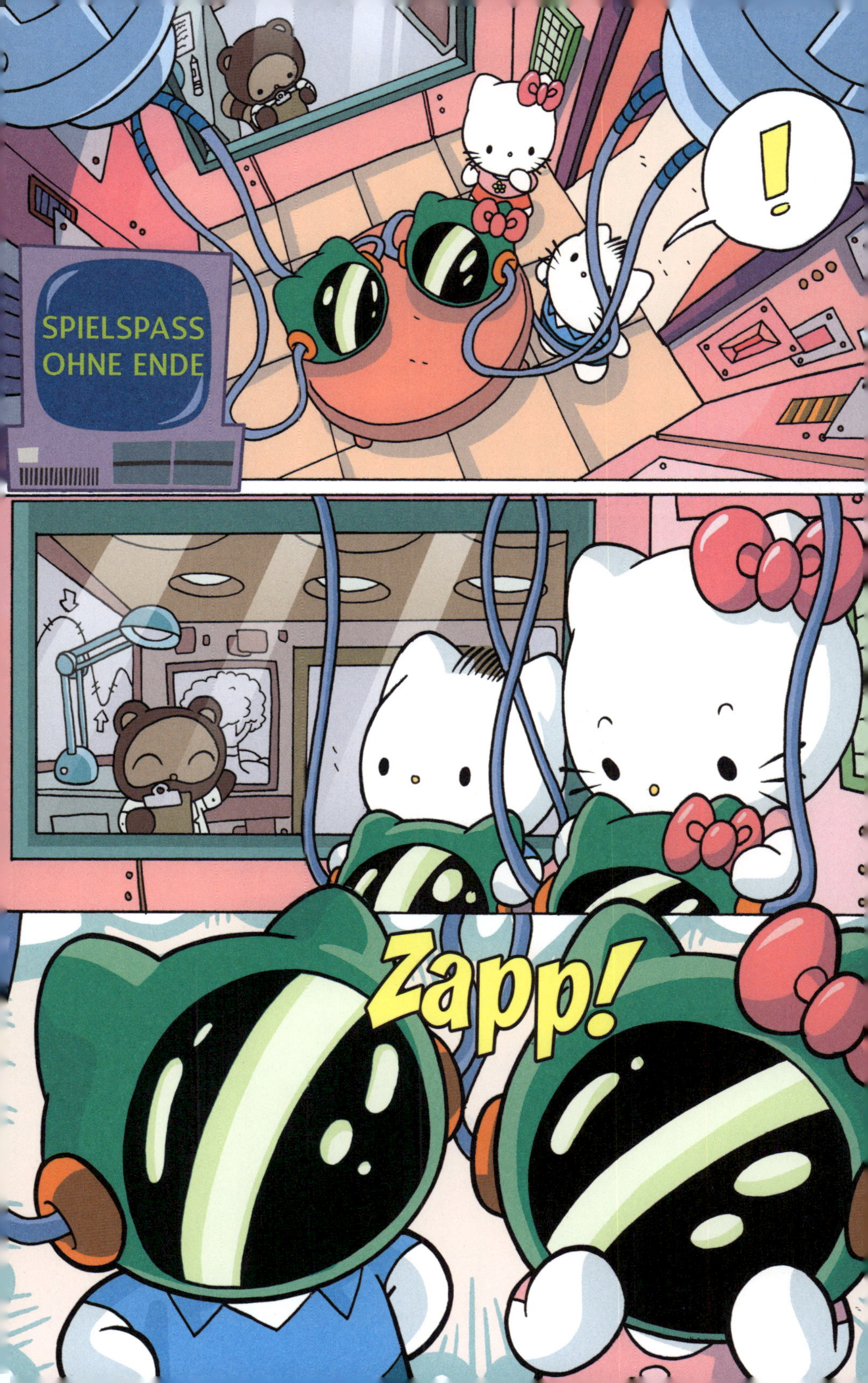
SPIELSPASS
OHNE ENDE
!
Zapp!

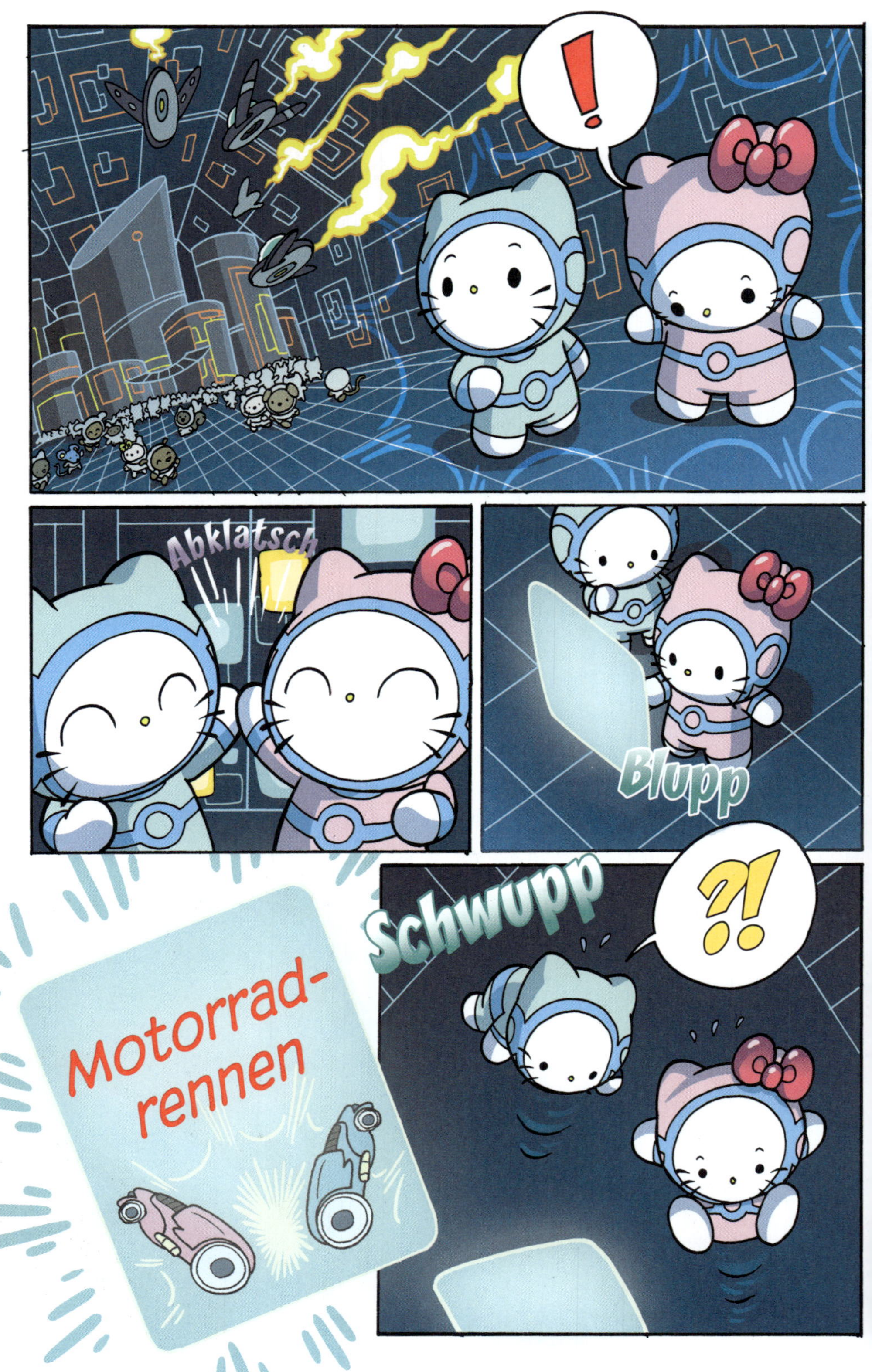
!
Abklatsch
Blupp
Motorrad-
rennen
Schwupp
?!

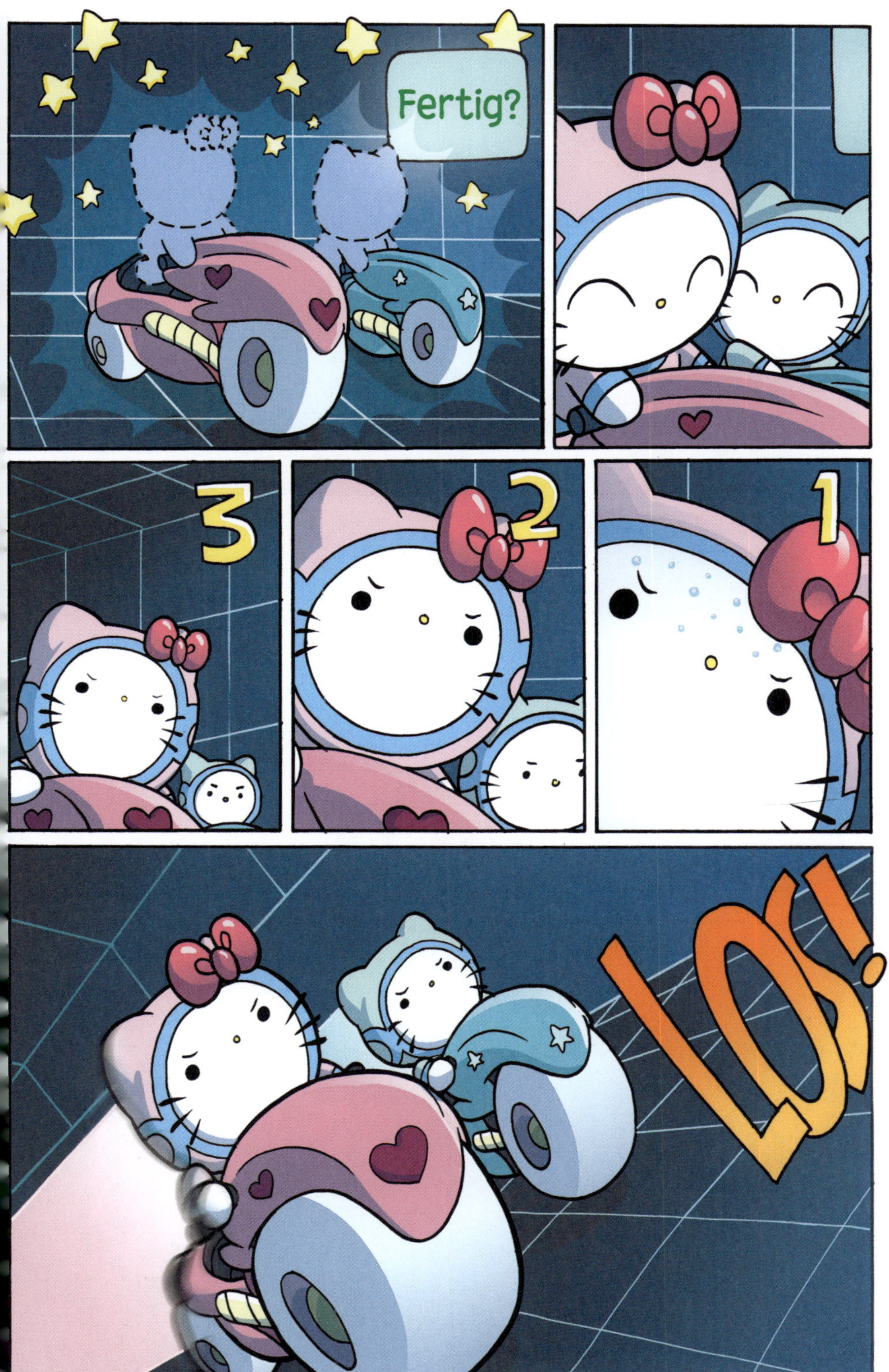
Fertig?
3
2
1
LOS!

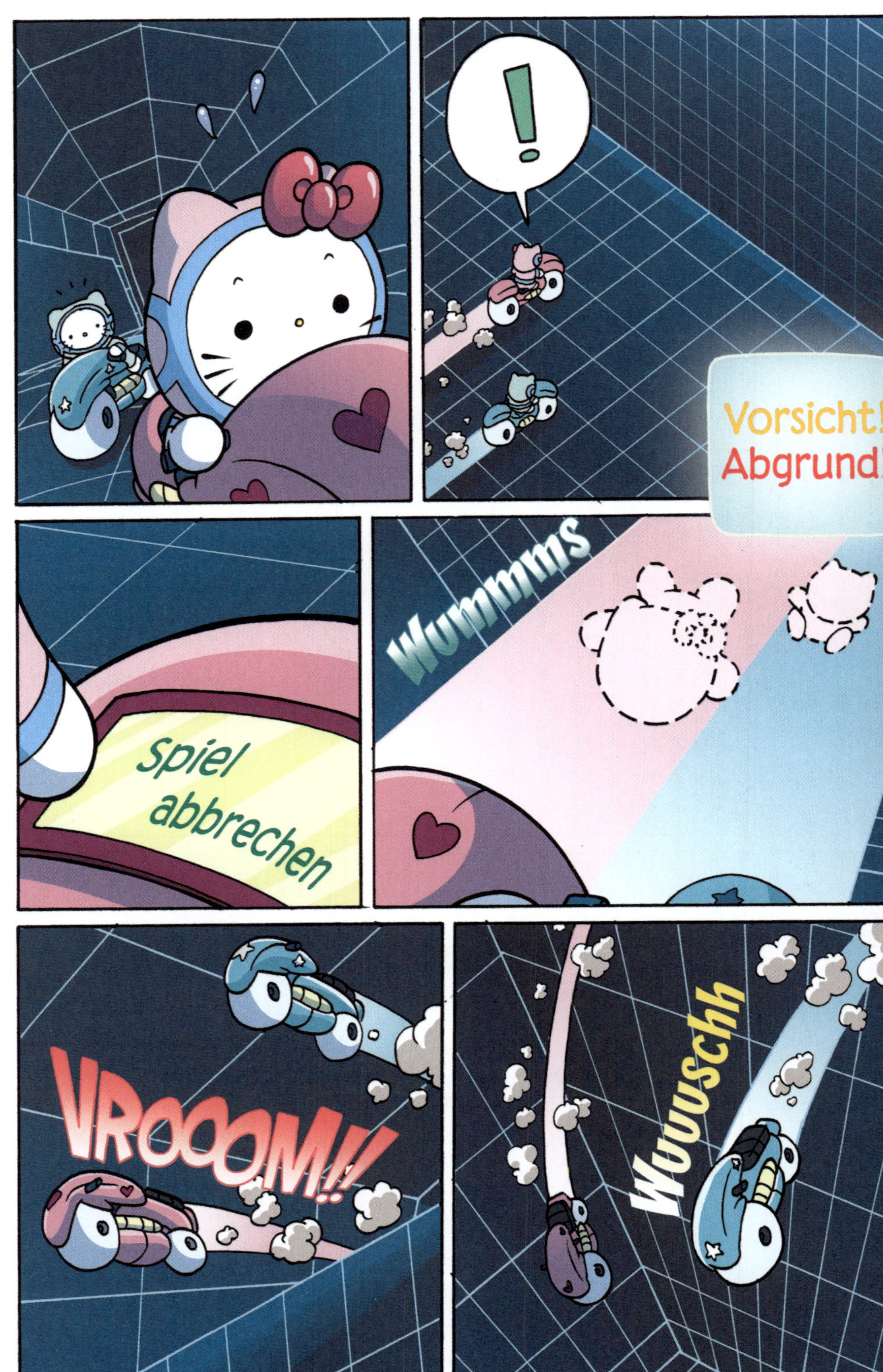
!
Vorsicht! Abgrund!
Spiel abbrechen
Wummms
VROOOM!!
Wuuuschh

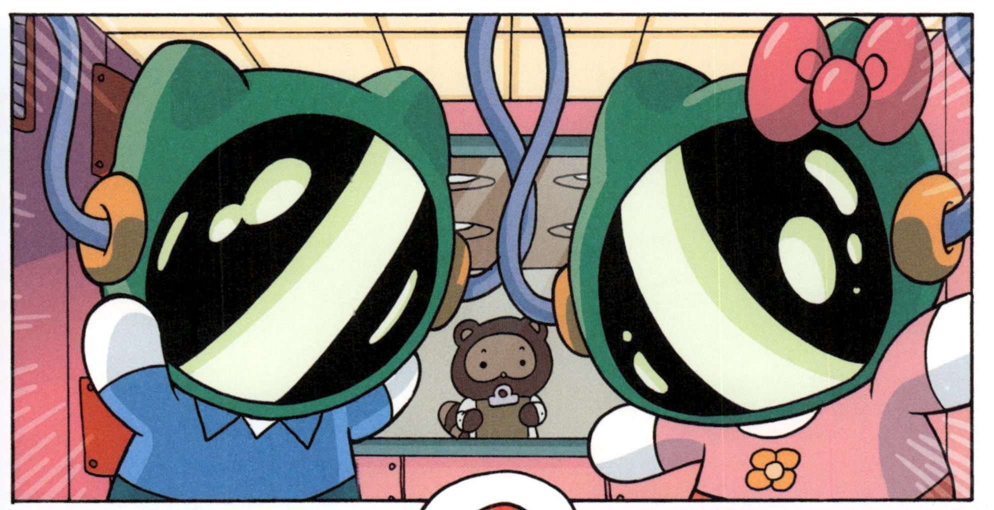

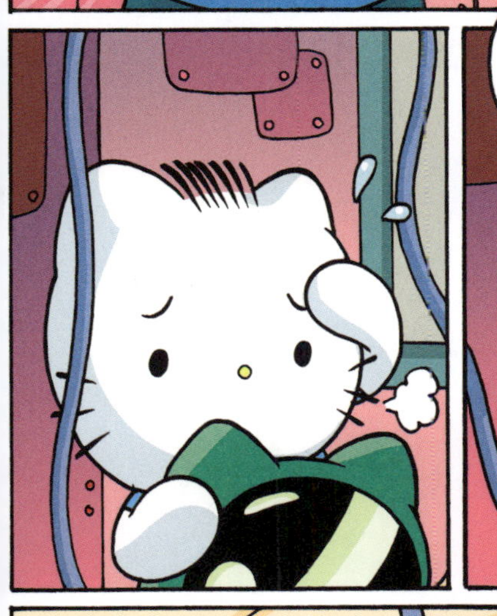

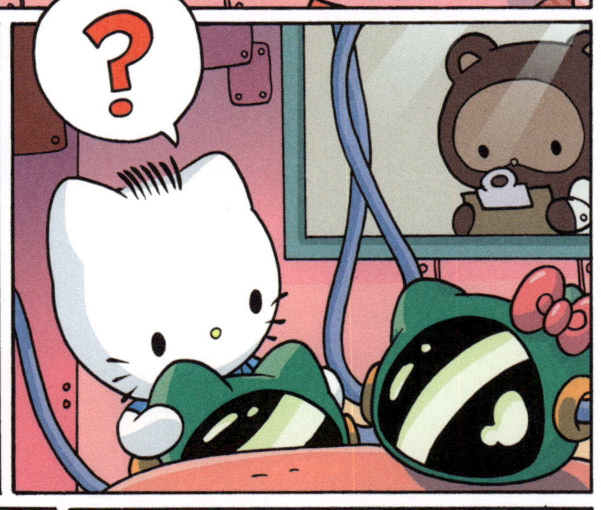
?

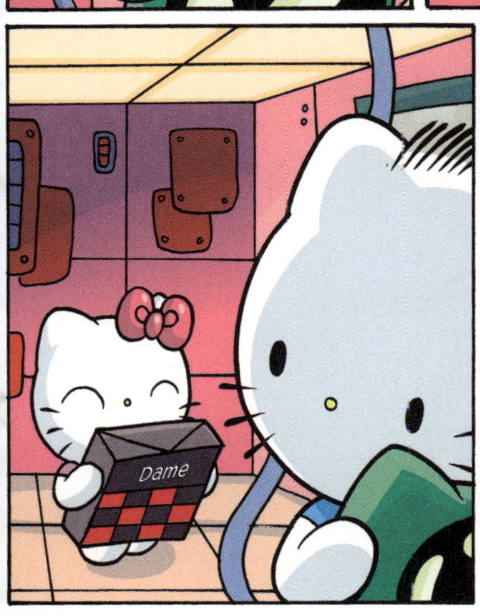
Dame

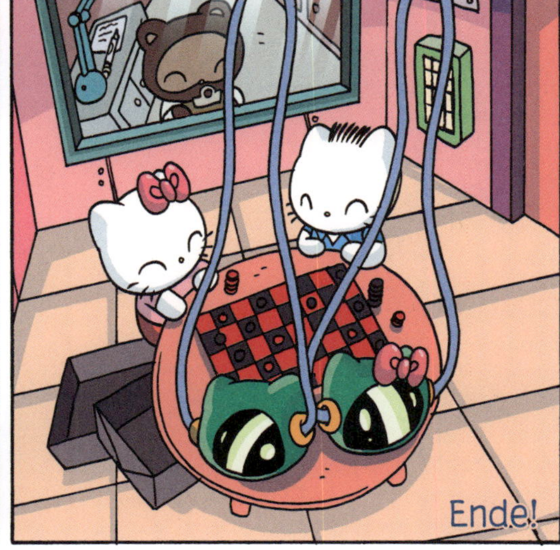
Ende!

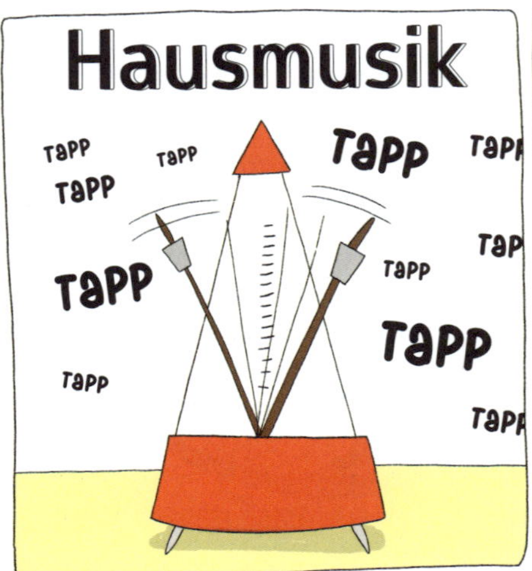
Hausmusik
Tapp
Tapp
Tapp
Tapp
Tapp
Tapp
Tapp
Tapp

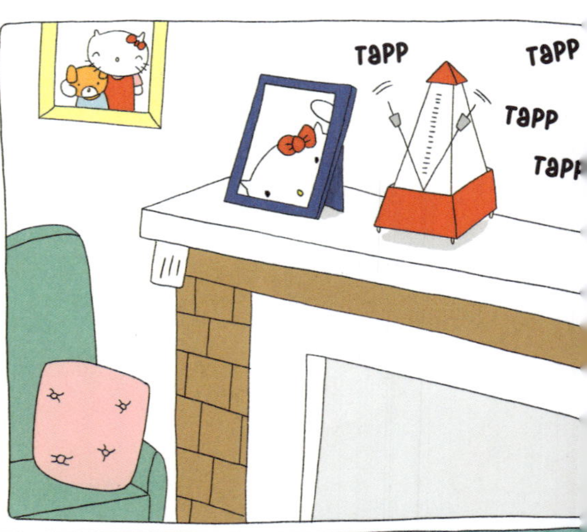
Tapp
Tapp
Tapp

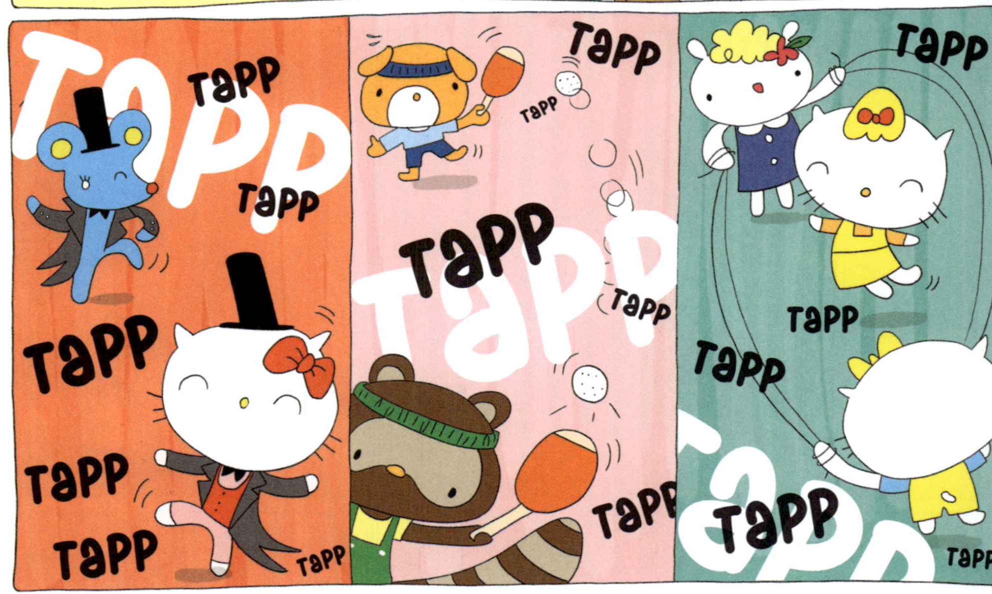
Tapp
Tapp
Tapp
Tapp
Tapp
Tapp
Tapp
Tapp
Tapp
Tapp
Tapp
Tapp
Tapp
Tapp
Tapp
Tapp

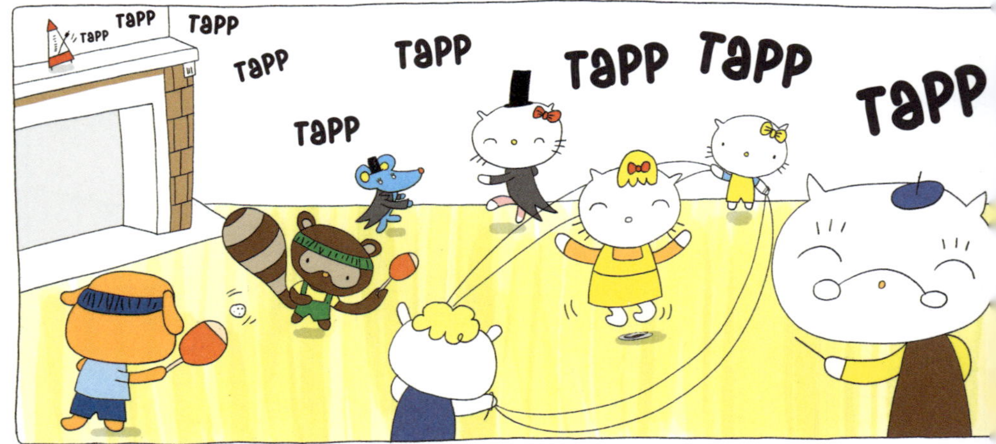
Tapp
Tapp
Tapp
Tapp
Tapp
Tapp
Tapp
Tapp
Tapp

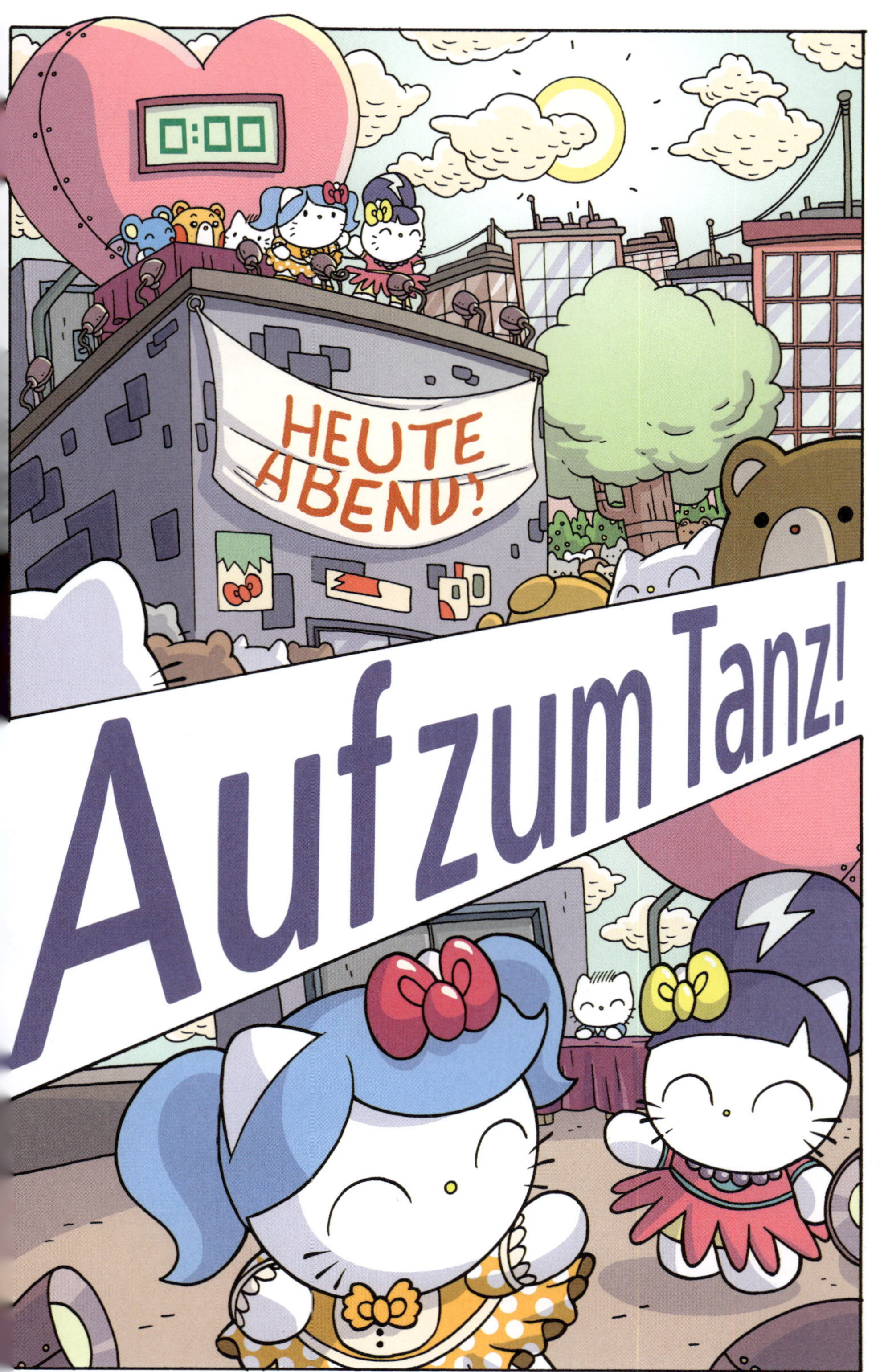
0:00
HEUTE ABEND!
Auf zum Tanz!

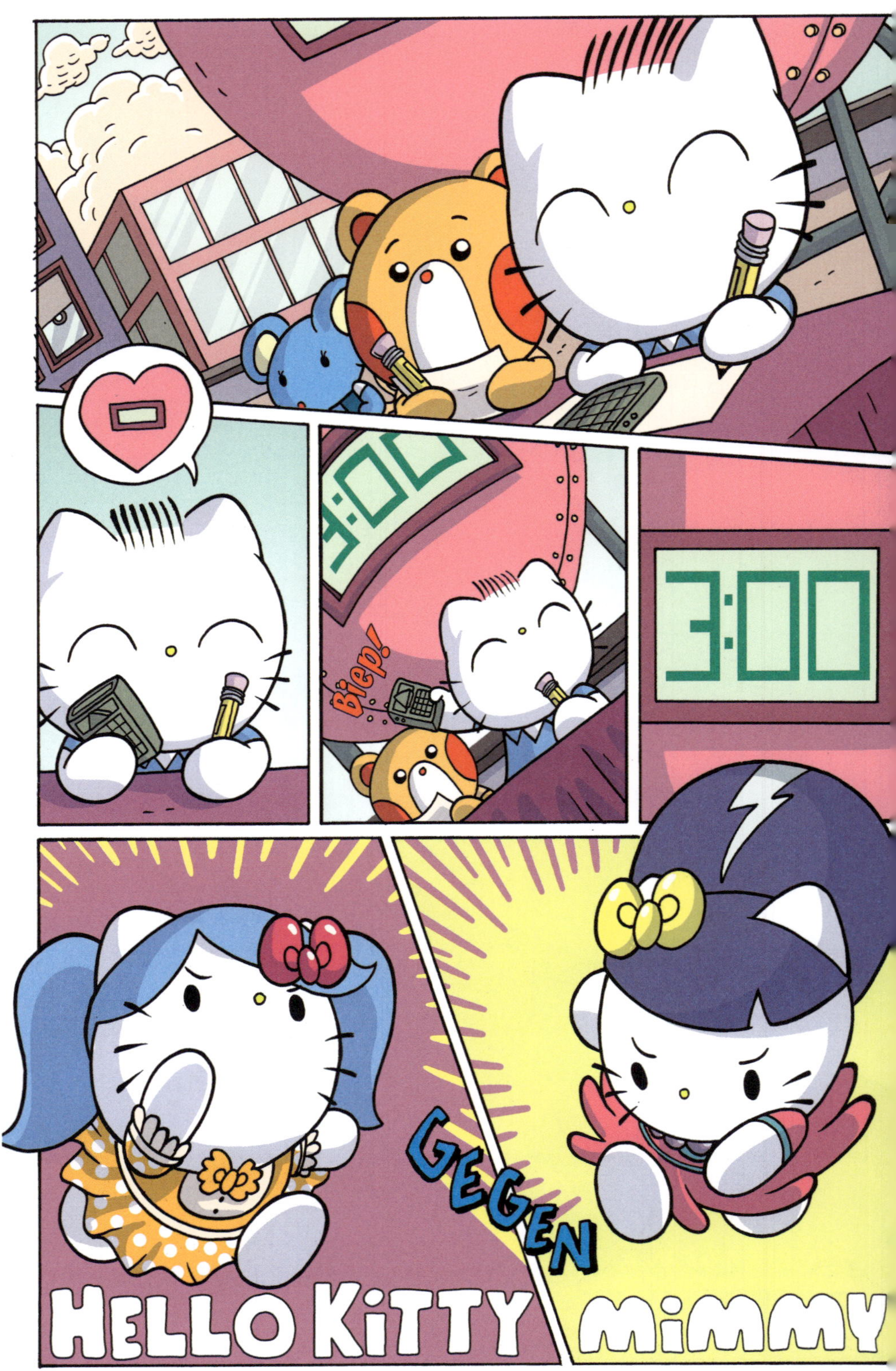
3:00
Biep!
3:00
HELLO KiTTY
GEGEN
MiMMY

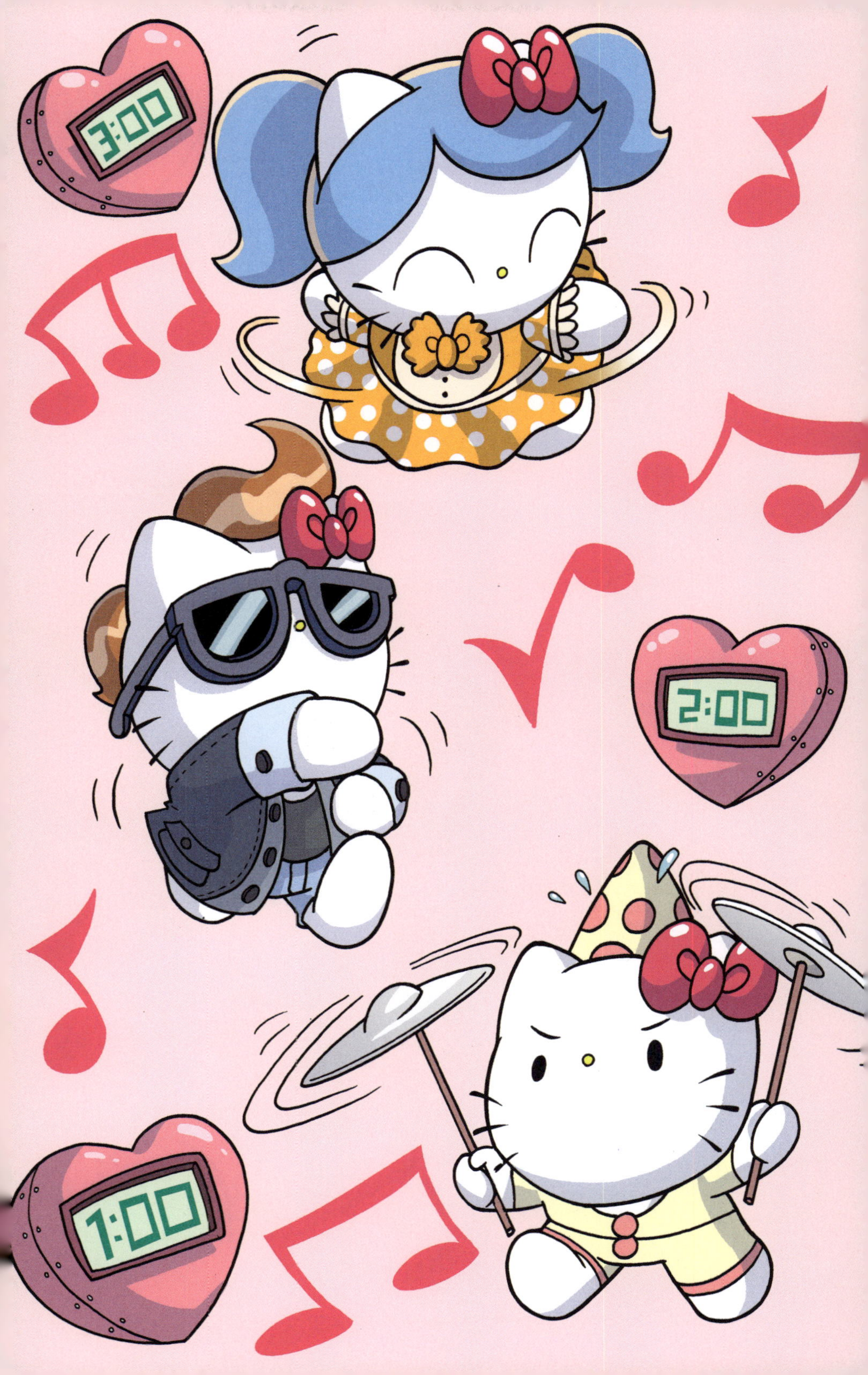
3:00
2:00
1:00

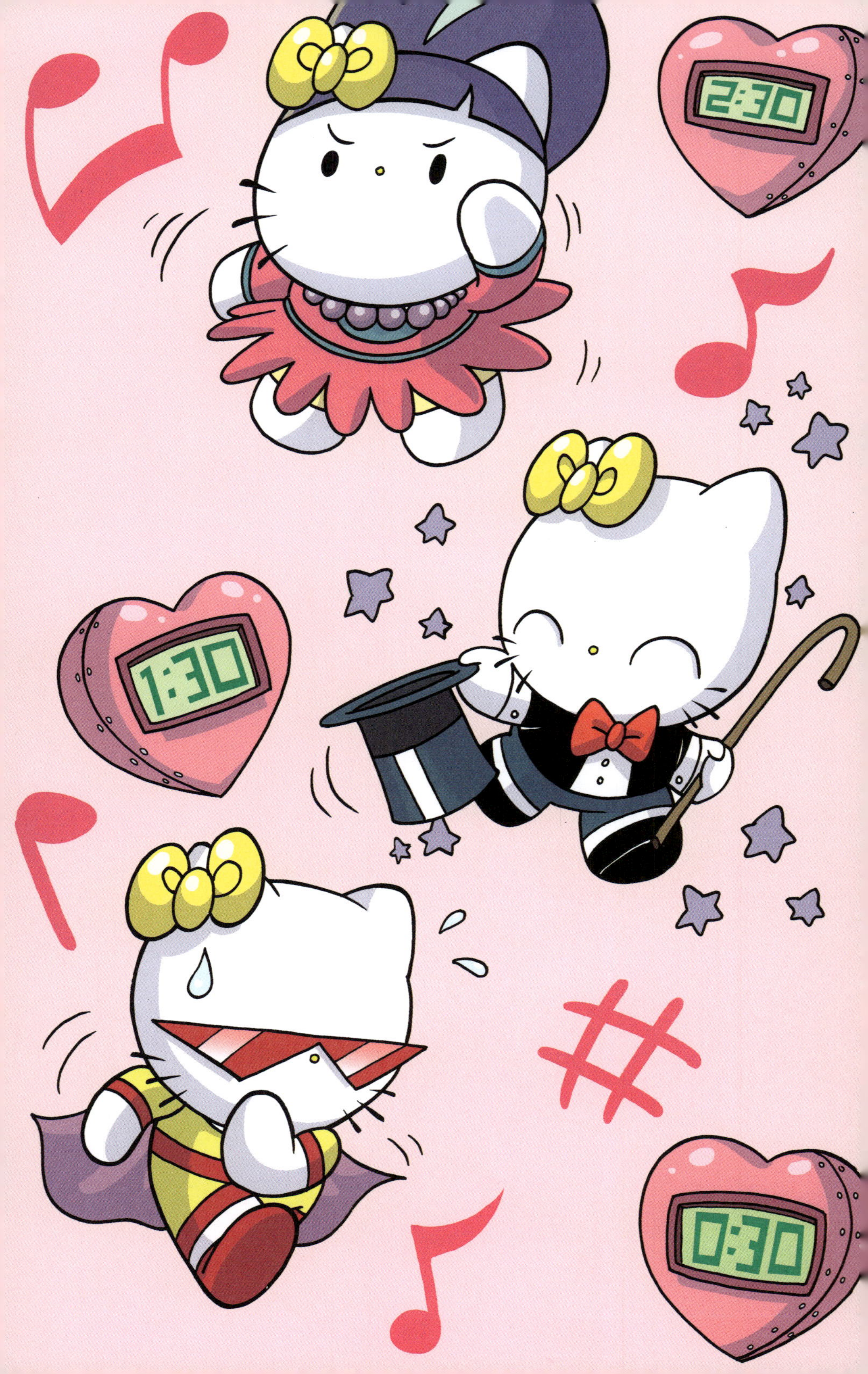
2:30
1:30
0:30

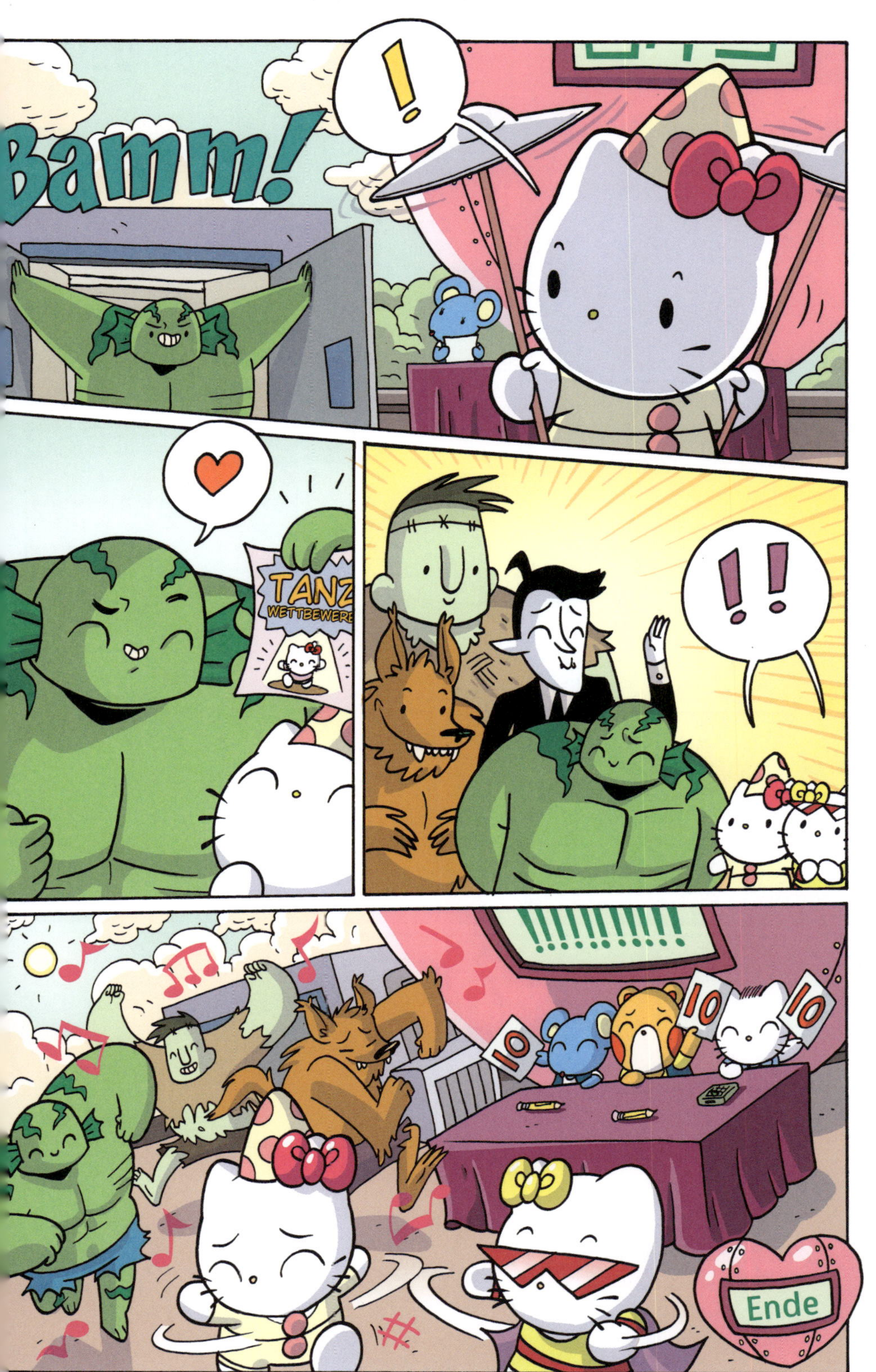
Bamm!
!
TANZ WETTBEWERB
!!
!!!!!!!!!!
10
10
10
Ende

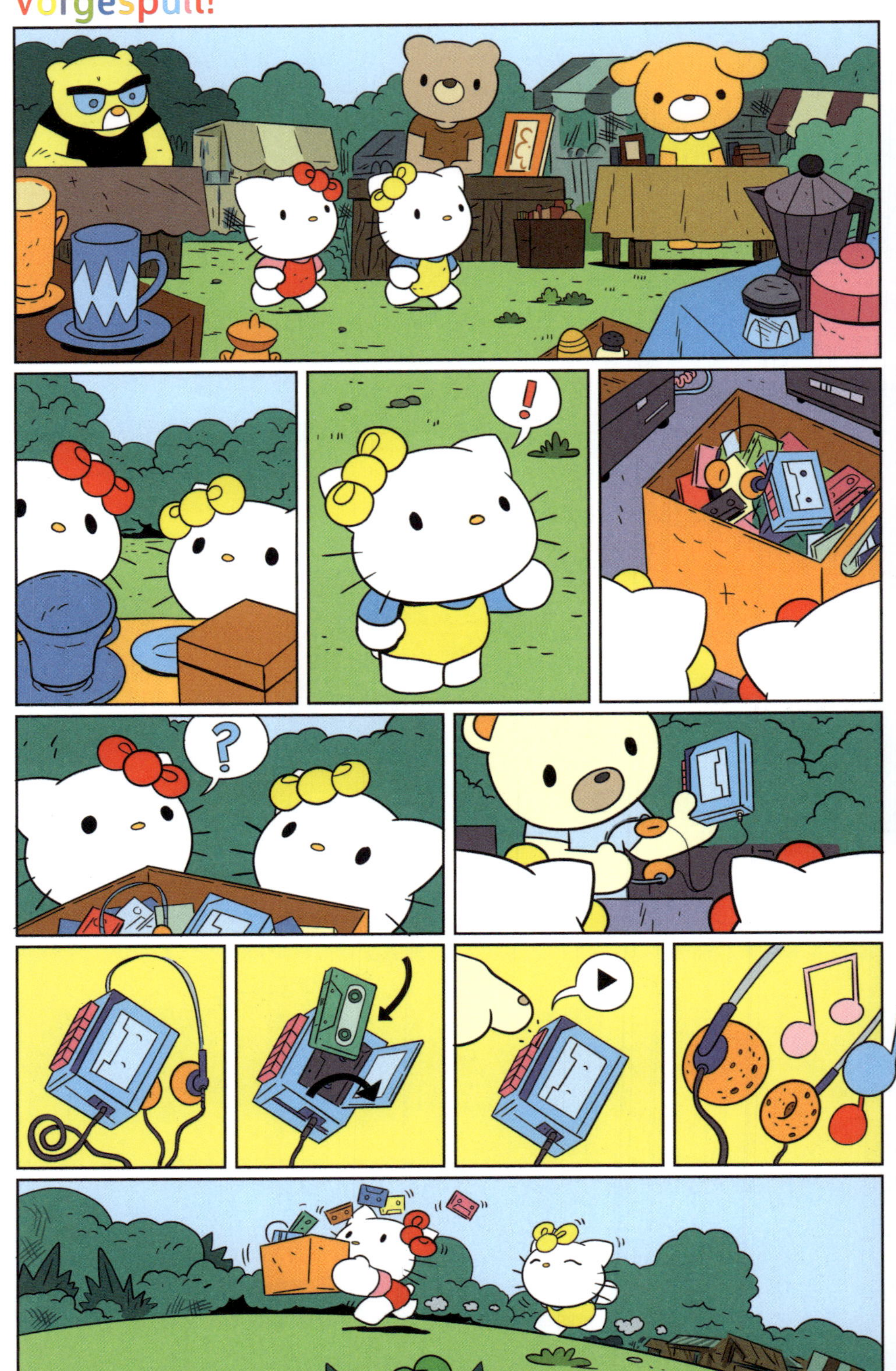

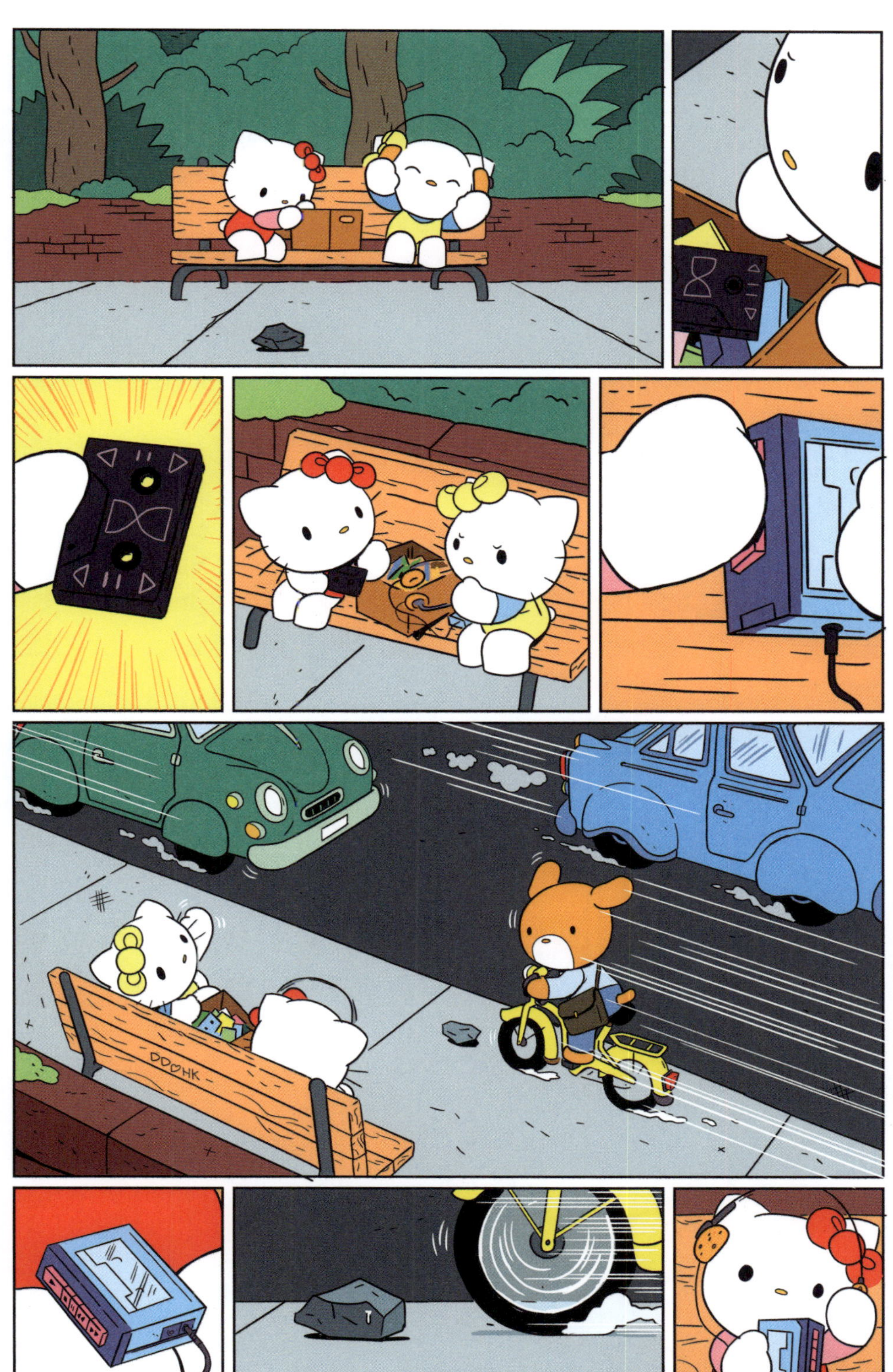
DD♡HK

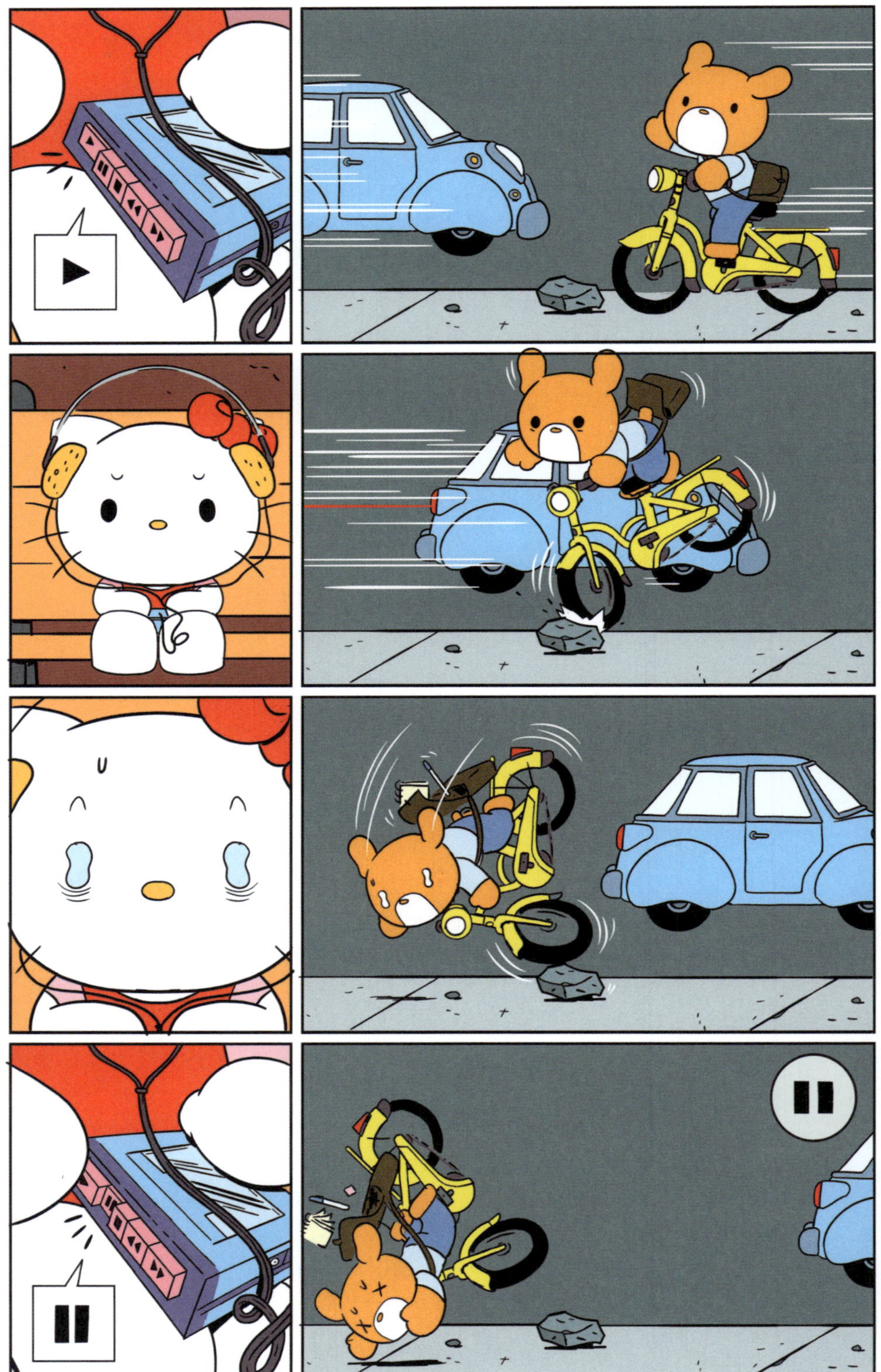

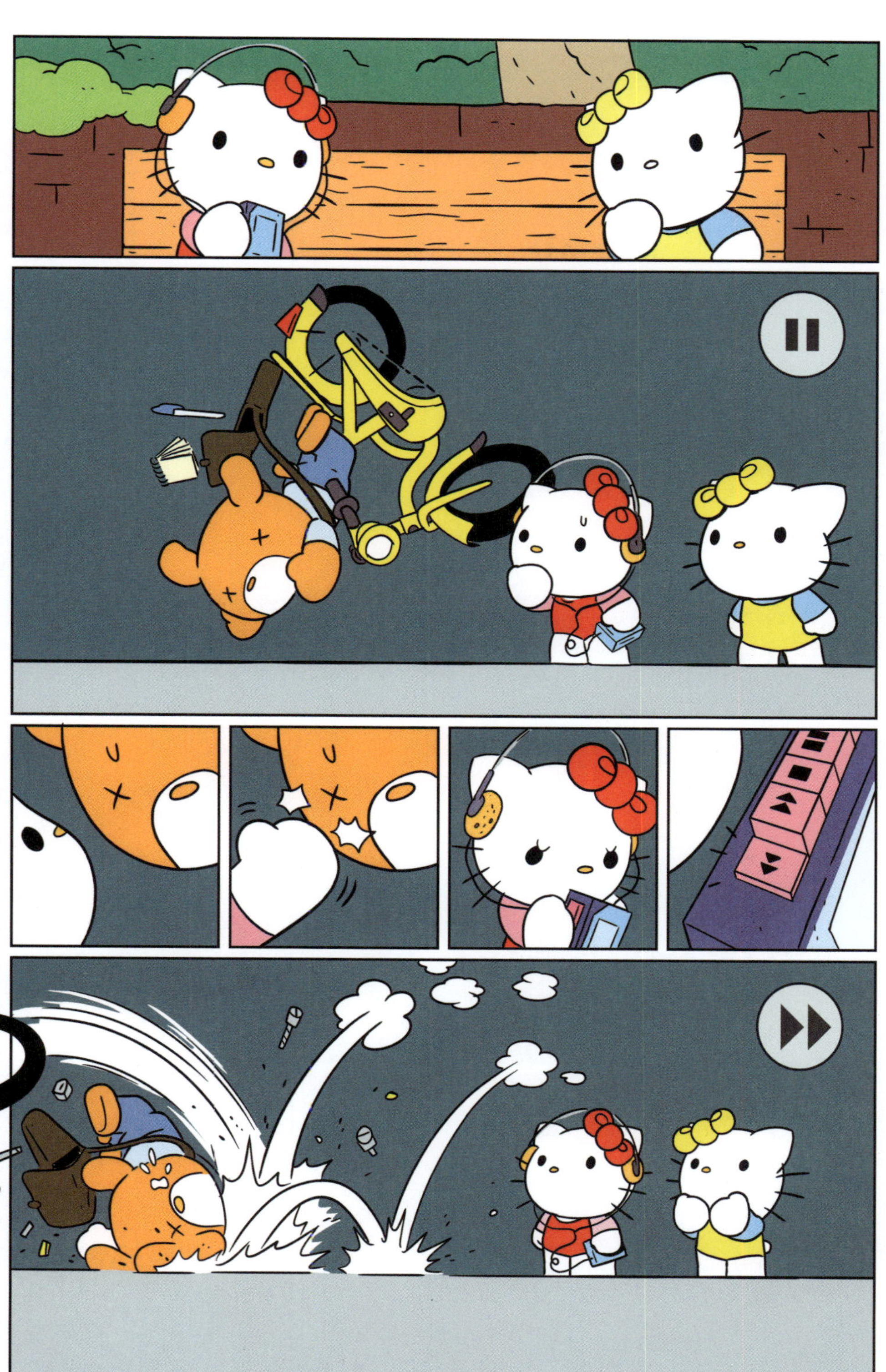

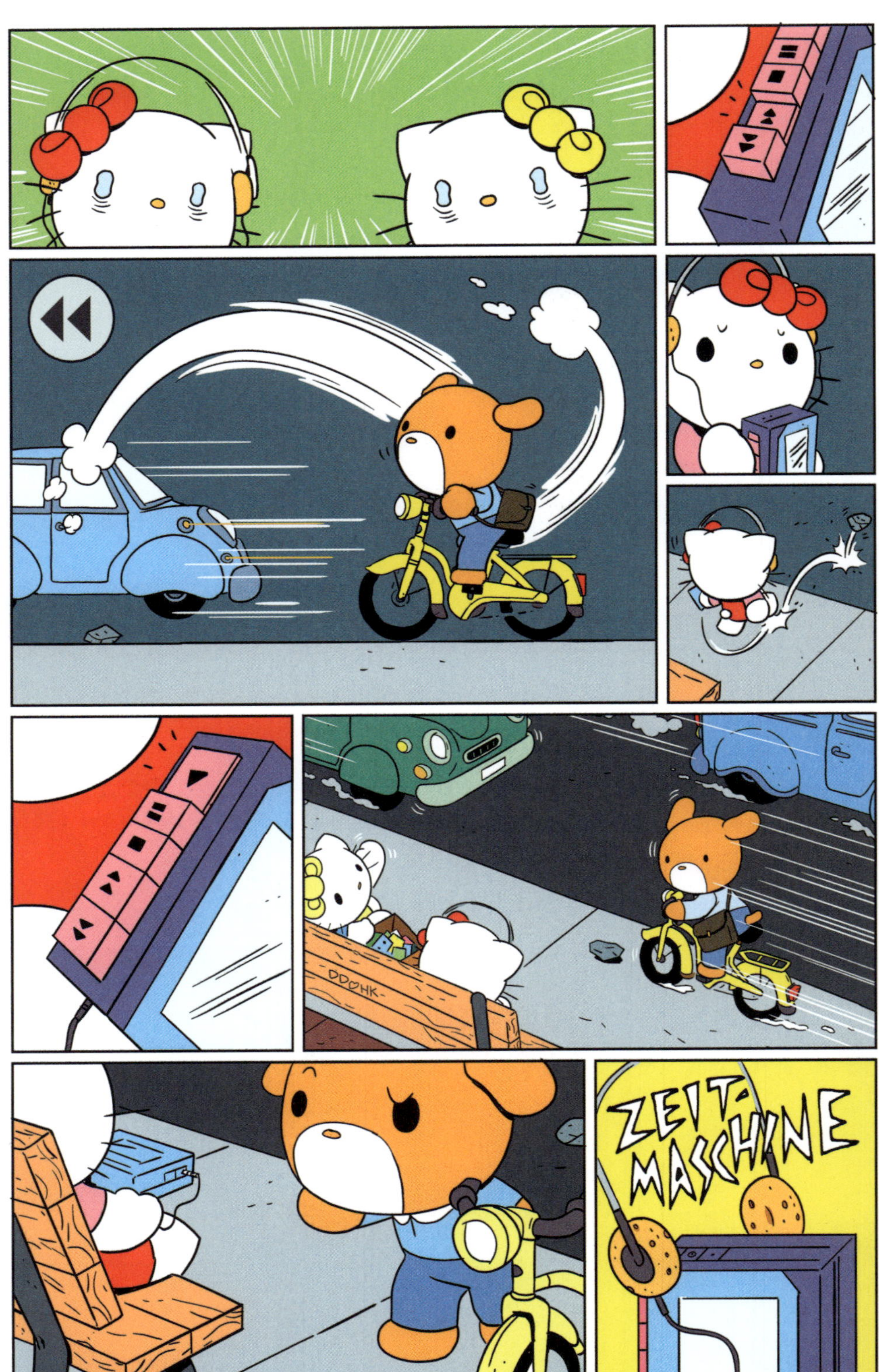
DD♡HK
ZEIT-
MASCHINE

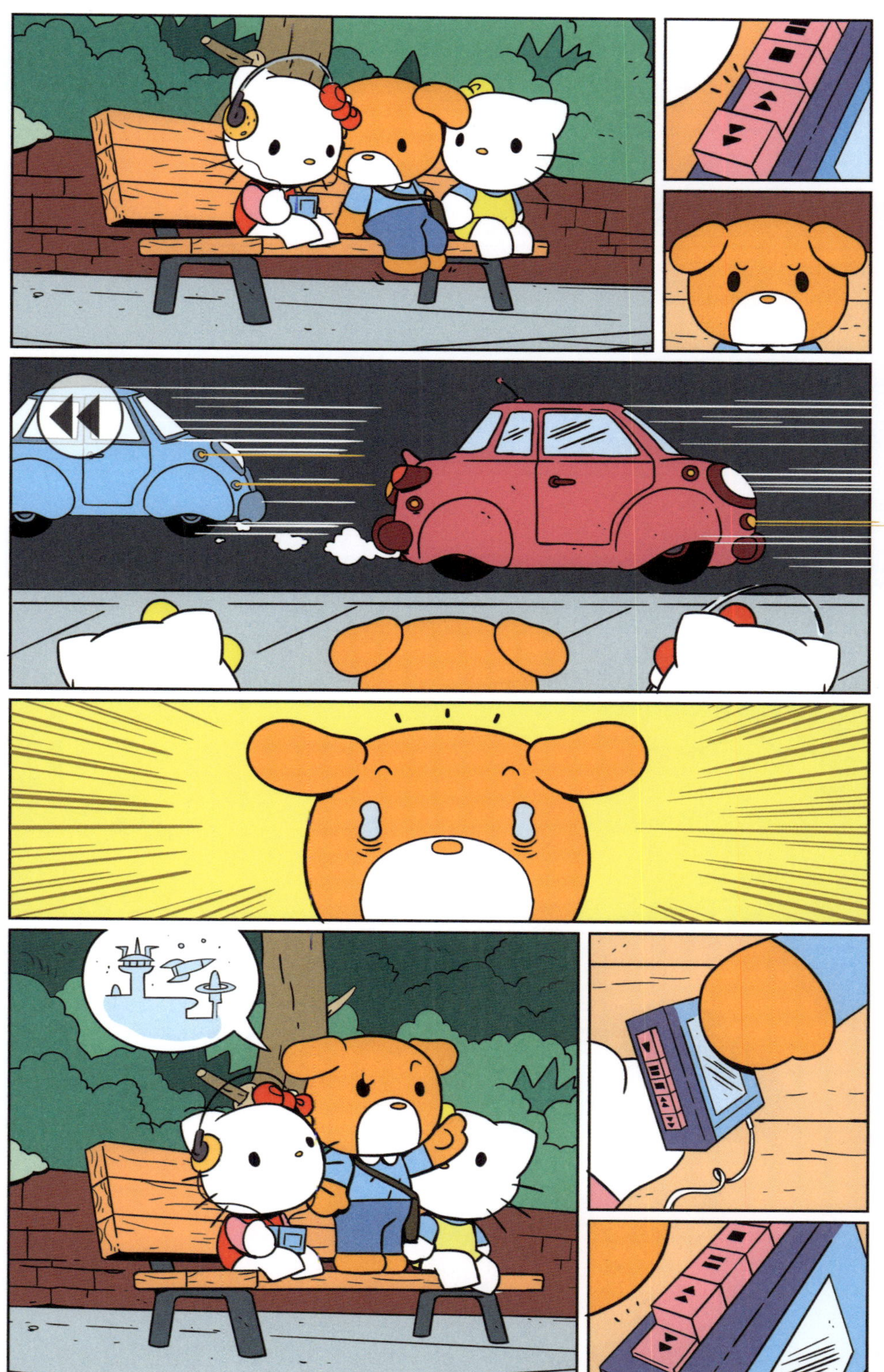

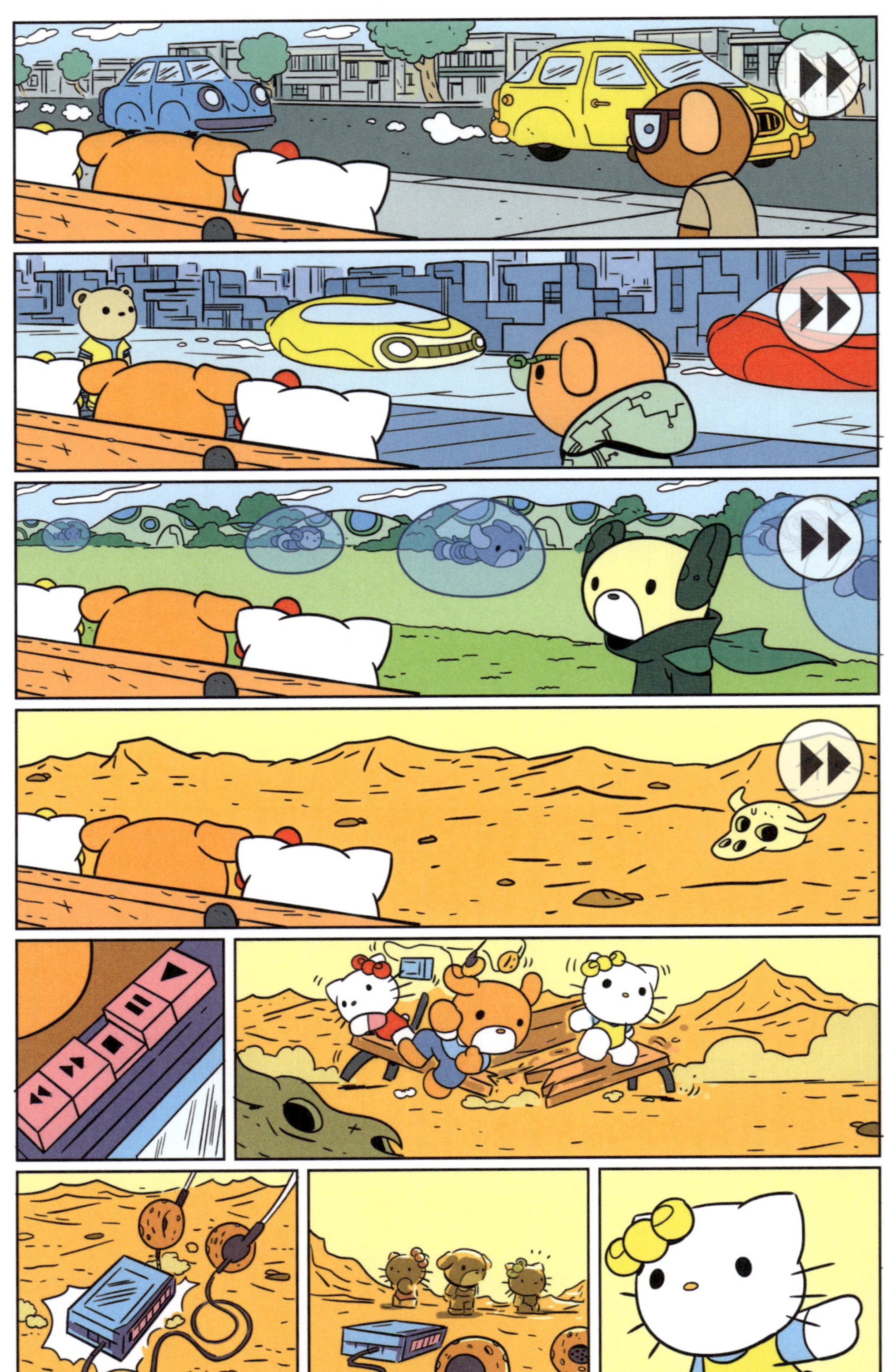

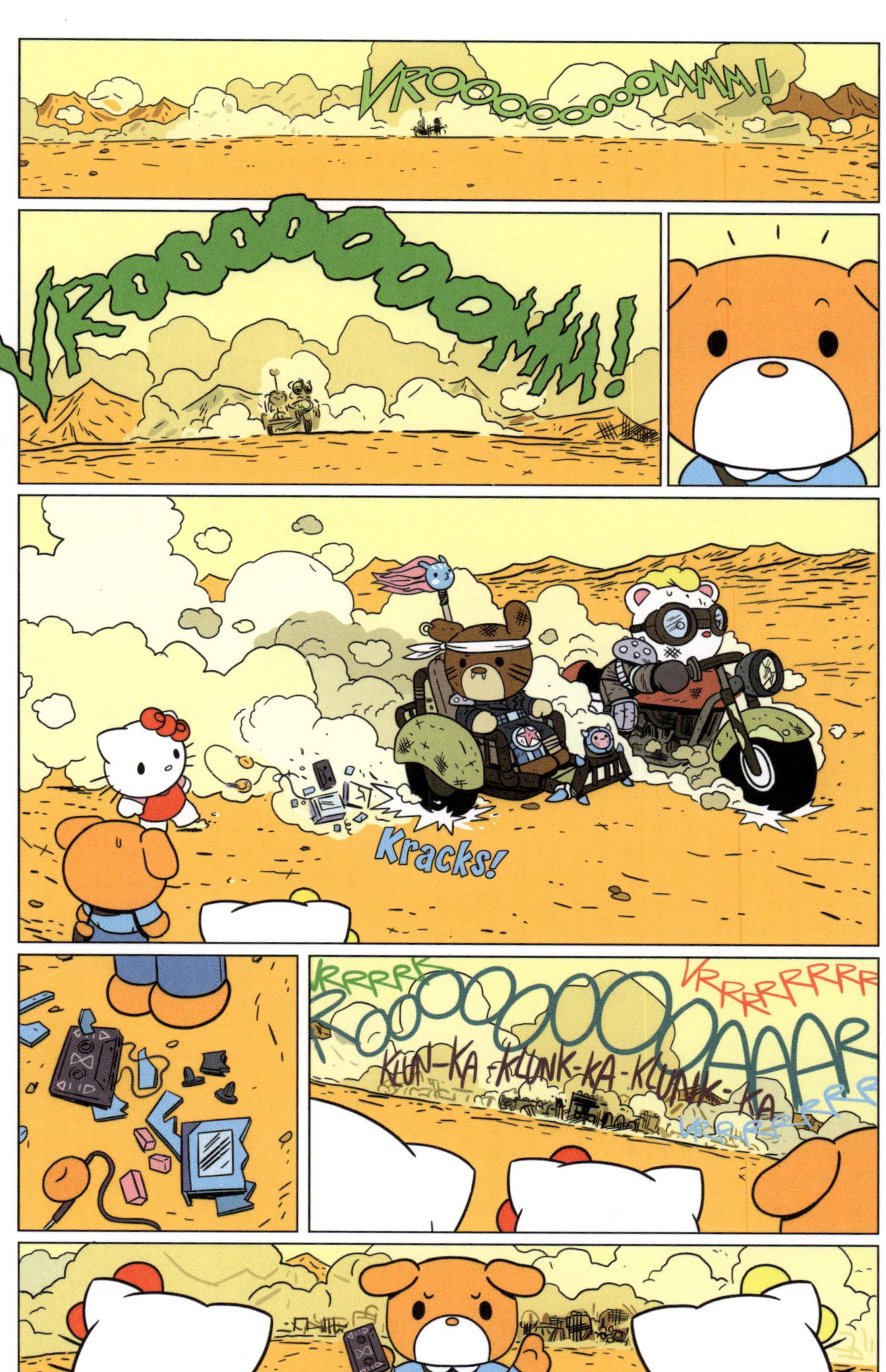
VROOOOOOOOOMMM!
VROOOOOOOOOMM!
Kracks!
VRRRRR
ROOOOOOOAAAR
VRRRRRRRR
KLUN-KA-KLUNK-KA-KLUNK-KA
VRRRRRR

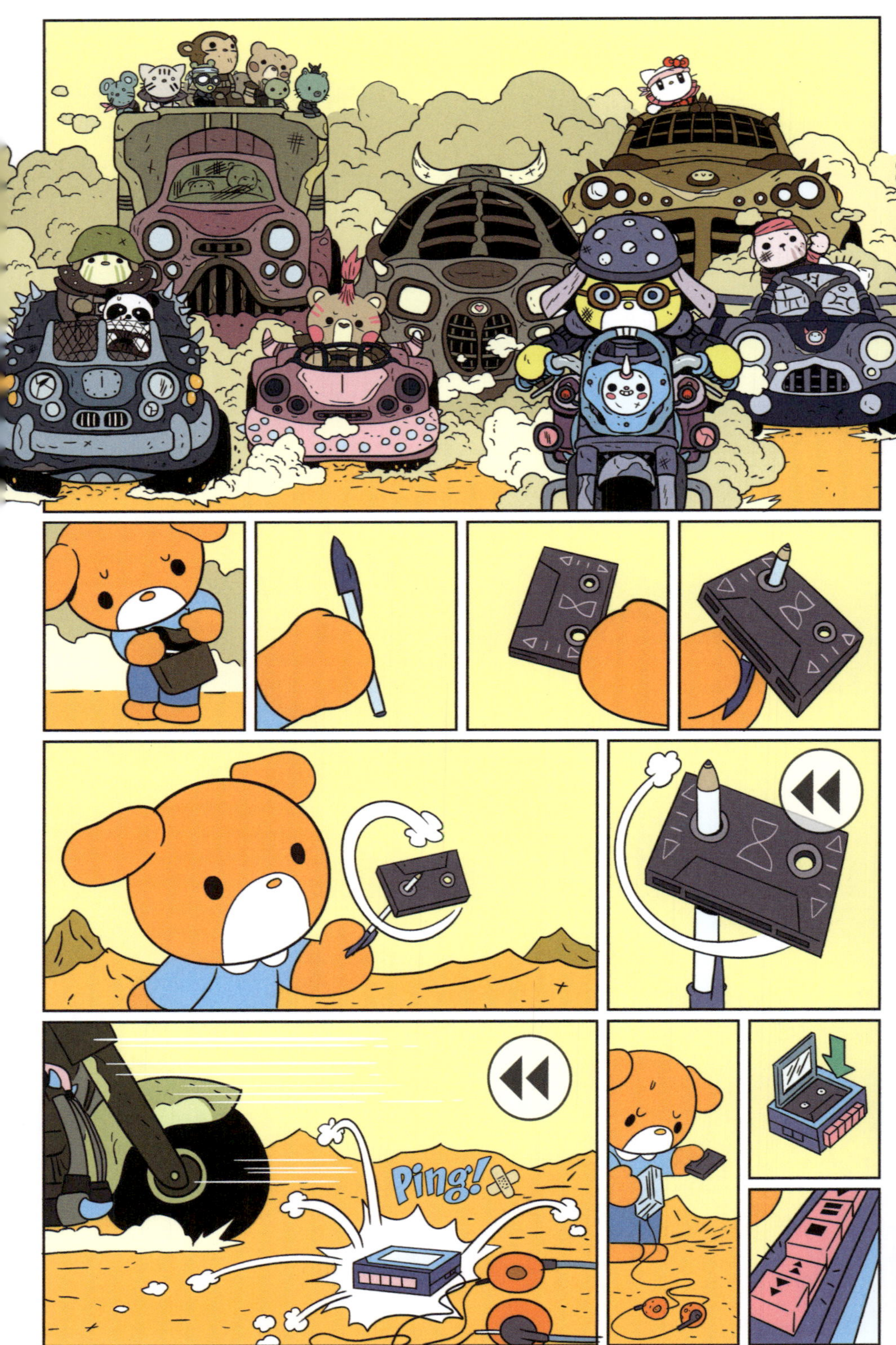
Ping!

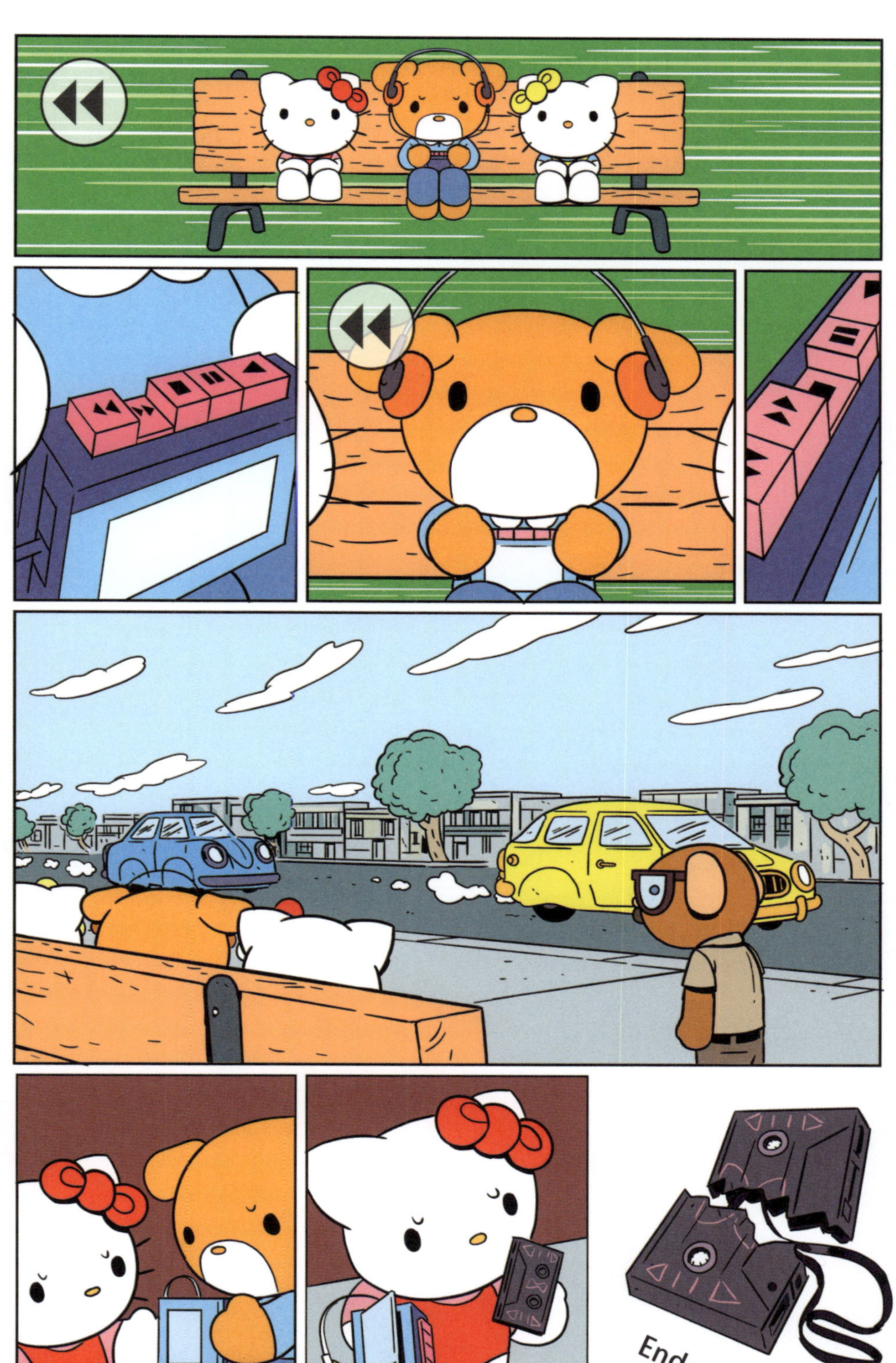
Ende

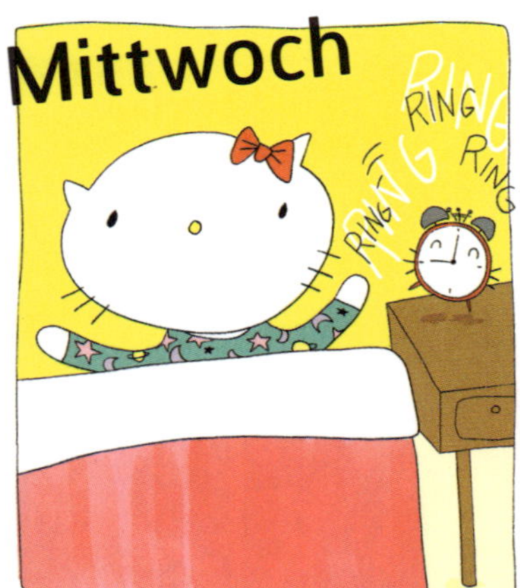
Mittwoch
RING
RING
RING
RING

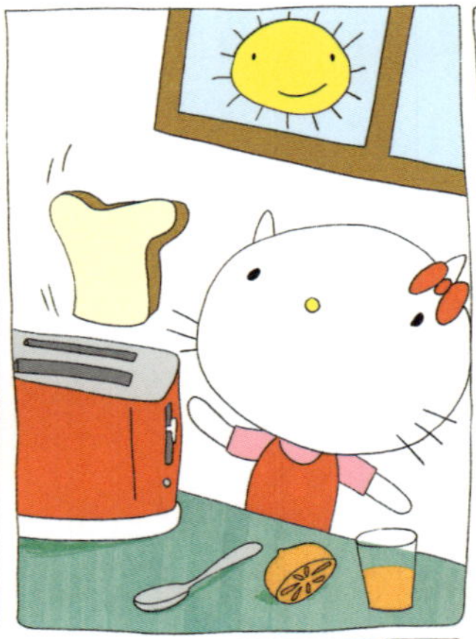

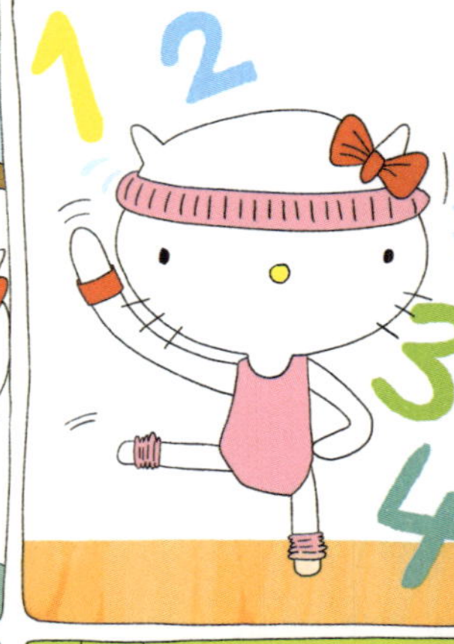
1
2
3
4

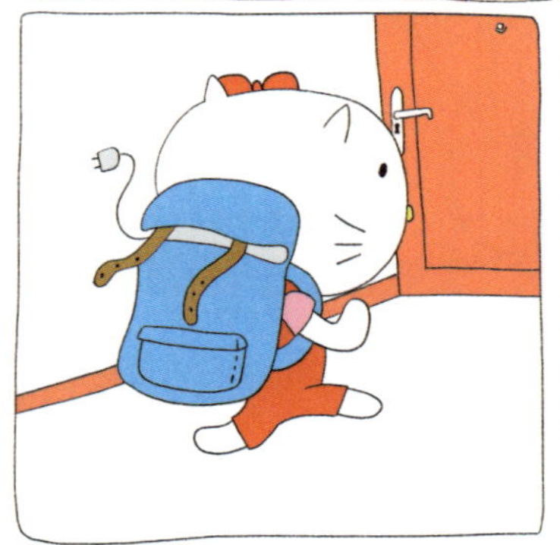

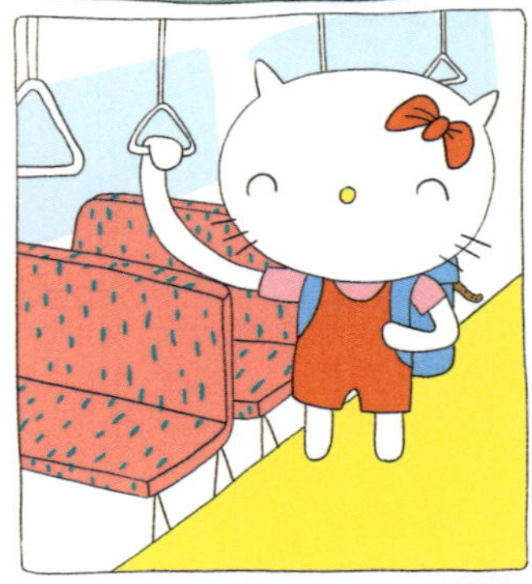

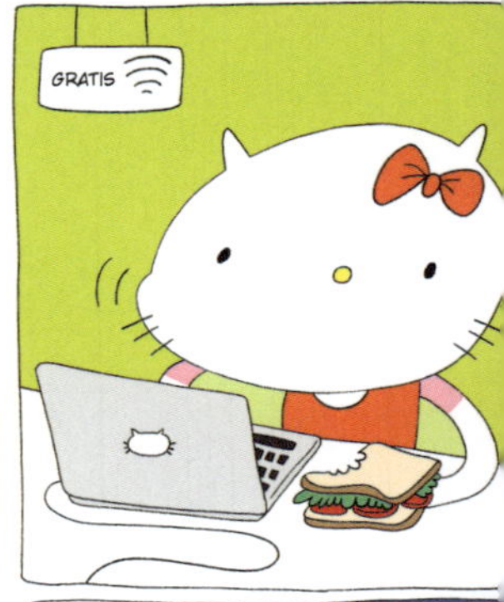
GRATIS

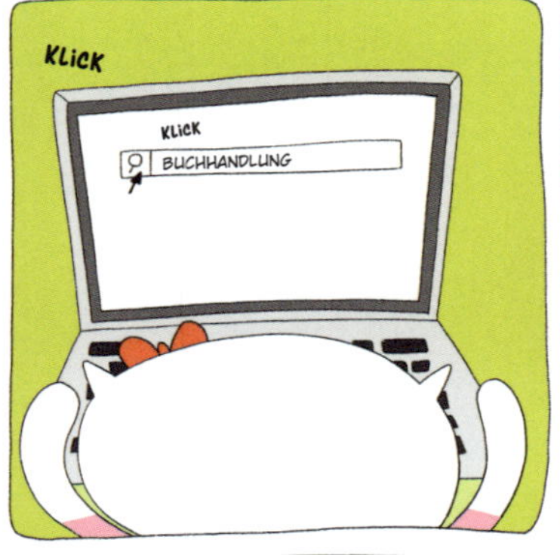
KLICK
KLICK
BUCHHANDLUNG

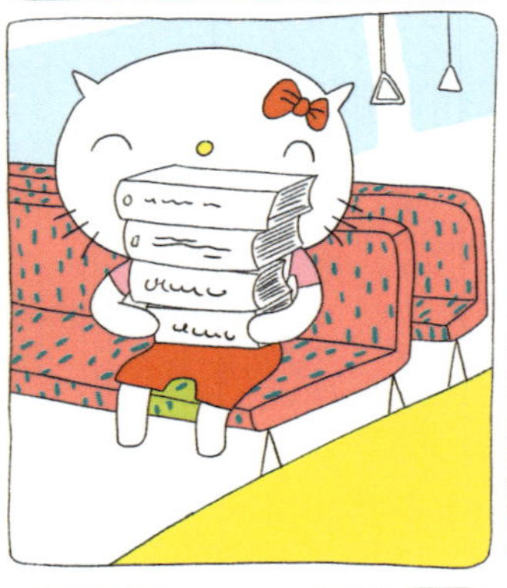

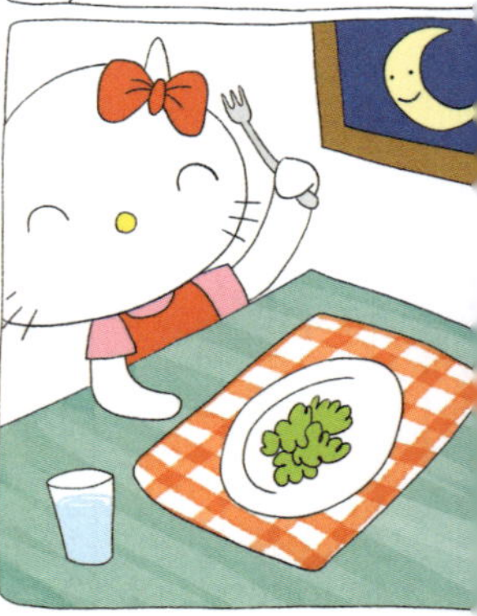

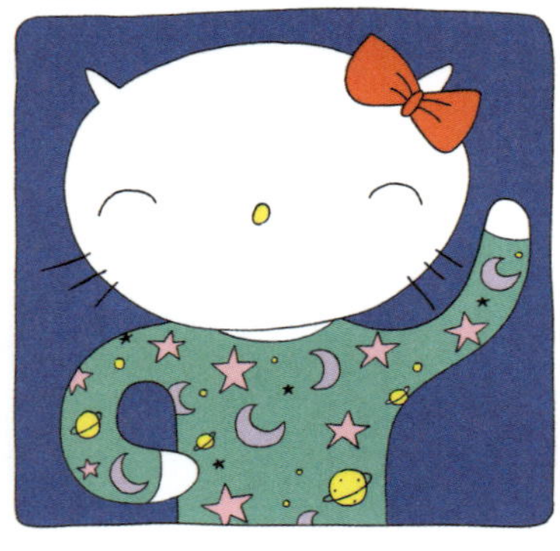

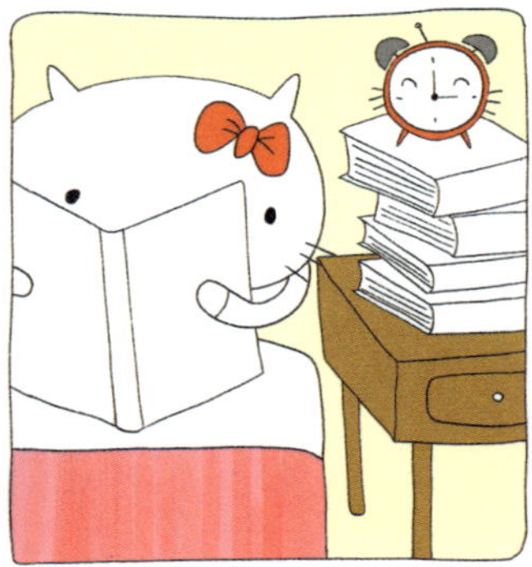

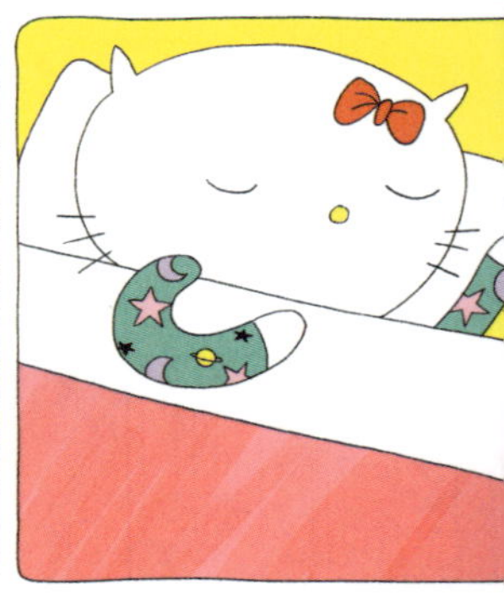

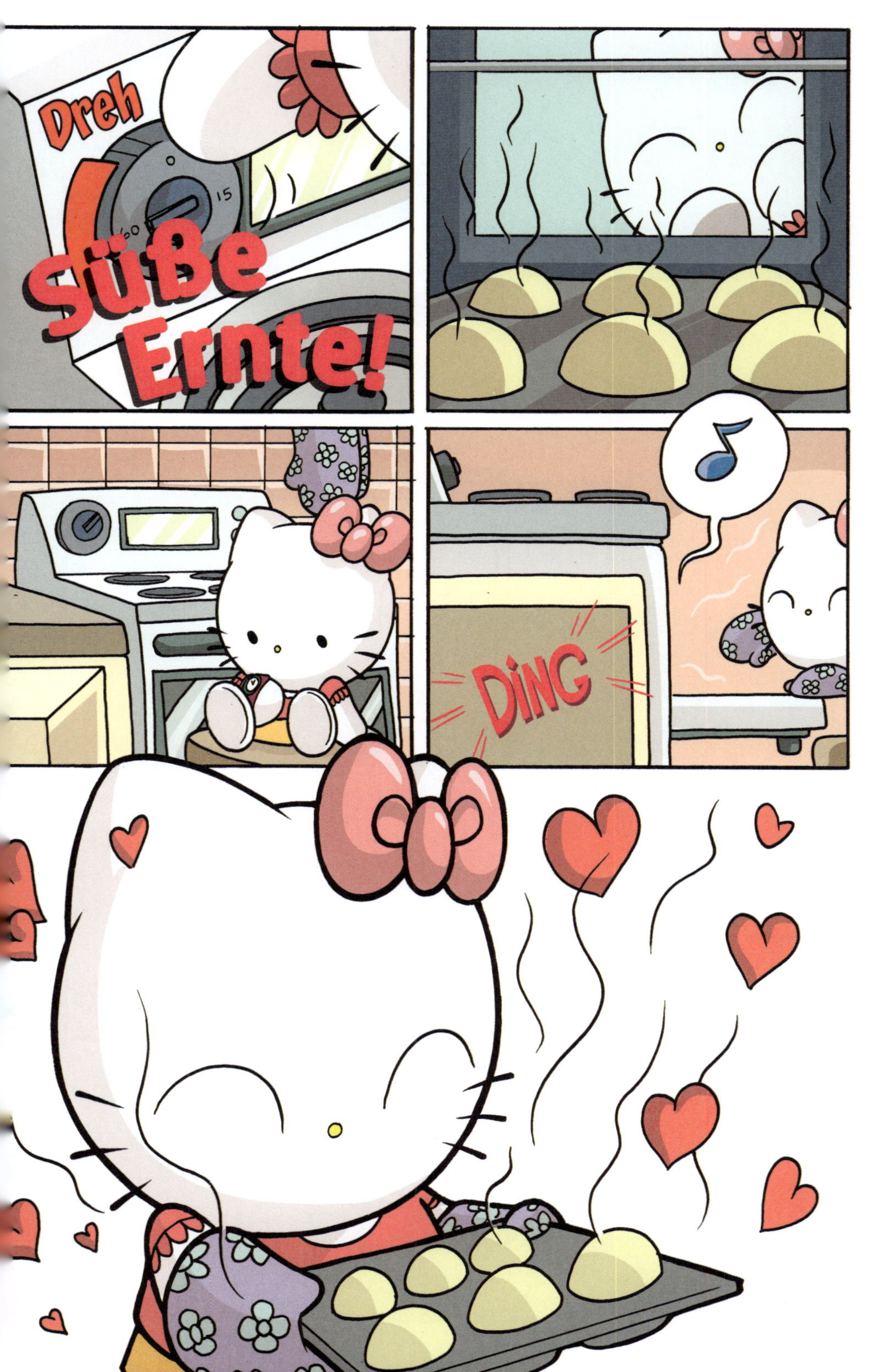

Dreh
Süße Ernte!
DING

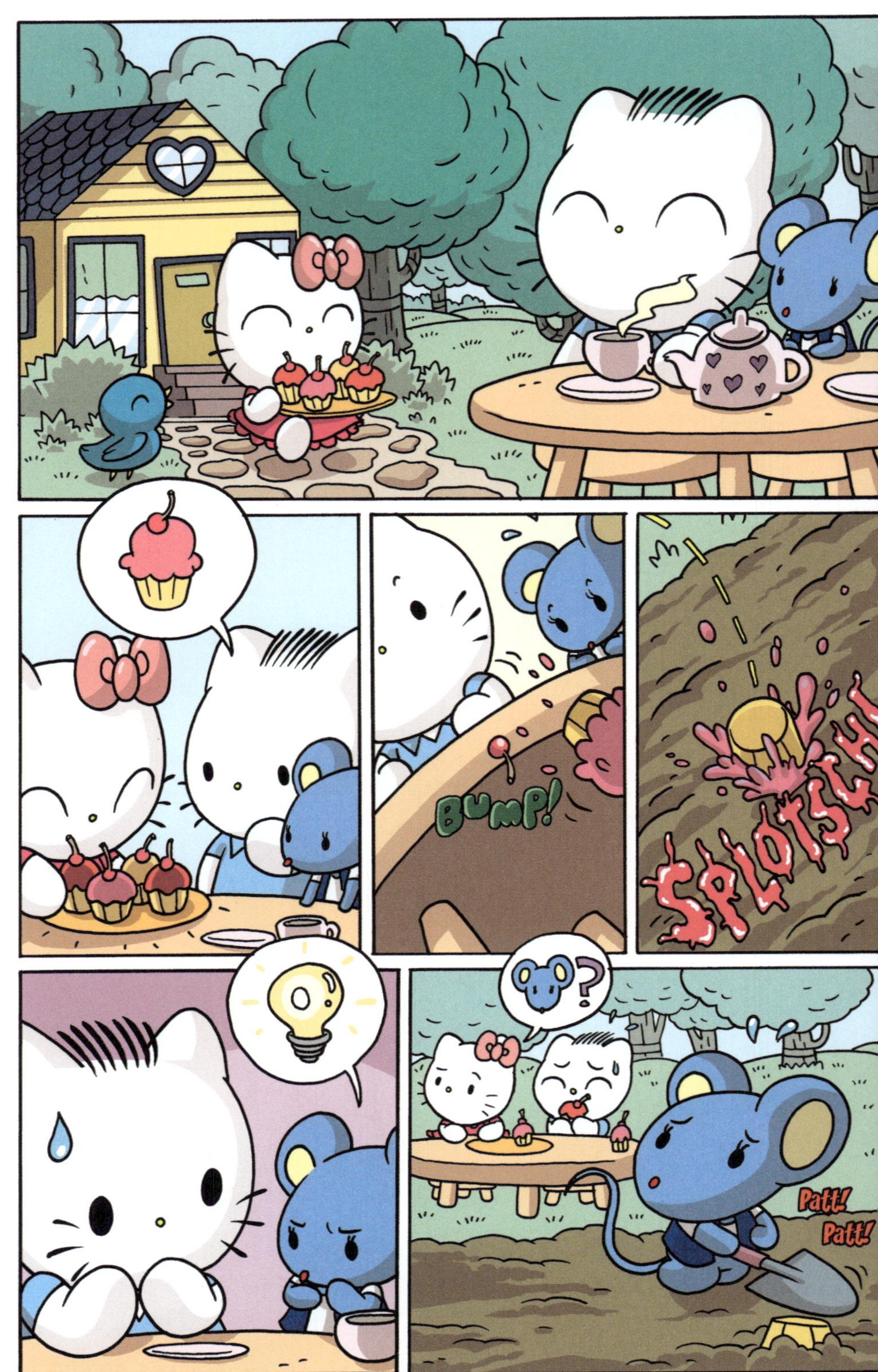

BUMP!
SPLOTSCH!
Patt!
Patt!

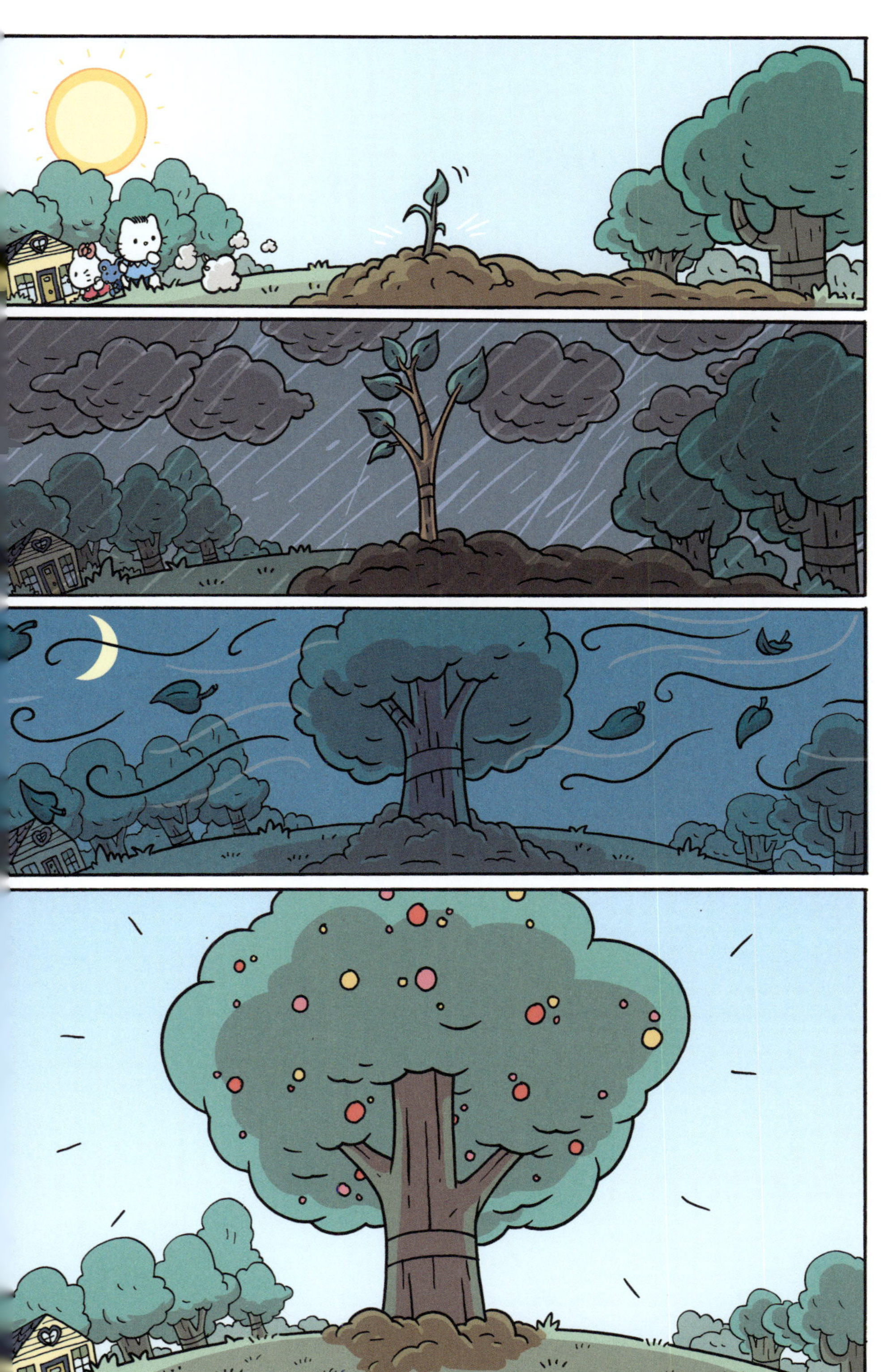

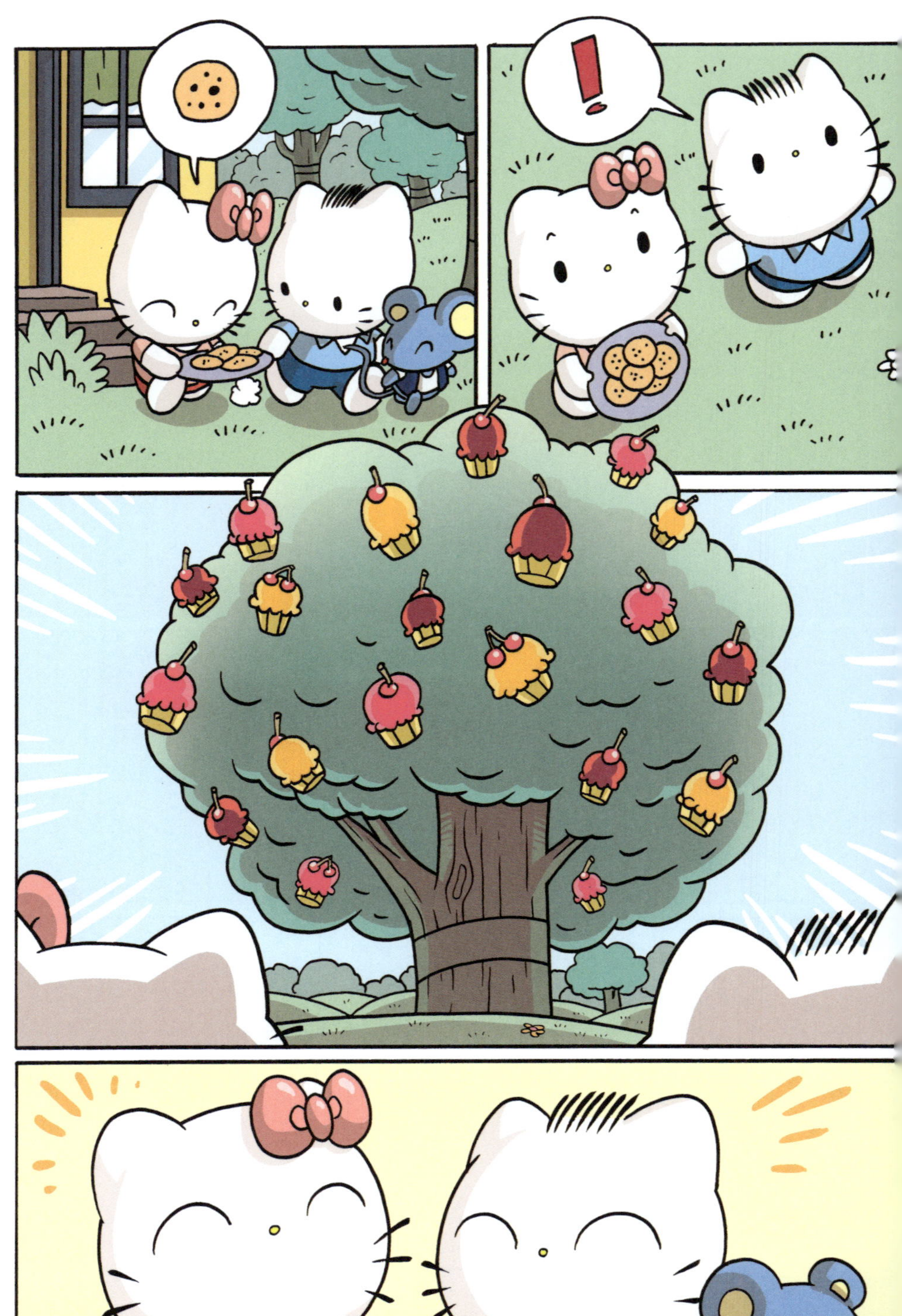

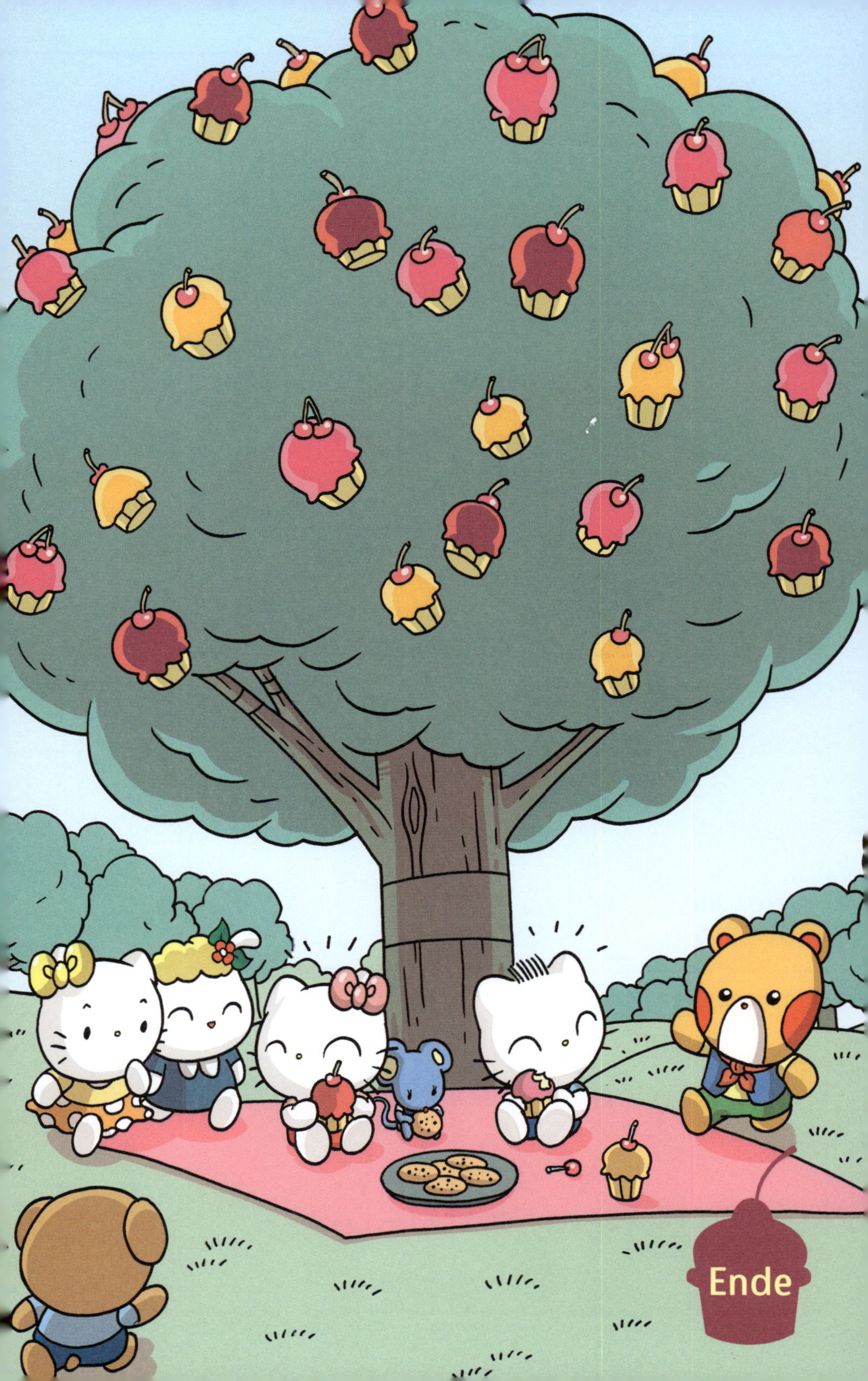
Ende

Die Kuckucksuhr

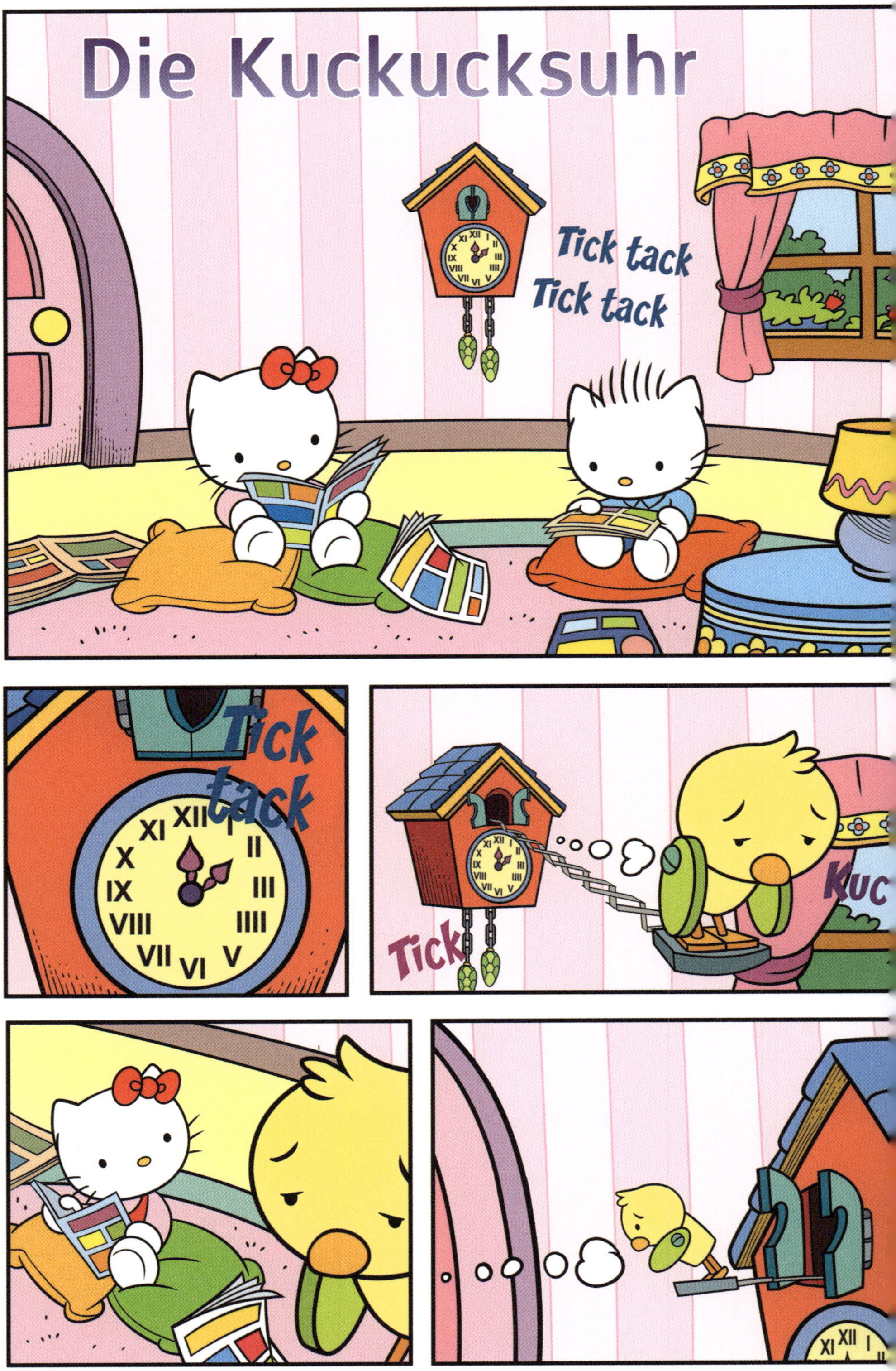

Tick tack
Tick tack

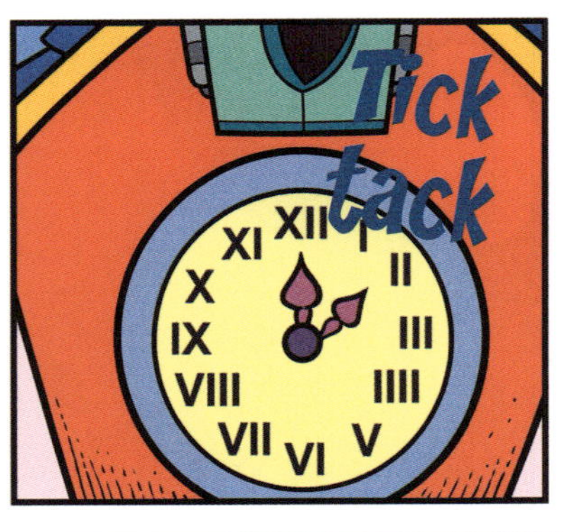

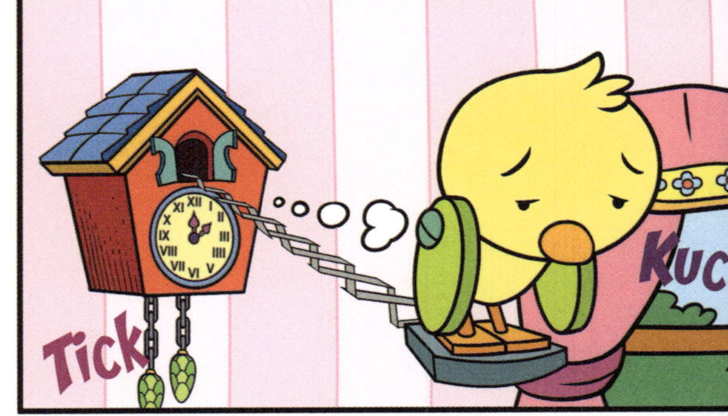

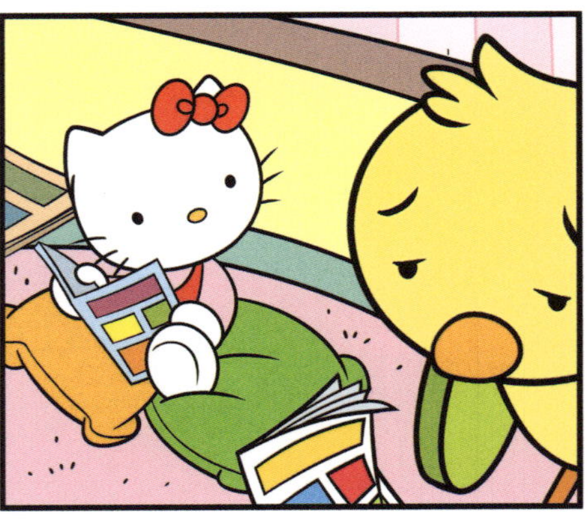

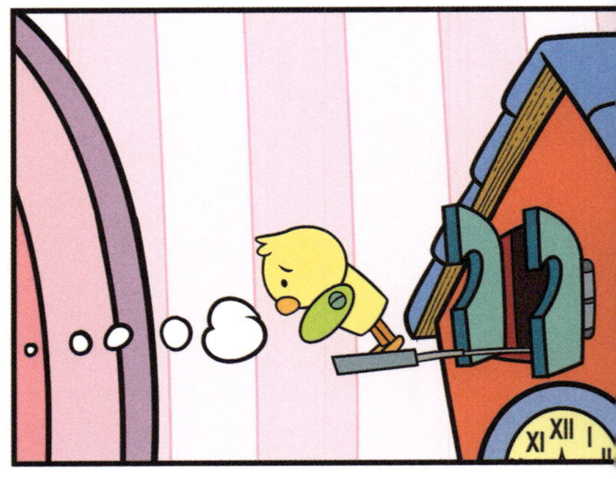

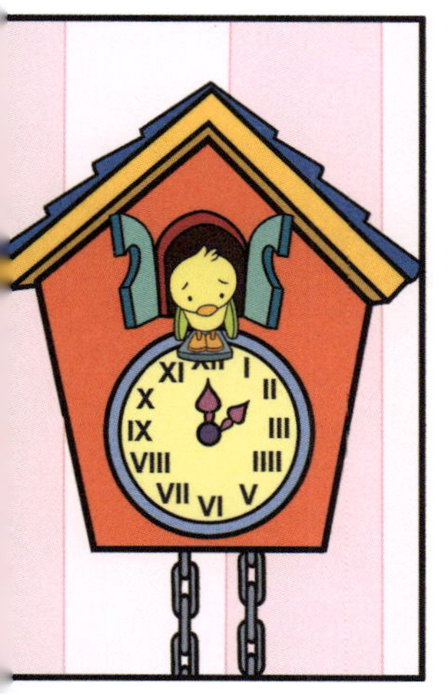

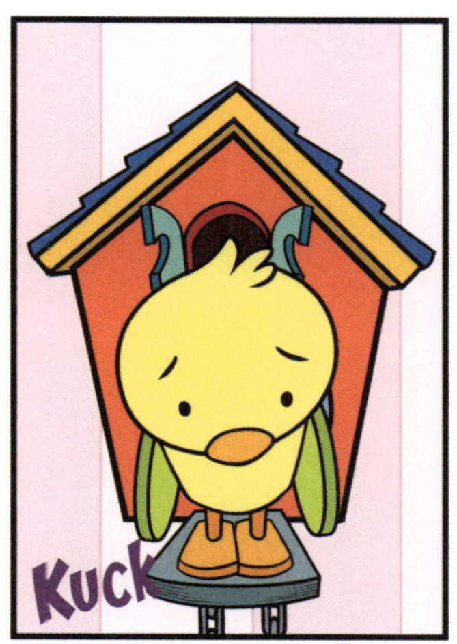
Kuck

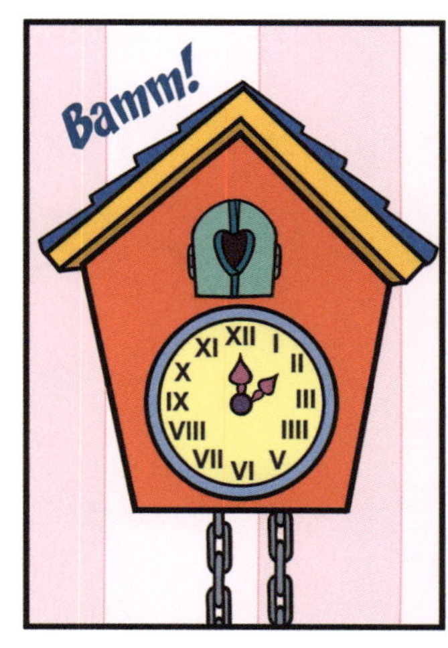
Bamm!

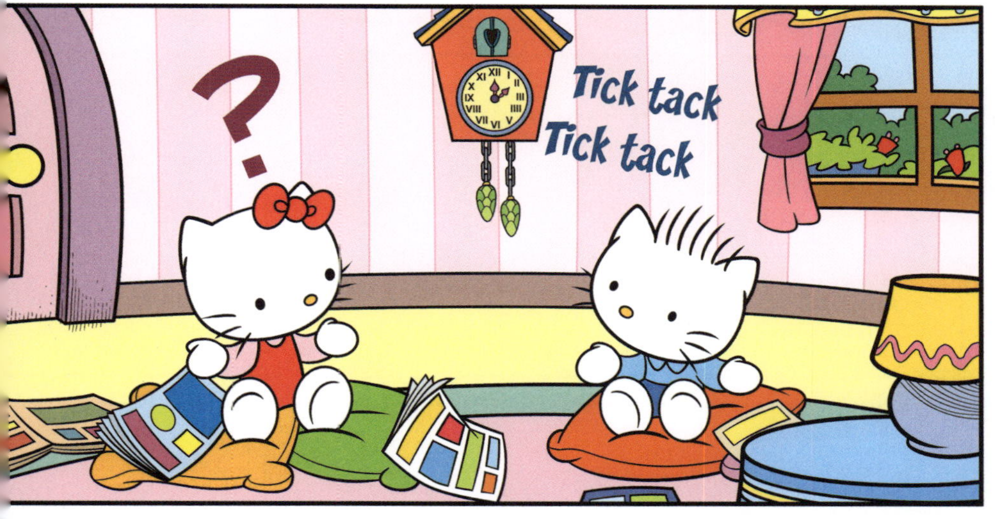
?
Tick tack
Tick tack

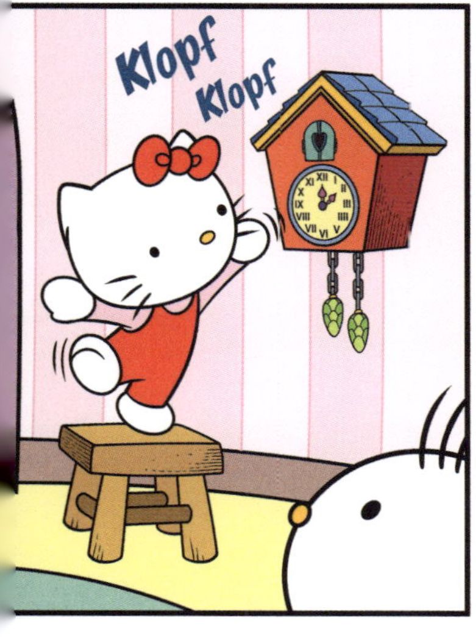
Klopf
Klopf

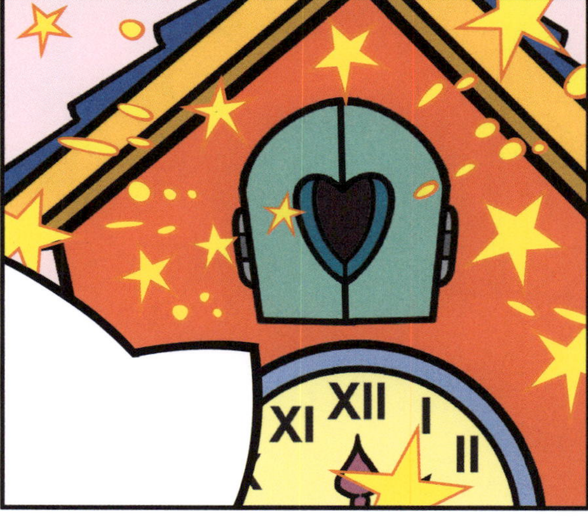

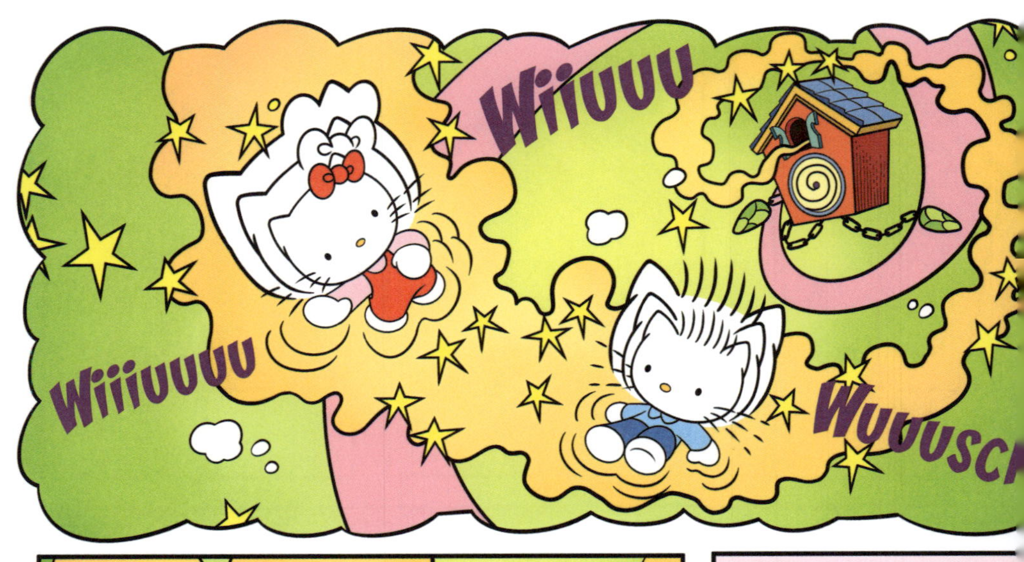
Wiiiuuuu
Wiiuuu
Wuuusc

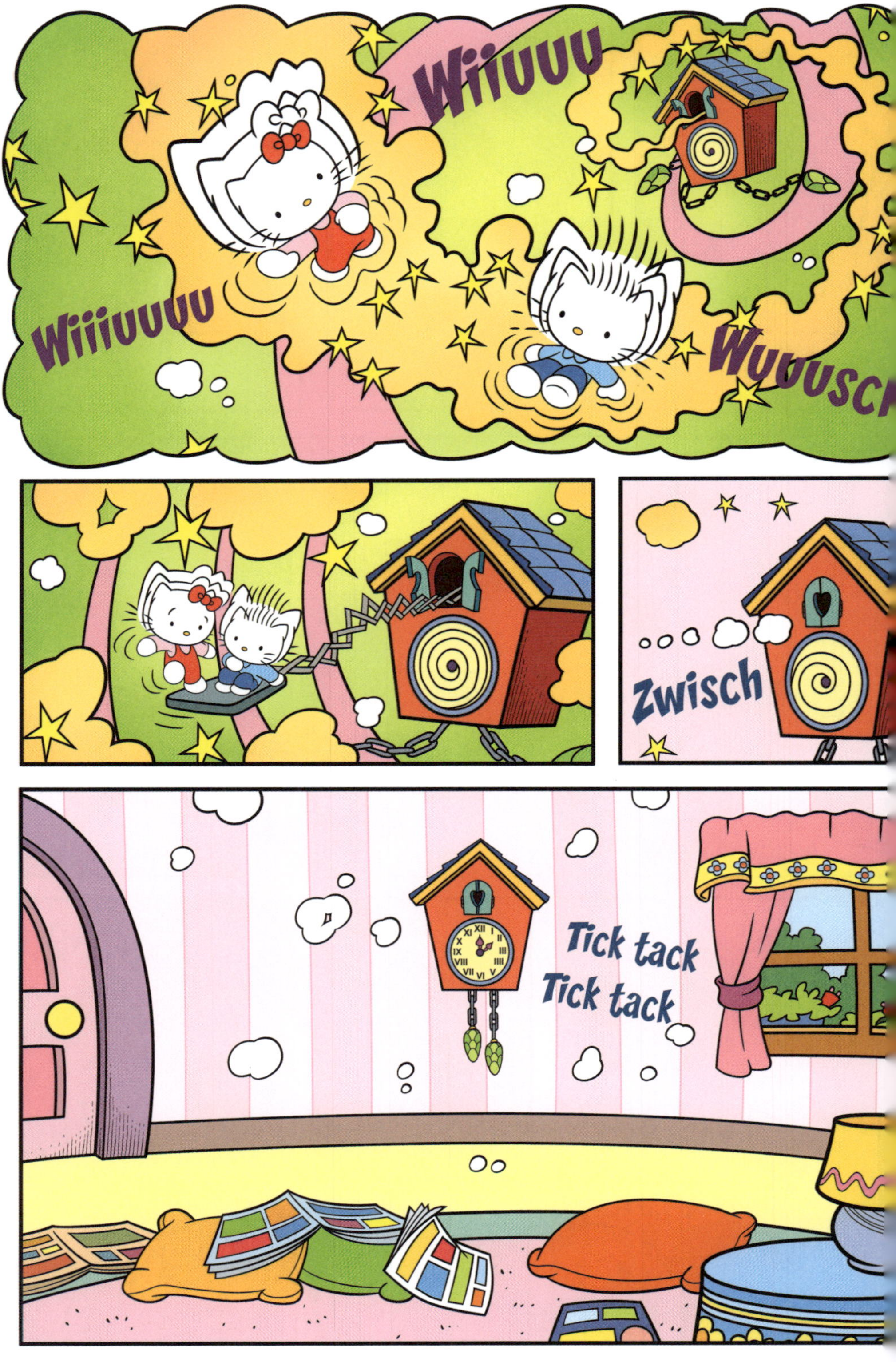

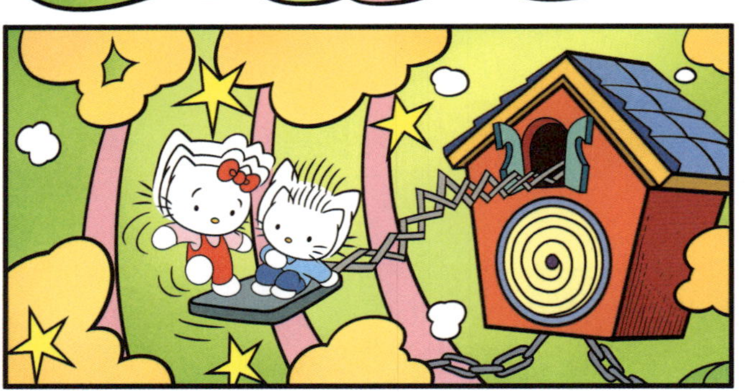

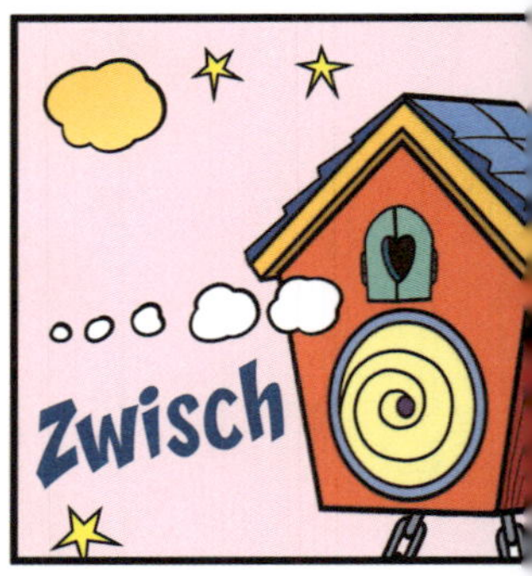
Zwisch

Tick tack
Tick tack

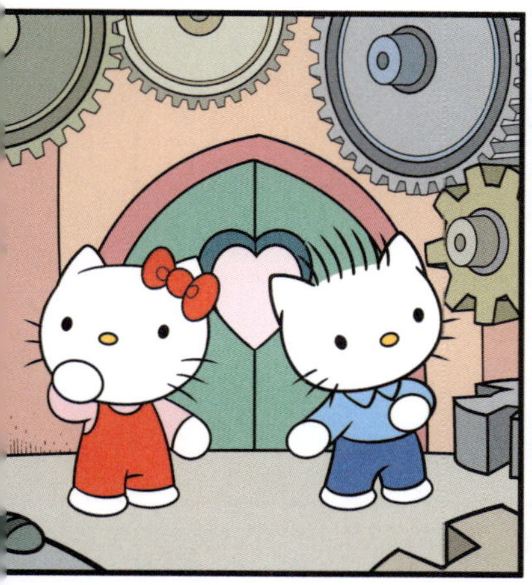
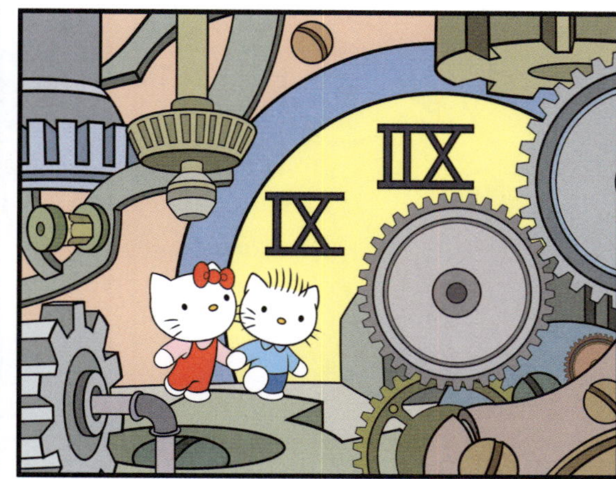
IX
IIX
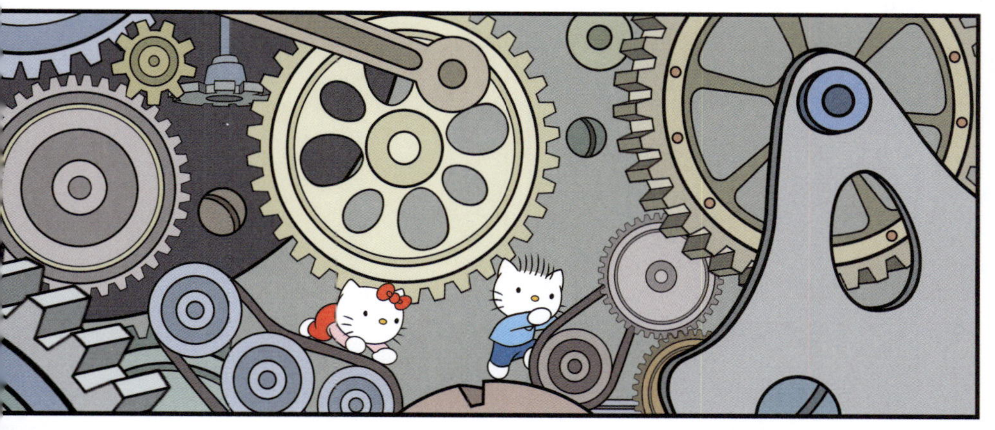
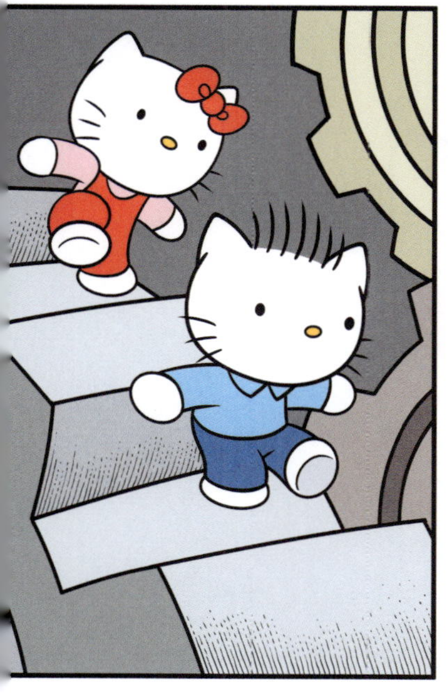
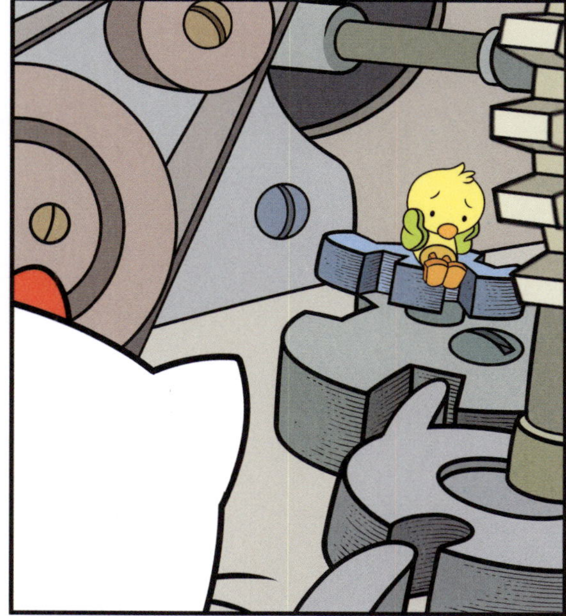

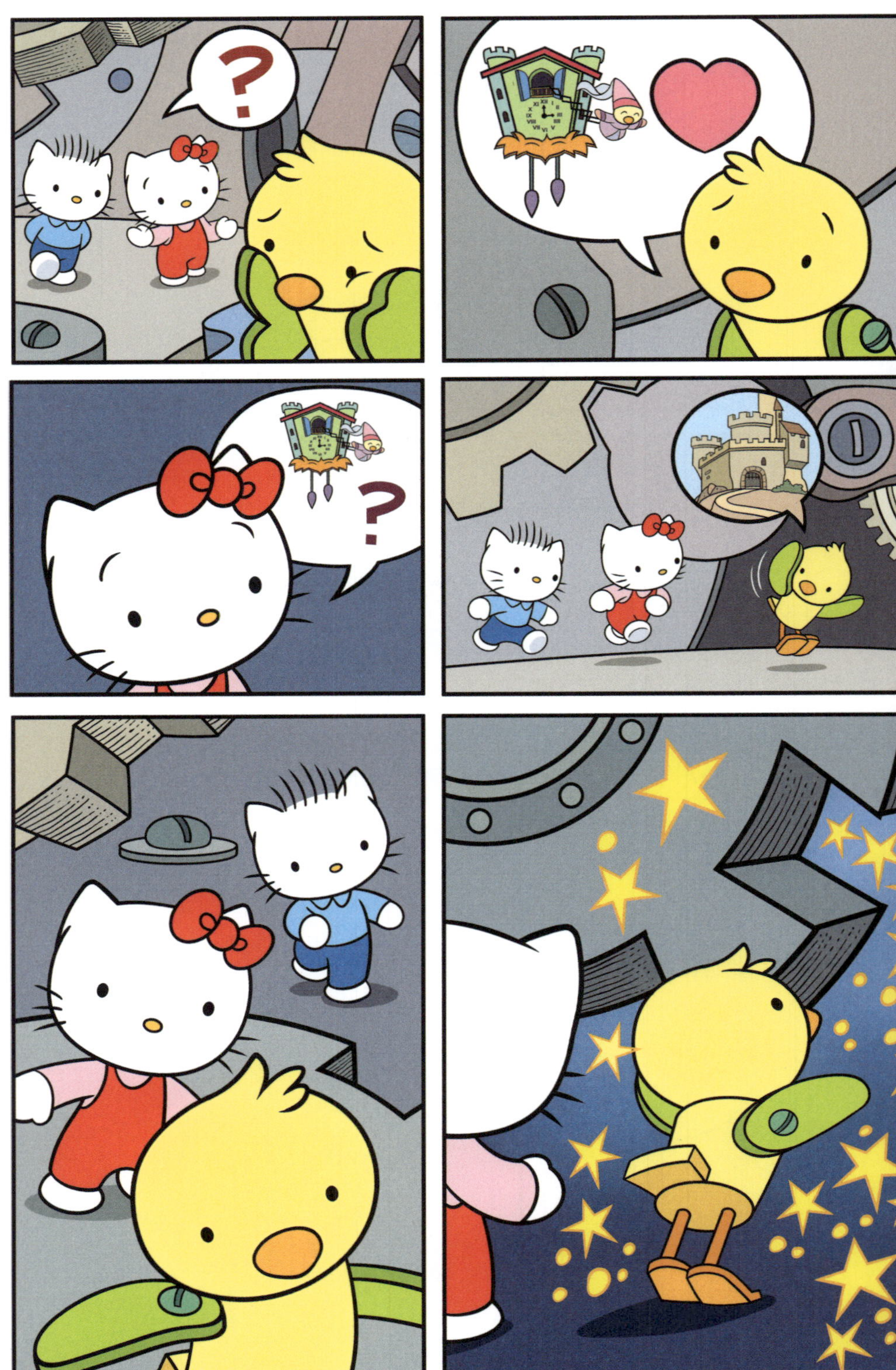

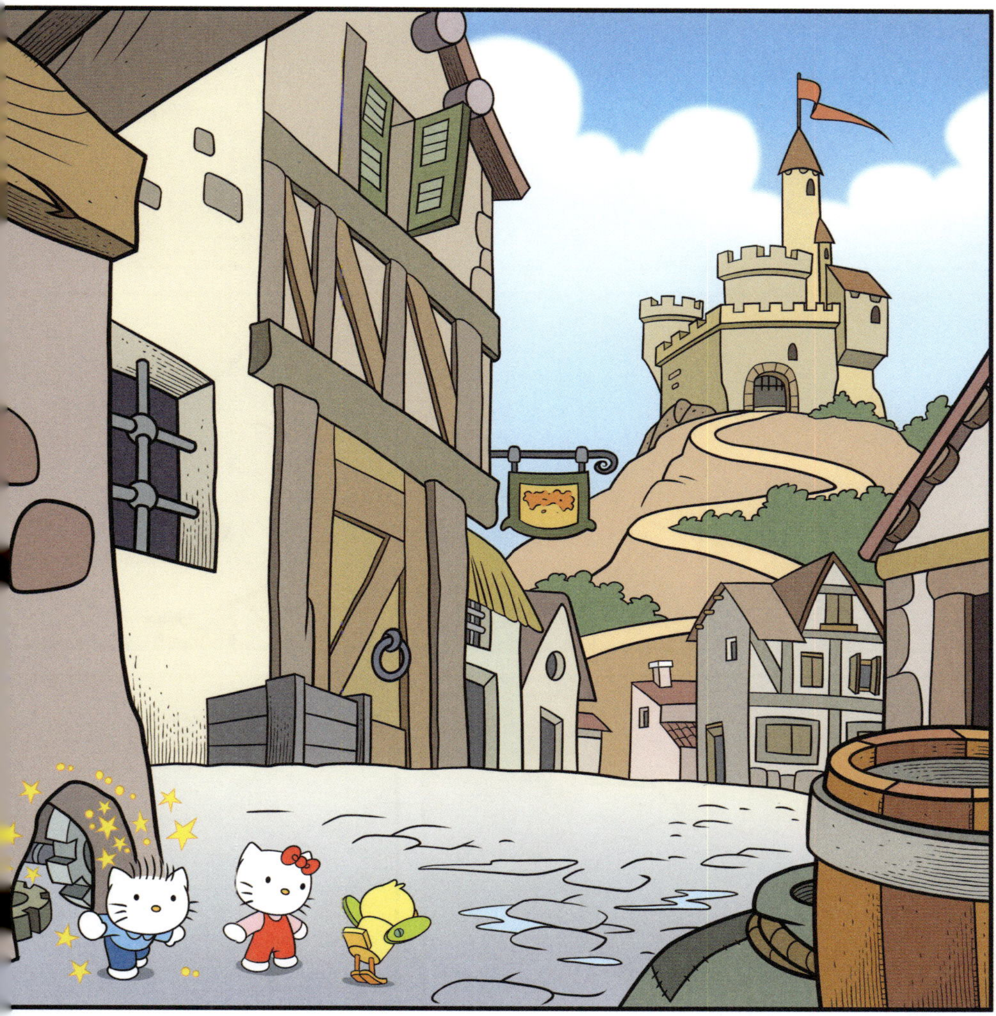

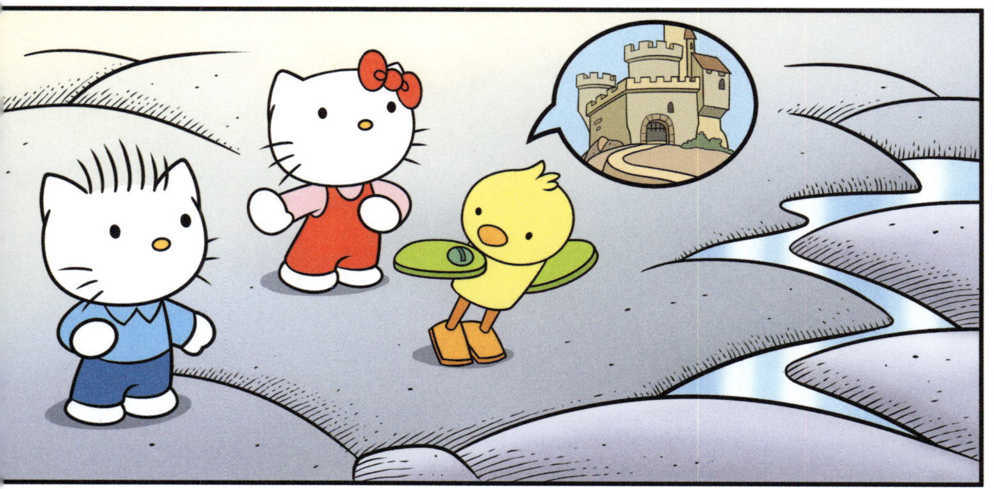

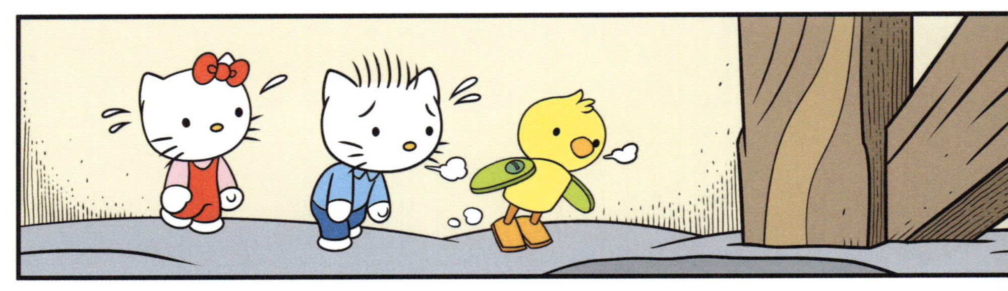
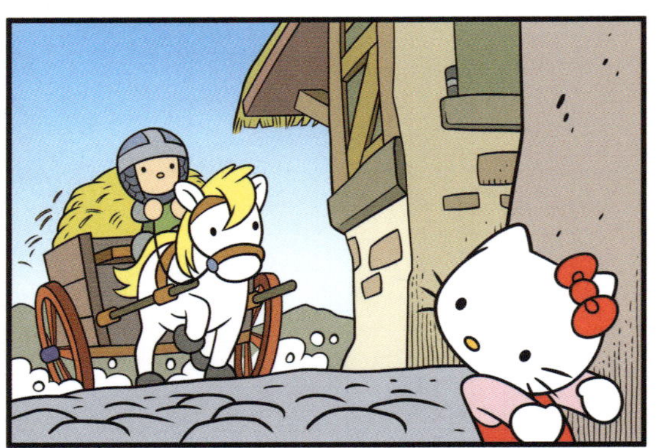
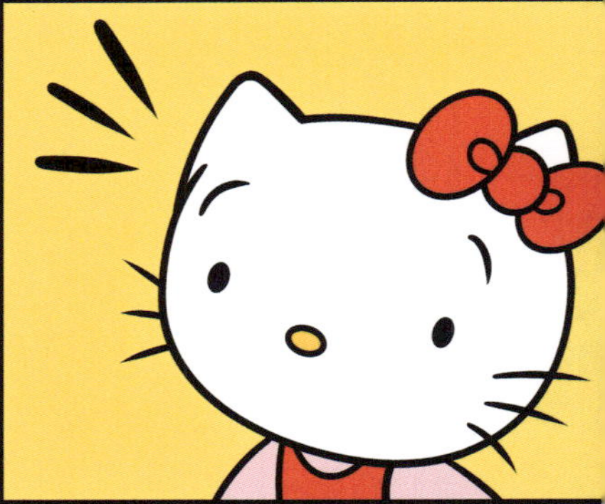
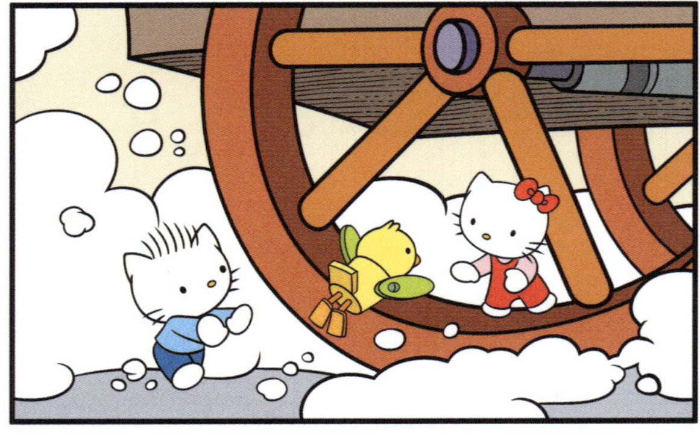
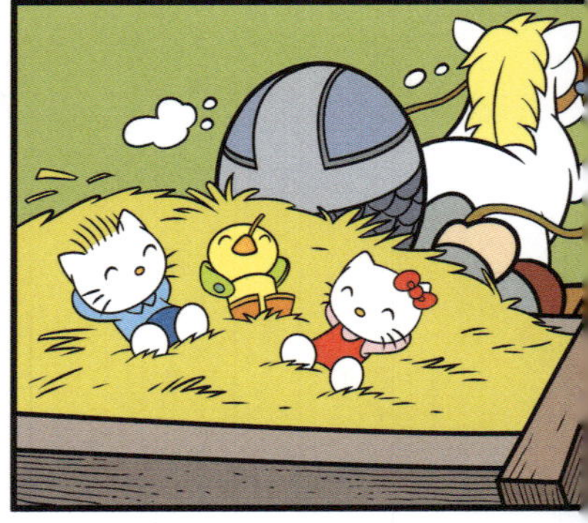
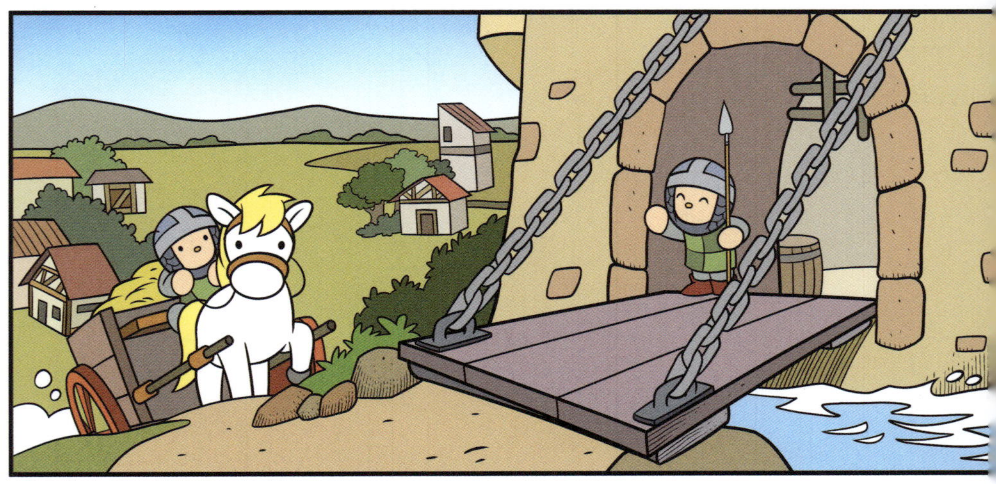

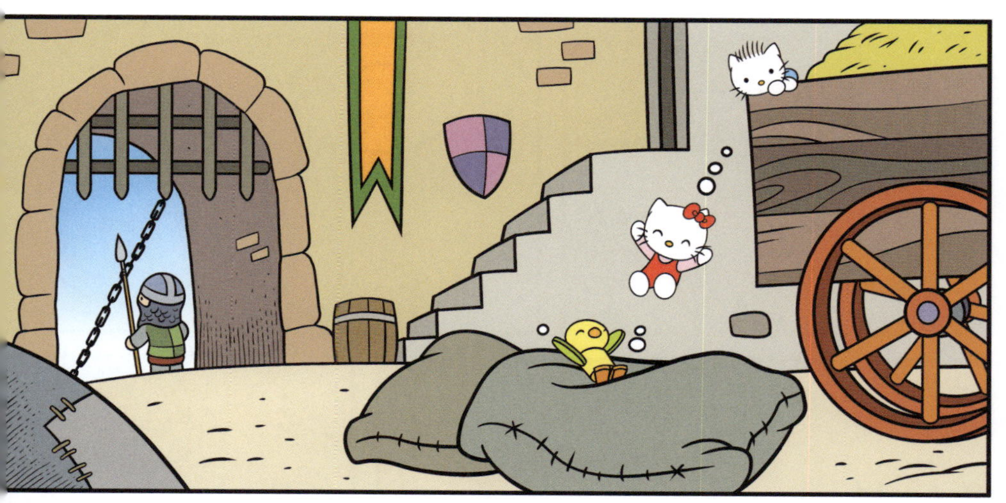
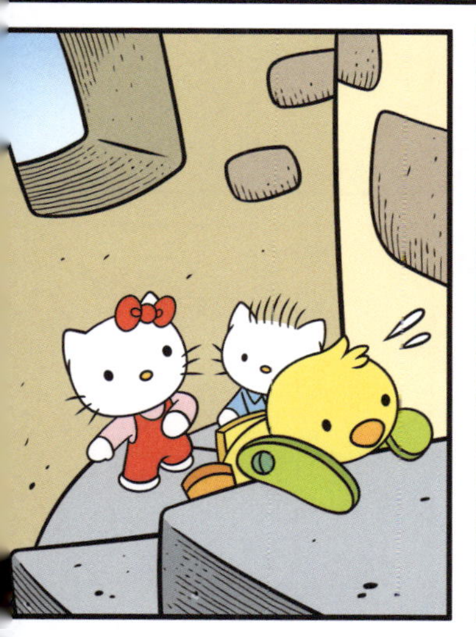
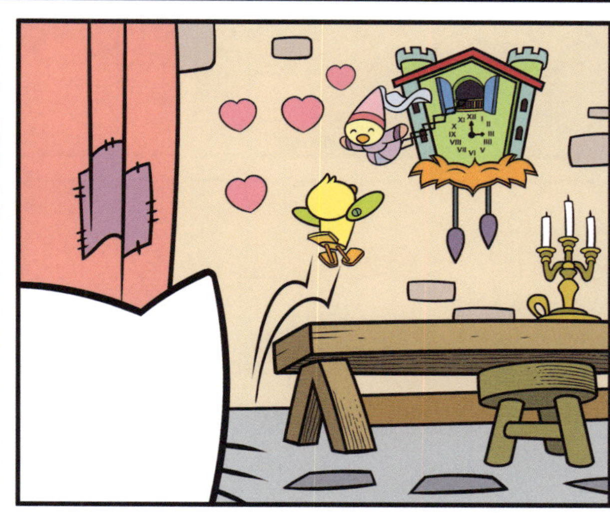
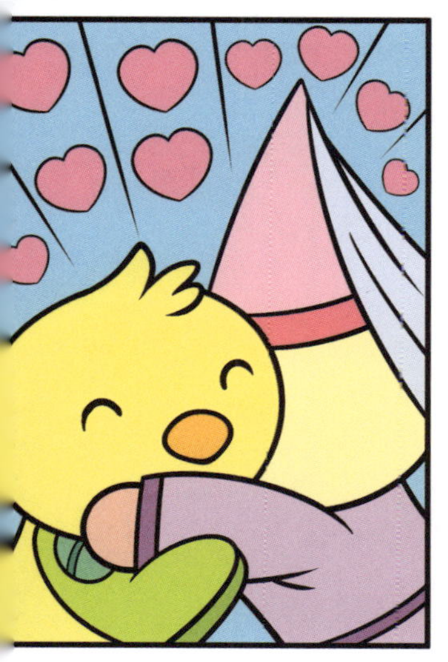
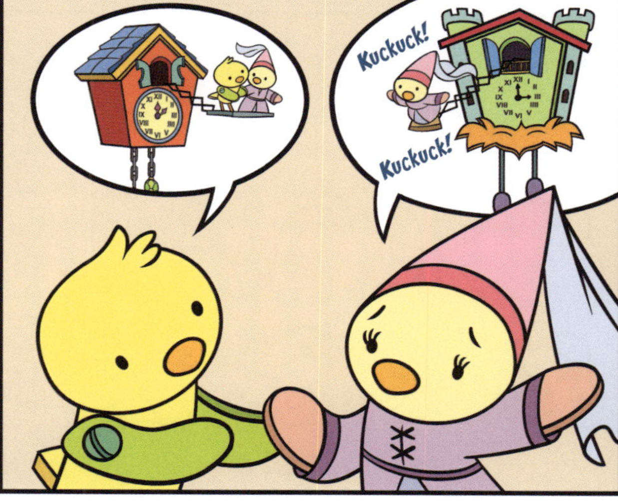
Kuckuck!
Kuckuck!

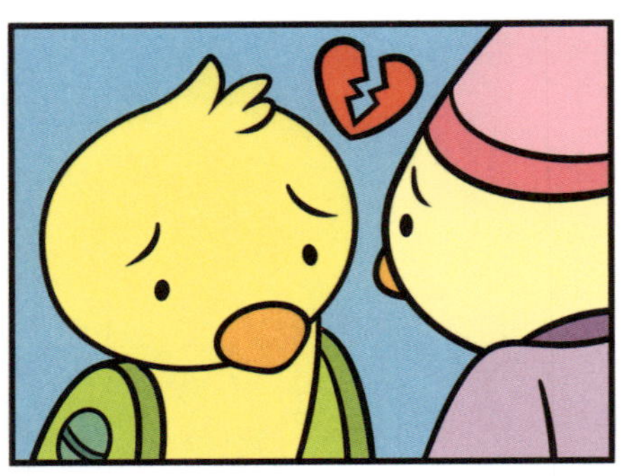
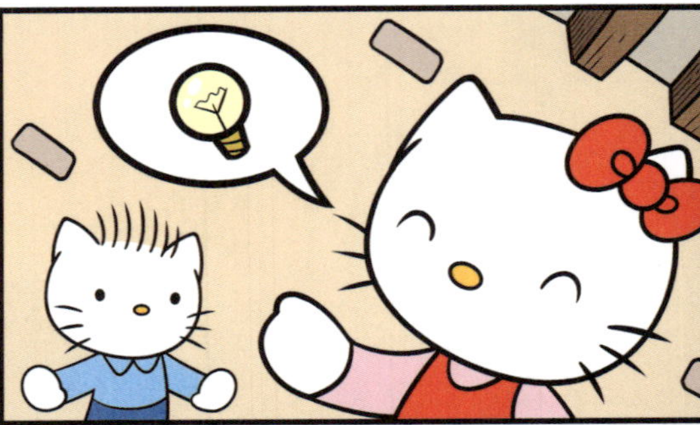
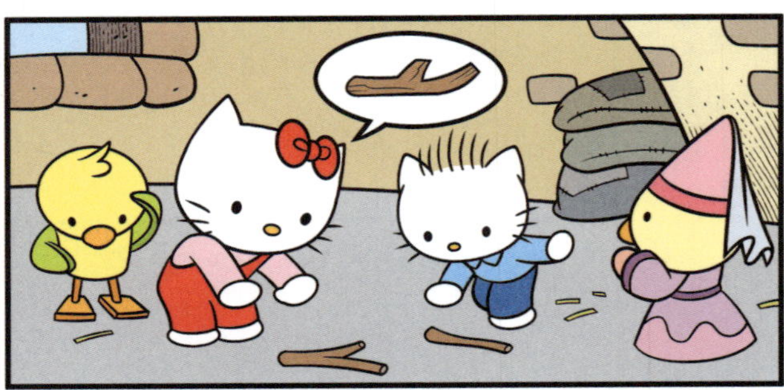
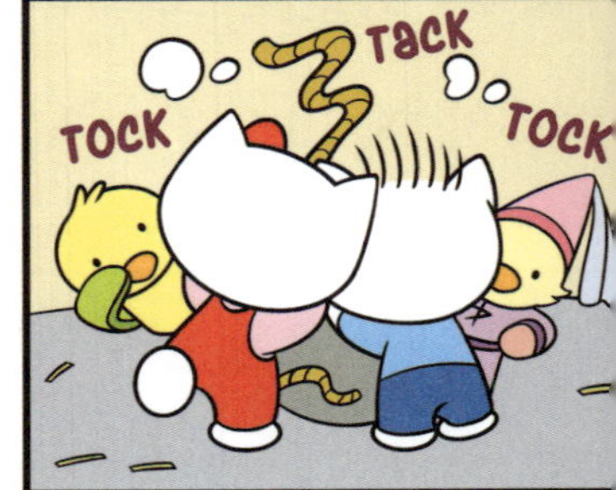
TOCK
TACK
TOCK
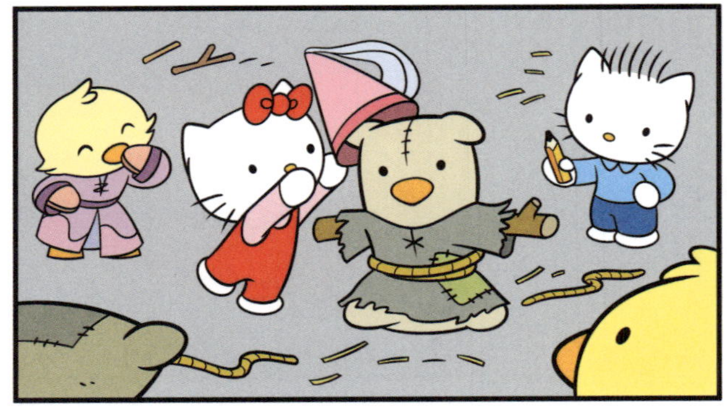
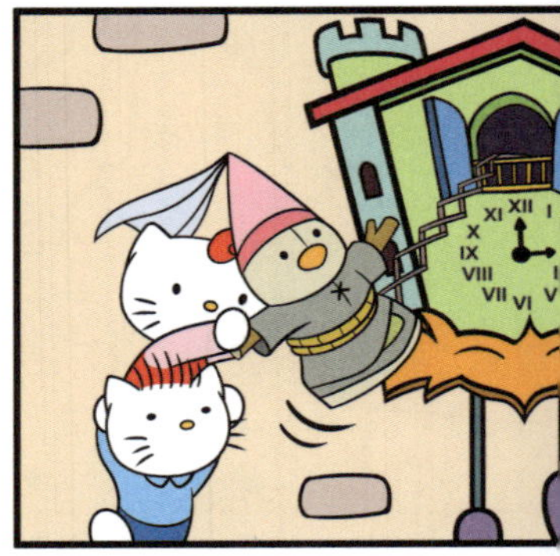
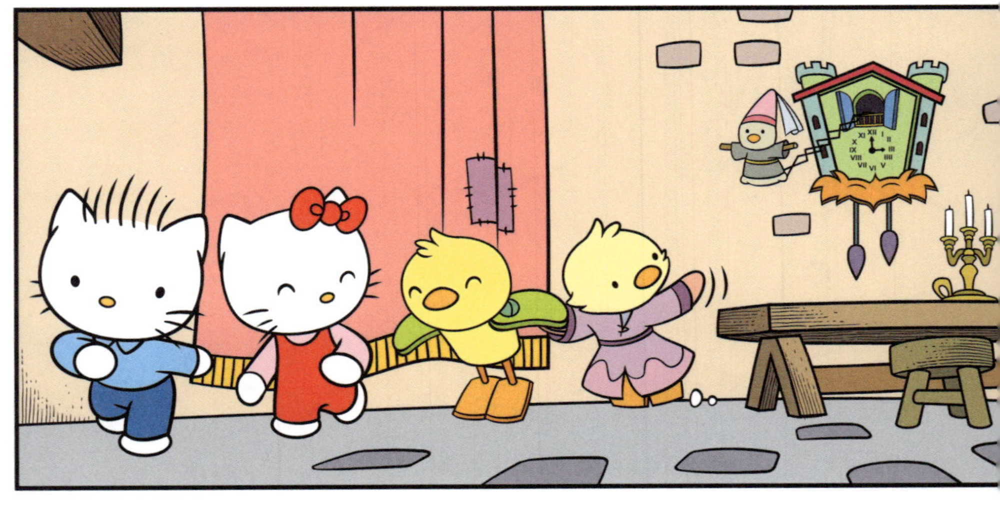

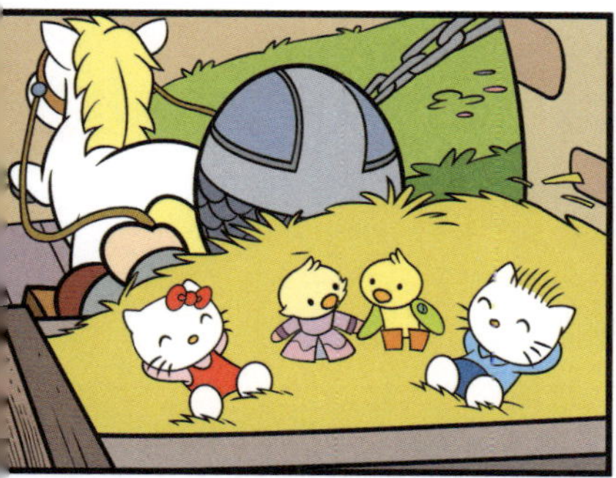

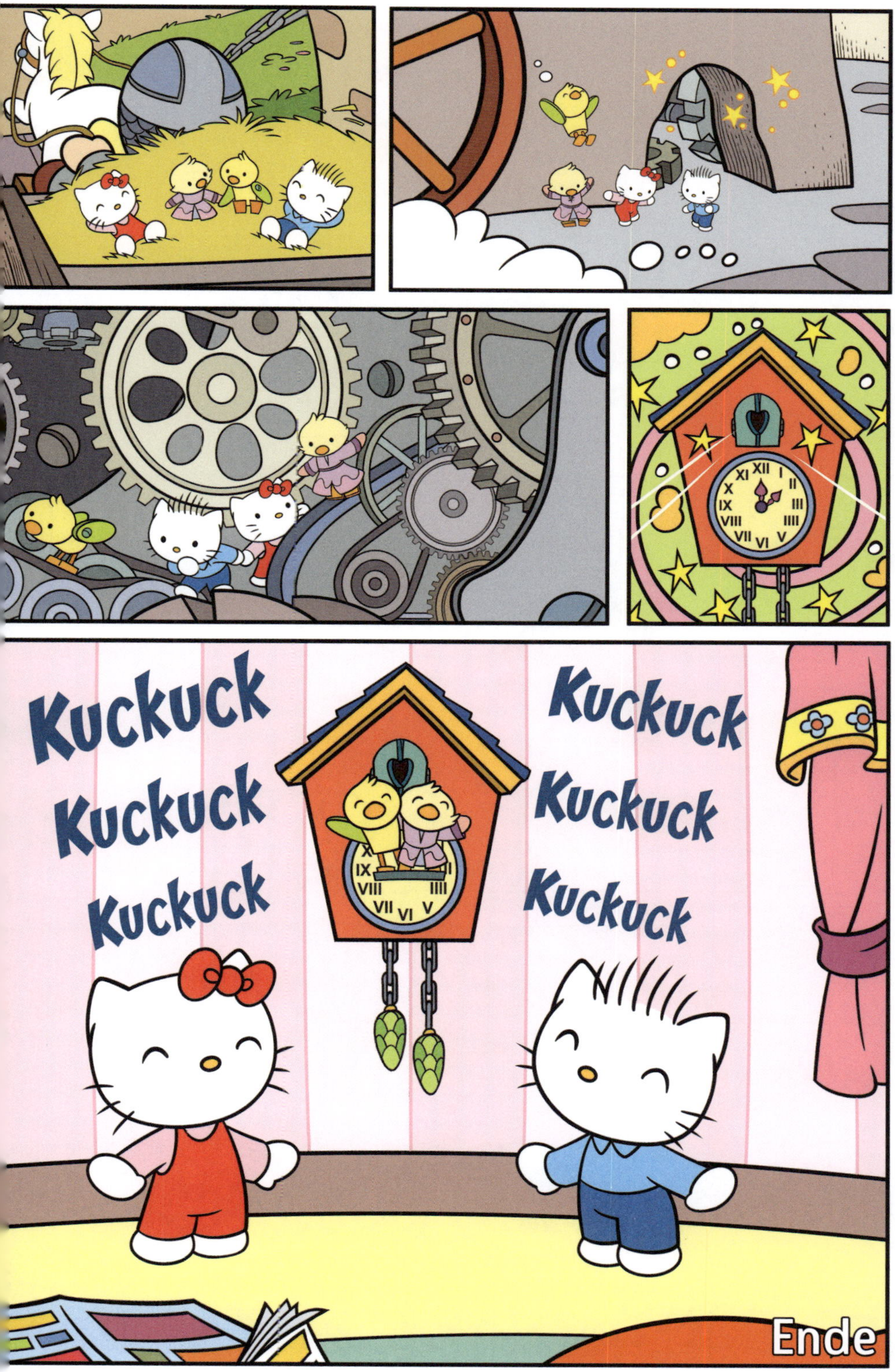

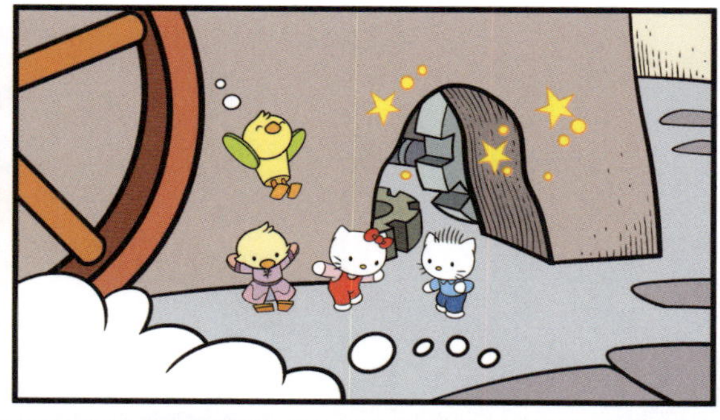

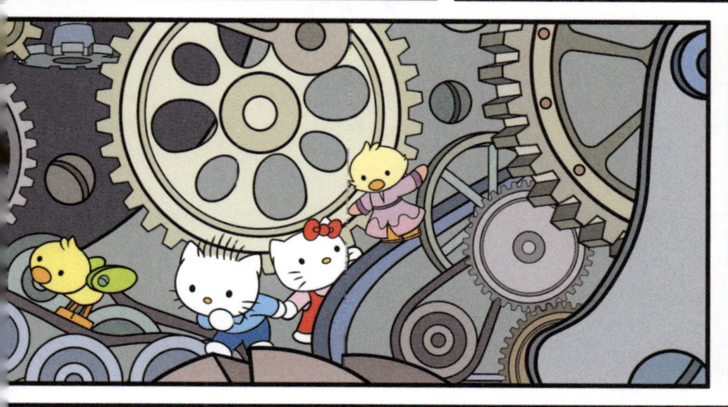

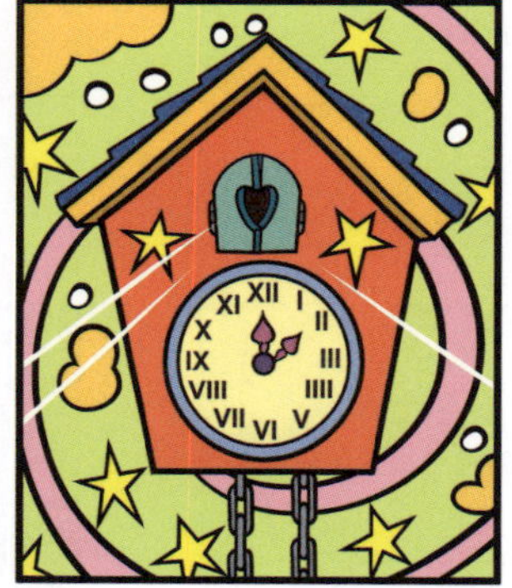

Kuckuck
Kuckuck
Kuckuck

Kuckuck
Kuckuck
Kuckuck

Ende

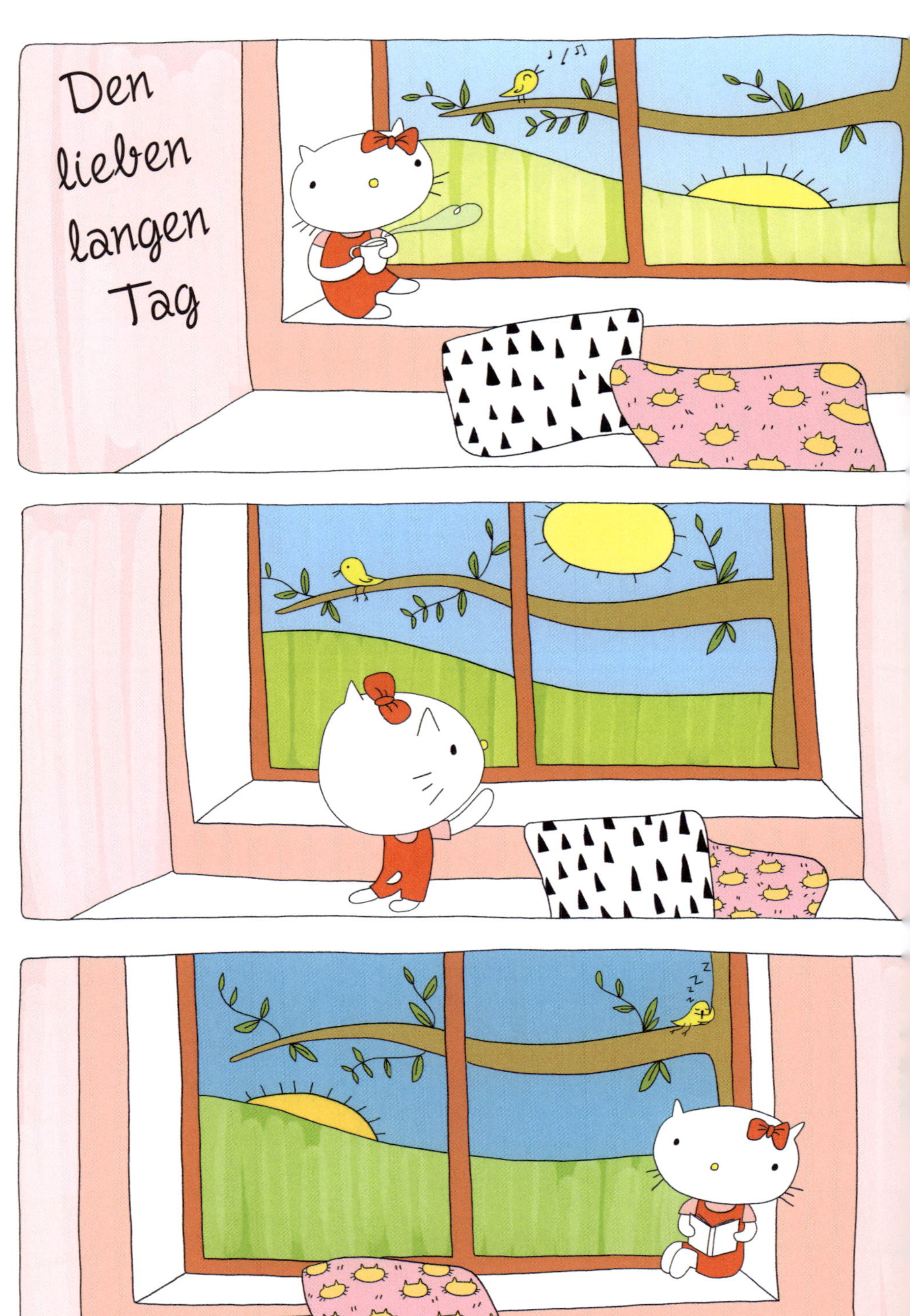
Den lieben langen Tag

Geburtstagsüberraschung!

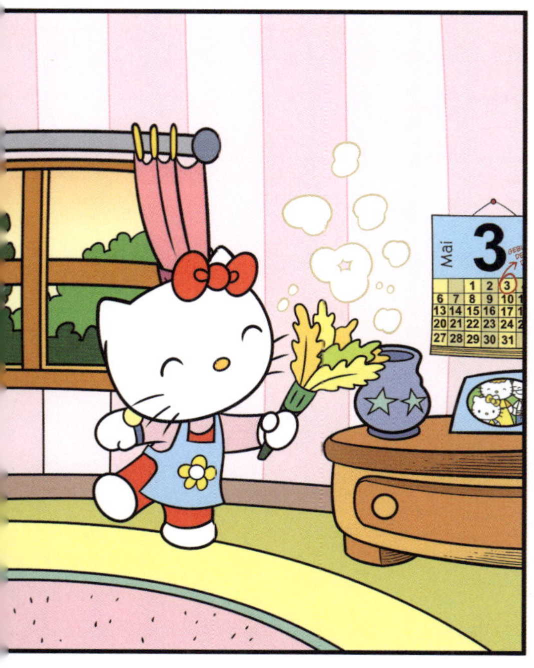

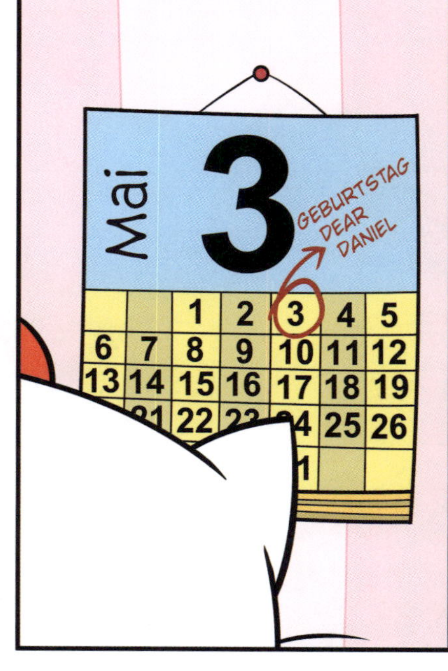

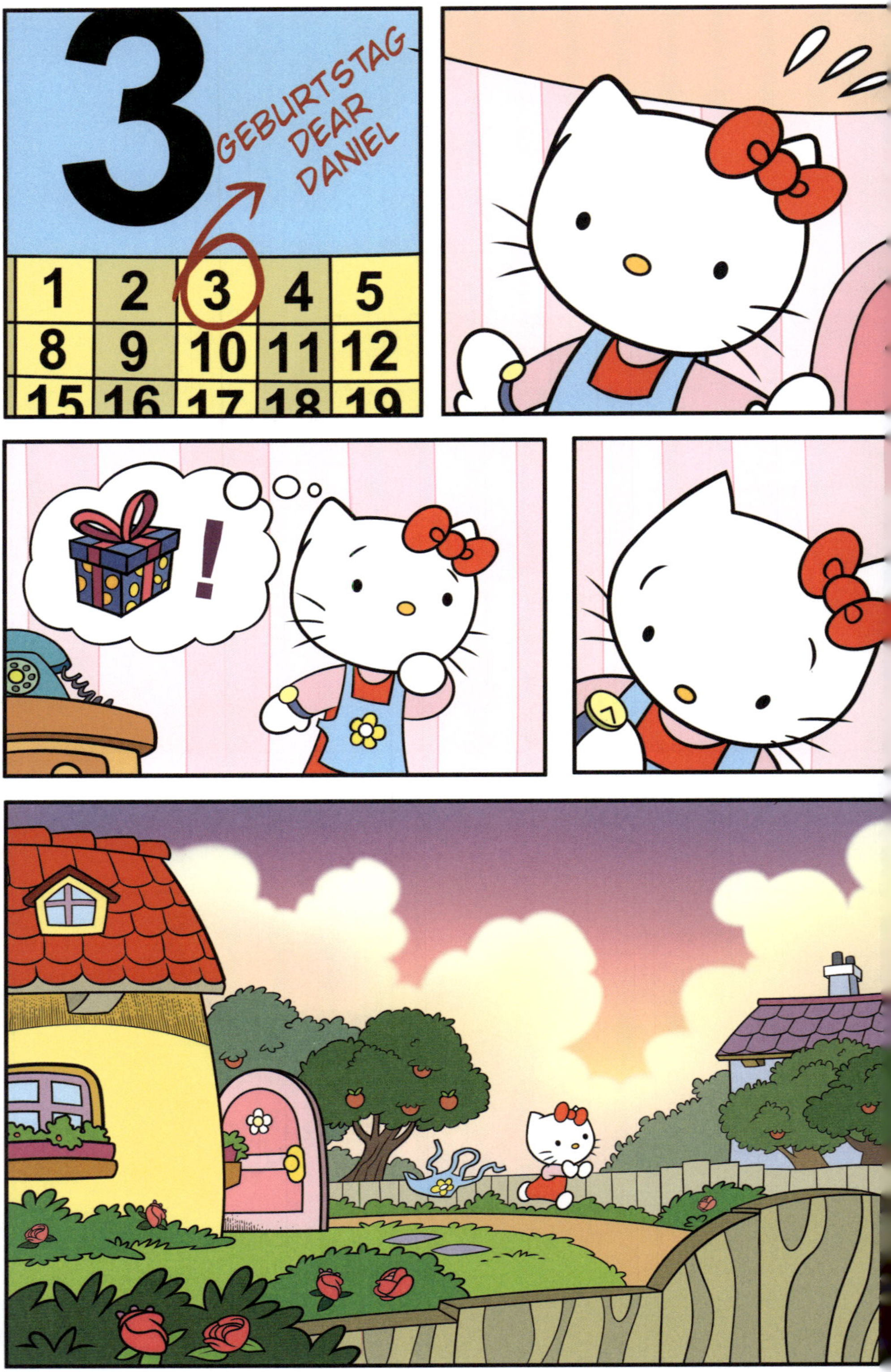

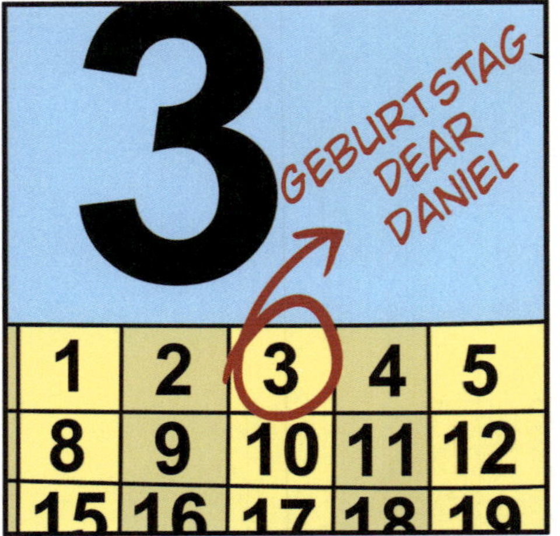
3
GEBURTSTAG
DEAR
DANIEL
1 2 3 4 5
8 9 10 11 12

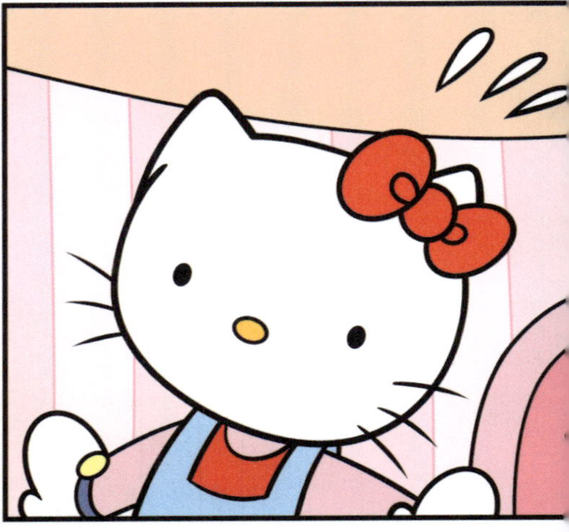

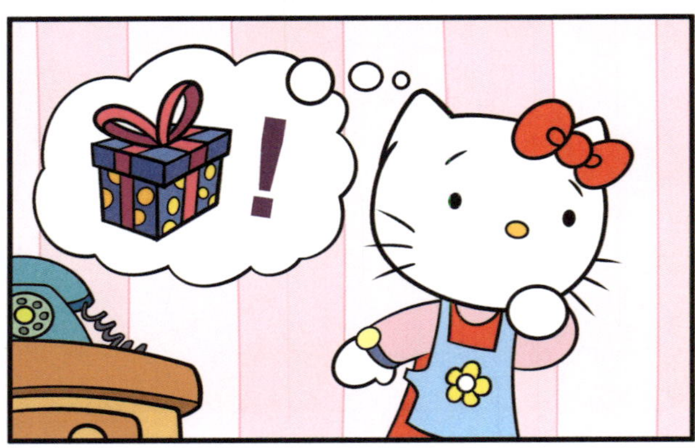
!

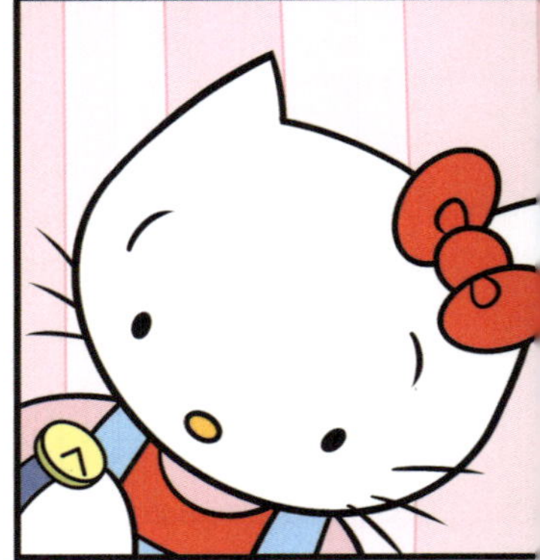

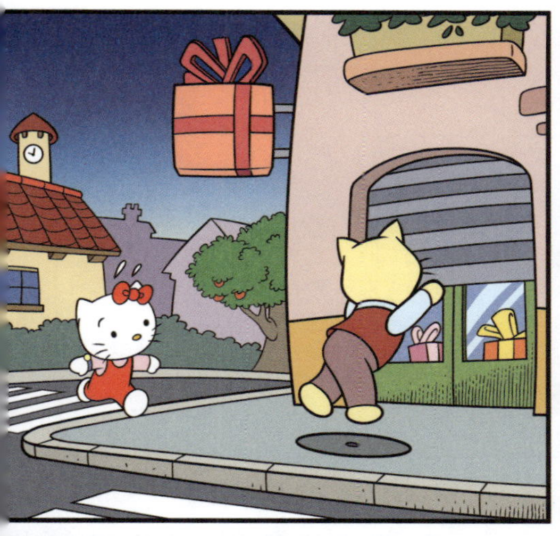

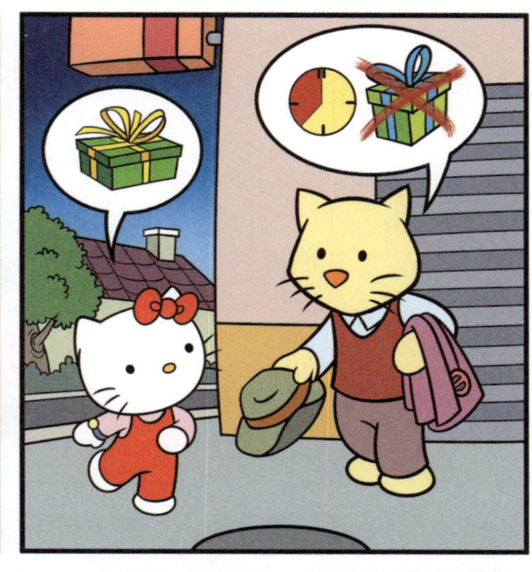

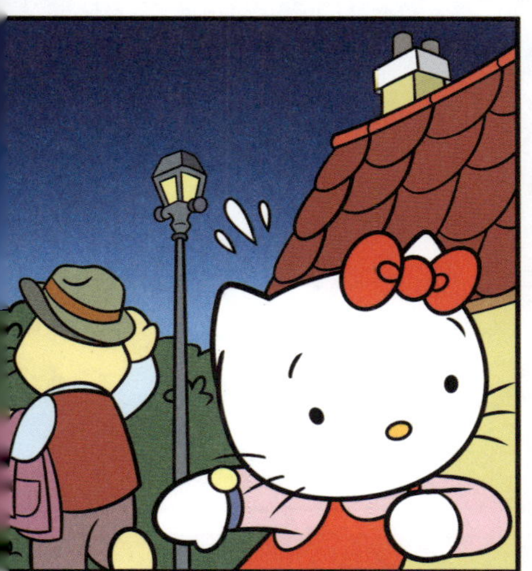

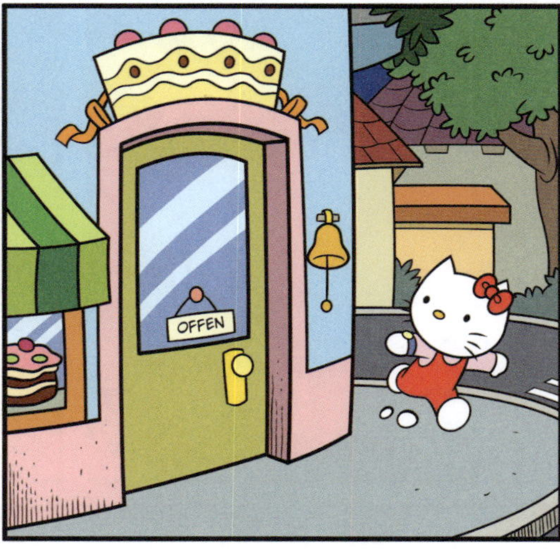
OFFEN

GESCHLOSS

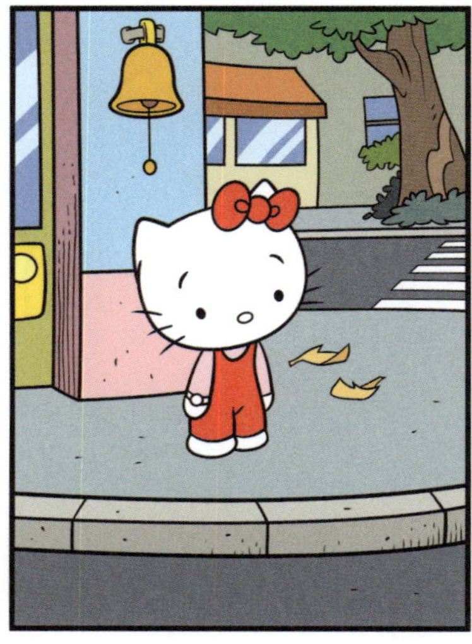

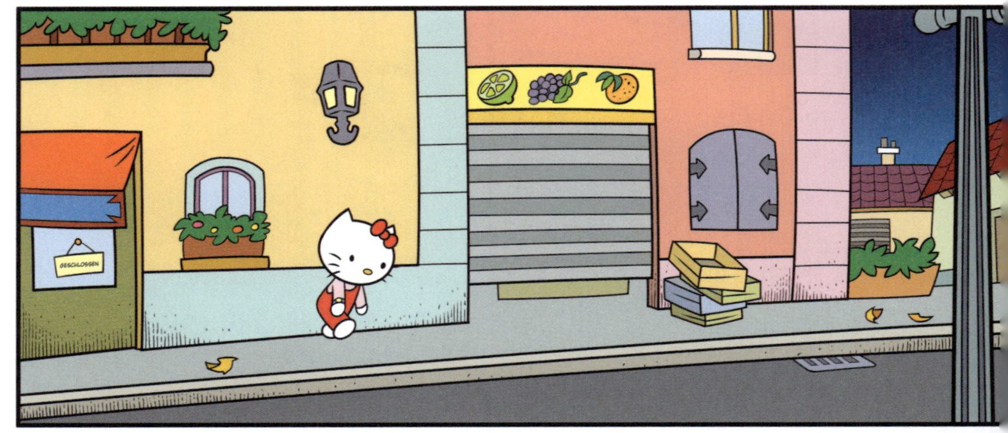
GESCHLOSSEN

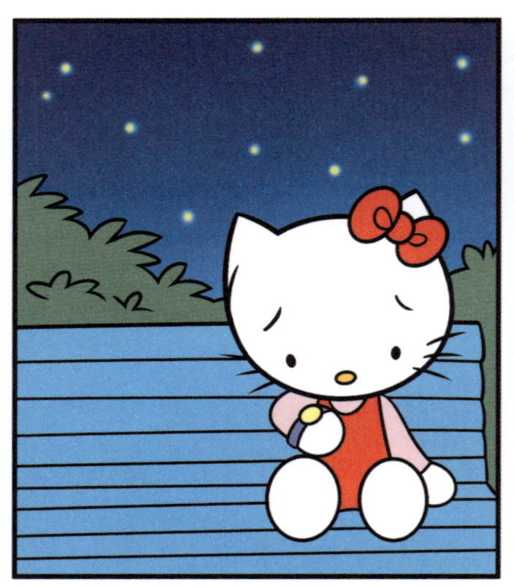

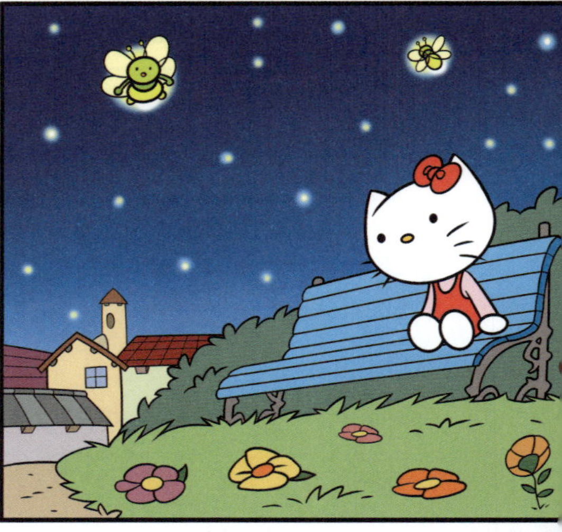

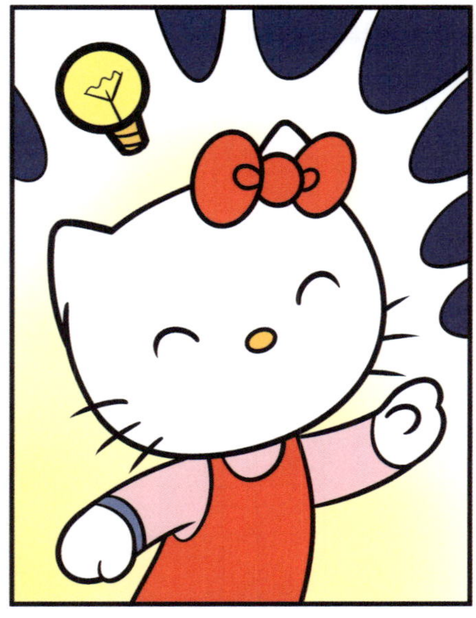

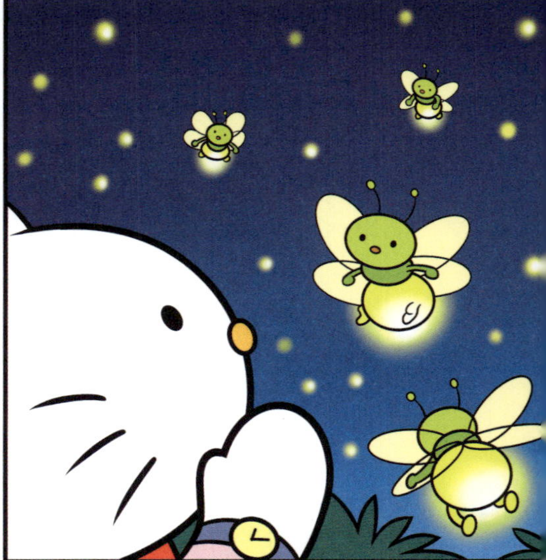

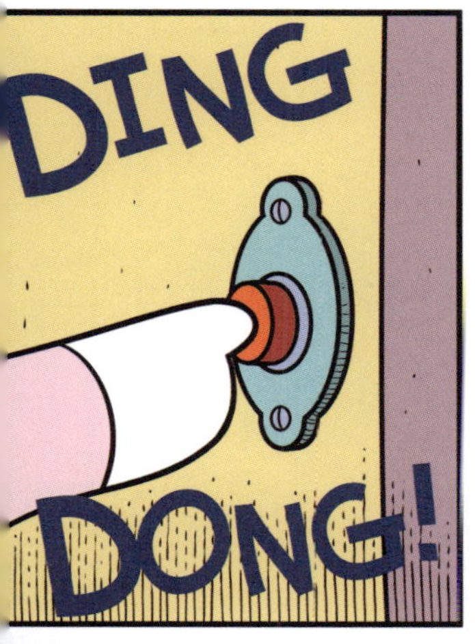

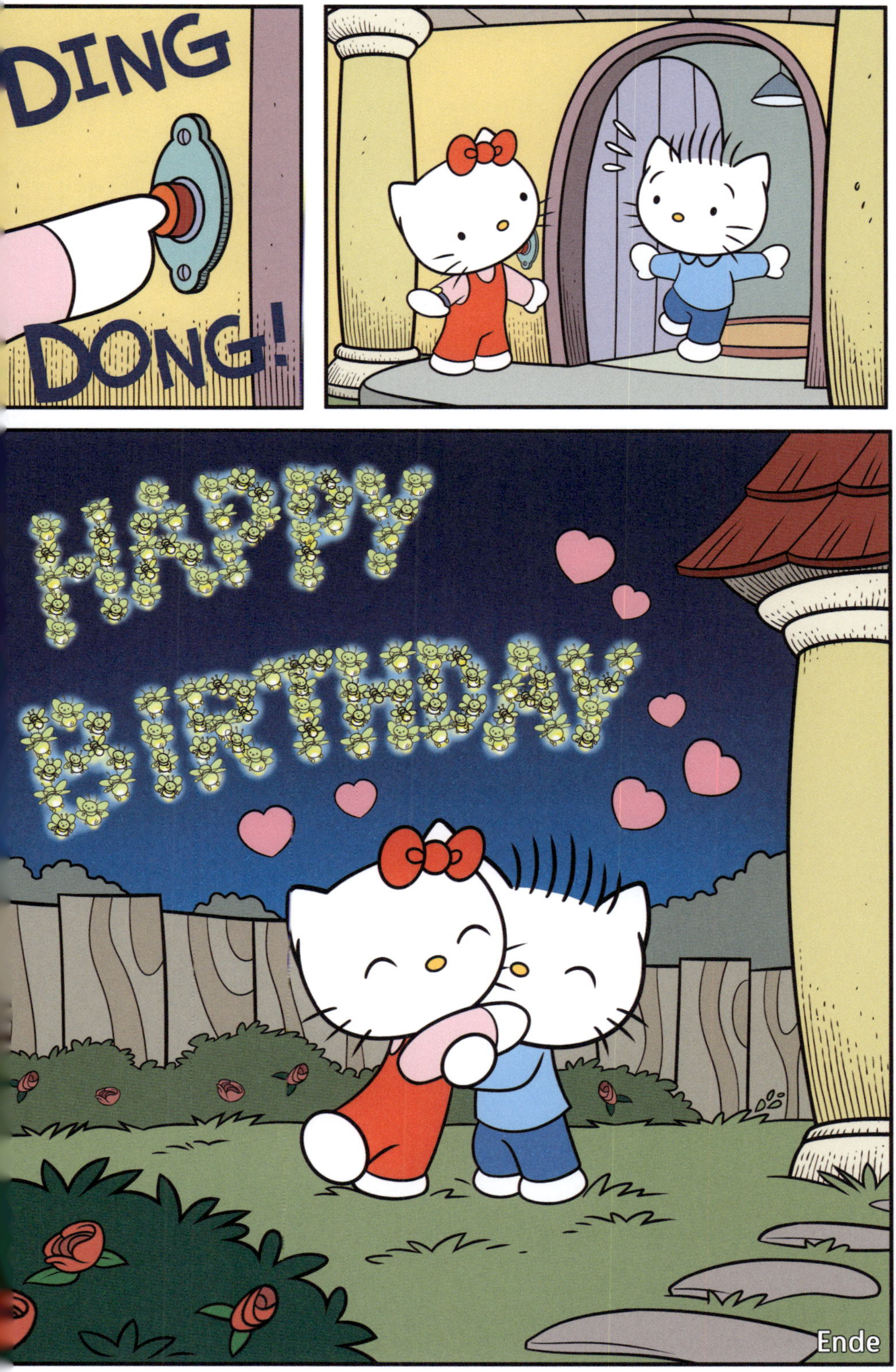

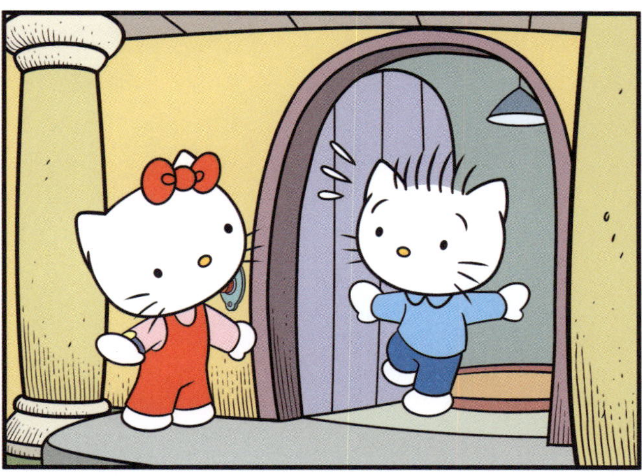

HAPPY BIRTHDAY

Ende

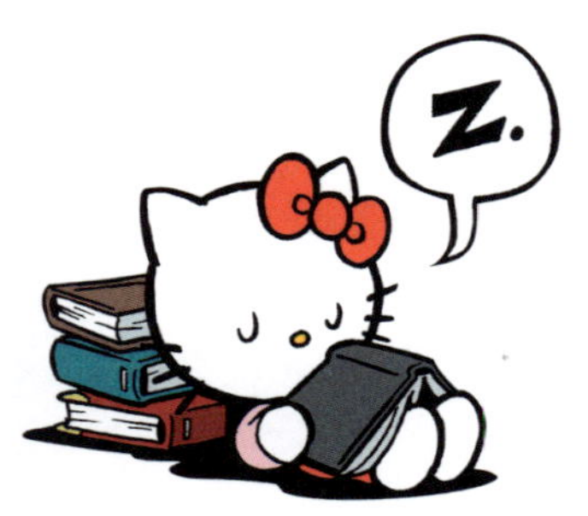
Z.

Die Autoren

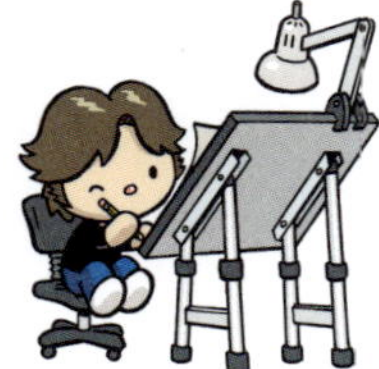

Jacob Chabot ist Comiczeichner und Illustrator und wohnt in New York City. Seine Comics erscheinen unter anderem im *Nickelodeon Magazin, MAD, Spongebob Comics* und verschiedenen Marvel-Titeln. Außerdem zeichnete er die Bände *Voltron Force: Zuflucht vor dem Sturm* und *Voltron Force: Das wahre Gesicht* für VIZ Media. Sein Comic *The Mighty Skullboy Army* erscheint im Verlag Dark Horse und war 2008 für einen Eisner Award als bester Comic für Teenager nominiert.

Jorge Monlongo macht Comics, fertigt Illustrationen für Zeitschriften und für Kinder, designt Videospiele und malt auf Leinwand und Wände. Er verbindet traditionelle und digitale Techniken, um ganze Welten in wundervollen Farben zu erschaffen, die meist schreckliche Geheimnisse verbergen. Man findet seine Arbeiten in Zeitschriften *(El Pais, Muy interessante, Rolling Stone)* und seiner eigenen Comicserie *Mameshiba*, die in den USA bei VIZ Media erscheint.

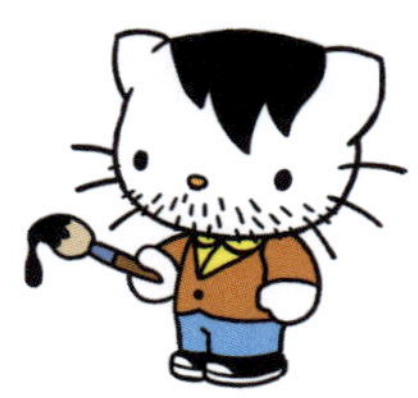

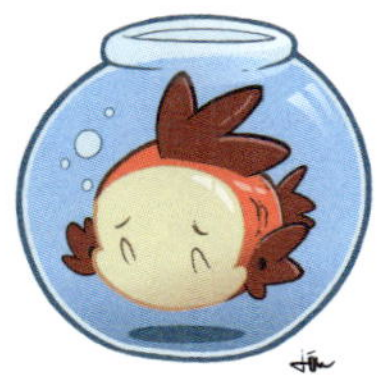

Ian McGinty lebt in Savannah, Georgia, aber auch in irgendwelchen Ecken des Universums! Ebenso auf der Erde. Wenn er nicht gerade Comics und irre Bilder von Oktopussen (oder Oktopi?) zeichnet, lacht er über komisch aussehende Hunde und macht kohlehydratarme Burritos! Ian zeichnet Sachen für VIZ Media, Top Shelf, BOOM! Studios, Zenescope und viele andere coole Leute! Aber aus irgendwelchen Gründen kann er keine Müllautos zeichnen.

Giovanni Castro wurde in Kolumbien geboren, studierte dort Kunst und lebt jetzt in Barcelona in Spanien. Er arbeitet hauptsächlich für Zeitschriften und Comics, was ihm sehr viel Spaß macht. Früher arbeitete er mit traditionellen Techniken, aber inzwischen fertigt er seine Illustrationen digital an. Er liebt Science-Fiction und historische Themen und interessiert sich für Geschichte, Kunst und Sprachen.

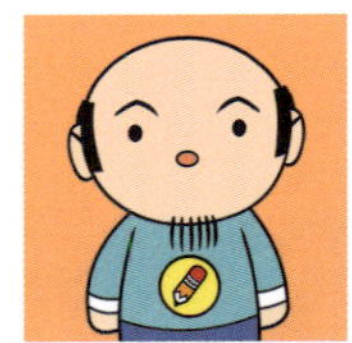

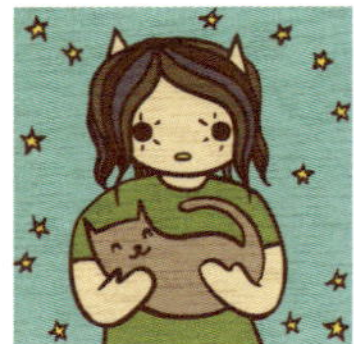

Susie Ghahremani schwingt mit fester Hand einen winzigen Pinsel. Während sie Illustrationen für Werbekunden und Verlage wie Chronicle Books, Bloomsbury USA, Bank of America, Target, T-Mobile und die *New York Times* anfertigt, ersinnt und gestaltet sie nebenbei noch eine eigene Reihe von Glückwunschkarten, Schreibwaren und Geschenkartikeln unter dem Pseudonym Boygirlparty®. Als preisgekrönte Künstlerin stellt sie ihre Werke weltweit aus und hat inzwischen ihr erstes, von Jennifer Ward geschriebenes Bilderbuch mit dem Titel *What Will Hatch? (Was wird denn da ausgebrütet?)* illustriert. Susie lebt mit ihrem Mann und Zillionen von Haustieren im sonnigen San Diego in Kalifornien.

Erica Salcedo lebt als freischaffende Illustratorin in dem friedlichen Städtchen Cuenca in Spanien. Ihre Arbeit konzentriert sich auf Kinderzeichnungen, die von ihrem täglichen Leben inspiriert werden. Den Rest besorgt ihre Fantasie. Ihr Stil ist eine Mischung aus Freihandzeichnung und digitalen Techniken, einfach gehalten und mit einem Schuss Humor versehen. Sie liebt das Zeichnen (wie man sieht), Reisen und Tiere, trinkt jeden Tag Tee, isst Süßigkeiten und nimmt das Leben nicht allzu ernst.

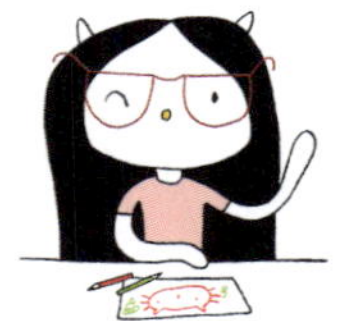

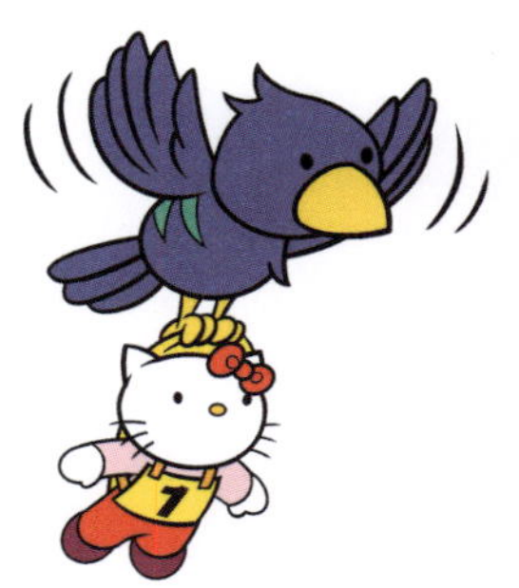